河南省"十四五"普通高等教育规划教材
河南大学一流本科教育规划教材

编 委 会

主　任　雷　霆　杨朝阳
副主任　葛本成　裴　强
　　　　　张秋梅　崔会敏
成　员　卜万红　别红暄
　　　　　毛立红　张占党
　　　　　张　慧

LIANZHENGXUE JICHU

廉政学基础

主 编 崔会敏
副主编 裴 强 张占党 张 慧

河南大学出版社
HENAN UNIVERSITY PRESS
·郑州·

图书在版编目(CIP)数据

廉政学基础/崔会敏主编. --郑州:河南大学出版社,2021.6(2025.7重印)
ISBN 978-7-5649-4776-7

Ⅰ.①廉… Ⅱ.①崔… Ⅲ.①廉政建设-研究 Ⅳ.①D035.4

中国版本图书馆 CIP 数据核字(2021)第 128149 号

责任编辑　李　云
责任校对　陈晓林
封面设计　马　龙

出　版	河南大学出版社 地址:郑州市郑东新区商务外环中华大厦 2401 号　邮编:450046 电话:0371-86059701(营销部)　网址:hupress.henu.edu.cn
排　版	郑州市今日文教印制有限公司
印　刷	郑州最美印务有限公司
版　次	2021 年 6 月第 1 版　　　　印　次　2025 年 7 月第 3 次印刷
开　本	787mm×1092mm　1/16　　　印　张　20.25
字　数	282 千字　　　　　　　　　　定　价　59.00 元

(本书如有印装质量问题,请与河南大学出版社营销部联系调换)

序

　　这本廉政学教材,是崔会敏博士从事廉政研究近十年时间的重要成果之一。作为教材,本书对廉政领域的研究成果,尤其是那些共识度较高的成果进行了总结和呈现。本教材适合高校各专业尤其是公共管理类专业本科生通识课程使用。

　　腐败现象由来已久,人类开展反腐败或廉政建设工作已有数千年时间,关于腐败和反腐败的多学科理论研究也有数百年时间。然而,从专业和学科角度来看,廉政学科建设和廉政专业发展可以说还处于一个原始的状态。廉政到底是什么专业,属于什么学科,几乎没有人能说得清,也极少有人去探究并回答这类问题;相关实践也大体处于这个状况。以本人所了解的情况来看,中国香港廉政建设的专业化程度属于世界上最高的了,也可以说是一枝独秀。廉政公署自成立以来,一直秉持专业精神,建立各种制度,40 余年持续推进廉署反贪队伍的专业化和职业化。然而,从发展现状来看,廉署的 5 个专业(或职系)设置也还不够细致,尤其是廉署独有的 3 个职系,即调查主任、廉政教育主任、防贪主任,则更为宽泛。廉署只公开招聘初级专业人员,实际上也只能招聘到初级专业人员,因为没有任何一所大学有相应的学科开展相应专门人才的教育和培养。廉署中高级专业人员的发展和提升只能依靠廉署"自力更生",那就是廉署内设培训学校的培训和实际工作的锻炼。腐败具有复杂性、顽固性和广泛性,反腐败具有长期性、艰巨性和专业性。人类已经反腐败几千年,未来至少也需要数千年反腐败,需要一批又一批的专门人才投身于此。然而,与法律专业、管理专业以及绝大多数专业相比,廉政专业发展与其实际需要都极不相称。

　　过去 20 年来,我国越来越多的高校依托不同的学科成立了廉政研究机构,一些高校在廉政学科建设方面还进行了直接的探索,包括设立目录外学科或在现有学科下面设立廉政研究方向,在持续开展廉政理论和政策研究的同时，还进行了专门人才的教育和培养。所有这些工作都为把廉政发展为一个独立的、专门的学科奠定了坚实的基础。另外，在中国国家监察体制改革的过程中，在相关法律和政策的制定中，已将推动廉政学科建设及廉政专业发展提上了日程。如果这项工作进展顺利，能够早日结出果实，定是世界首创，当属中国为人类反腐败事业做出的首创性贡献。

廉政学科当然需要专门的课程体系来支撑。《廉政学基础》教材作为一个基础性、概论性廉政知识载体，可为学生提供本学科的基础知识，有助于学生了解腐败与反腐败的内容体系和关键知识点。同时，廉政学教材建设也有利于大学生廉洁教育，对全社会的廉洁文化建设有重要意义。

传统上，对腐败和反腐败的研究分散在政治学、经济学、法学、管理学、社会学、犯罪学、心理学等多个学科，理论成果的系统性不够，知识还缺乏整合。廉政学教材建设也有助于建立整体的知识框架和体系，更好地整合现有的知识。

随着我国国家治理体系和治理能力现代化的推进，廉政学研究更加成为热点。本教材以《廉政学基础》为名，内容分为腐败篇、反腐败篇和廉政篇。作者探讨并区分了反腐败和廉政之间的概念差异，并以此为基础，组织本书的内容体系，是一种新的尝试。

鉴于腐败和反腐败问题的复杂性，以及多学科研究的分散性，围绕廉政学科和廉政专业的争议一定还会存在较长时间。想必列选本教材的教师，研读本教材的学生，也都有不同的意见和看法，短期来看，存在这些争议是必然的，也有利于廉政学科的发展。

任建明

2020 年 11 月

（任建明，中国监察学会常务理事，透明国际中国会员组织理事会理事、副主席，高校廉政研究与教育学会（筹）常务副会长，北京航空航天大学公共管理学院教授，廉洁研究与教育中心主任。）

目 录

绪论 …………………………………………………………（ 1 ）
  一、新编《廉政学基础》课程教材的意义 ………………（ 1 ）
  二、什么是廉政学？ ………………………………………（ 4 ）
  三、《廉政学基础》课程教材内容体系构建 ……………（ 9 ）

腐 败 篇

第一章　腐败的定义与分类 ……………………………（ 15 ）
第一节　什么是腐败？ ………………………………………（ 15 ）
  一、腐败的辞源 ……………………………………………（ 15 ）
  二、腐败概念的梳理 ………………………………………（ 16 ）
  三、腐败的定义 ……………………………………………（ 24 ）
  四、腐败观念存在差异的原因 ……………………………（ 29 ）

第二节　腐败的分类 …………………………………………（ 35 ）
  一、国外学界对于腐败的分类 ……………………………（ 35 ）
  二、国内学界对于腐败的分类 ……………………………（ 37 ）

第二章　腐败的原因影响和测量 ………………………（ 41 ）
第一节　腐败产生的原因 ……………………………………（ 41 ）
  一、腐败原因的理论综述 …………………………………（ 41 ）
  二、腐败产生的主观因素 …………………………………（ 47 ）
  三、腐败产生的客观因素 …………………………………（ 50 ）

第二节　腐败的影响 …………………………………………（ 58 ）
  一、关于腐败影响的争论 …………………………………（ 58 ）
  二、腐败的政治影响 ………………………………………（ 59 ）
  三、腐败的经济影响 ………………………………………（ 61 ）
  四、腐败的社会影响 ………………………………………（ 66 ）

第三节　腐败的测量 …………………………………………（ 70 ）
　　一、腐败测量的意义 ………………………………………（ 71 ）
　　二、腐败测量方法的分类 …………………………………（ 72 ）
　　三、国际上有关腐败的测量指标 …………………………（ 74 ）
　　四、我国理论界对腐败测量的研究 ………………………（ 79 ）

反腐败篇

第三章　反腐败理论基础 …………………………………（ 85 ）
第一节　委托—代理理论视野中腐败成因与防治 ………（ 85 ）
　　一、政治生活中的委托—代理关系 ………………………（ 85 ）
　　二、委托—代理理论对腐败行为的解释 …………………（ 89 ）
　　三、基于委托—代理理论的反腐政策建议 ………………（ 93 ）
第二节　寻租理论视野中的腐败成因及其防治 …………（ 96 ）
　　一、寻租理论的基本内容 …………………………………（ 96 ）
　　二、寻租理论对腐败行为的解释 …………………………（100）
　　三、基于寻租理论的反腐政策建议 ………………………（106）
第三节　其他反腐败理论 …………………………………（108）
　　一、治理理论视角下的反腐败框架 ………………………（108）
　　二、现代化理论 ……………………………………………（112）
　　三、制度预防腐败理论 ……………………………………（114）
　　四、机制设计理论 …………………………………………（117）

第四章　反腐败总体战略 …………………………………（122）
第一节　反腐败战略概述 …………………………………（122）
　　一、反腐败战略 ……………………………………………（122）
　　二、反腐败战略的目标定位 ………………………………（124）
　　三、反腐败战略的规划原则 ………………………………（127）
　　四、我国的反腐败战略及其演进 …………………………（128）
第二节　预防战略 …………………………………………（132）
　　一、预防战略的功能定位及其有效性模型 ………………（133）
　　二、预防制度的类型及其机理 ……………………………（135）

三、预防战略的特点与实施策略 …………………… （137）
　第三节　惩治战略 ……………………………………… （139）
　　一、惩治战略有效性的理论框架模型 ………………… （140）
　　二、实施惩治战略的策略问题 ………………………… （145）
　第四节　教育战略 ……………………………………… （148）
　　一、廉洁教育战略的功能和定位 ……………………… （148）
　　二、廉洁教育基本要素 ………………………………… （149）
　　三、香港廉洁教育的实践 ……………………………… （153）

第五章　反腐败体制和机构 ……………………………… （155）
　第一节　反腐败体制和机构概述 ……………………… （155）
　　一、反腐败体制的类型 ………………………………… （156）
　　二、反腐败机构设置模式 ……………………………… （160）
　　三、卓越有效反腐败机构的四大特征 ………………… （164）
　第二节　反腐败体制与机构案例 ……………………… （168）
　　一、中国香港廉政公署 ………………………………… （168）
　　二、法国的反腐败体制与机构 ………………………… （176）
　　三、中国的国家监察委员会 …………………………… （182）

第六章　反腐败的国际合作 ……………………………… （192）
　第一节　反腐败国际合作的组织体系 ………………… （192）
　　一、经济合作与发展组织 ……………………………… （192）
　　二、联合国 ……………………………………………… （195）
　　三、世界银行 …………………………………………… （197）
　　四、透明国际 …………………………………………… （199）
　　五、二十国集团 ………………………………………… （200）
　第二节　反腐败国际合作的主要机制 ………………… （202）
　　一、刑事司法协助 ……………………………………… （203）
　　二、引渡 ………………………………………………… （205）
　　三、资产追回 …………………………………………… （207）
　　四、被判刑人移管 ……………………………………… （210）
　第三节　中国参与反腐败国际合作概述 ……………… （212）

一、中国参与反腐败国际合作的进程 ……………… (212)
二、中国参与反腐败国际合作的困境 ……………… (214)
三、中国参与反腐败国际合作的出路 ……………… (217)

廉 政 篇

第七章 廉政制度建设 …………………………………… (221)
第一节 廉政制度建设的基本模式 ………………………… (221)
一、道德制约权力模式 …………………………………… (222)
二、权利制约权力模式 …………………………………… (225)
三、权力制约权力模式 …………………………………… (228)
四、社会制约权力模式 …………………………………… (230)

第二节 廉政建设的主要制度 ……………………………… (232)
一、政府信息公开制度 …………………………………… (232)
二、行政问责制度 ………………………………………… (238)
三、公职人员财产申报与公开制度 ……………………… (241)
四、巡视制度 ……………………………………………… (244)
五、政府采购制度 ………………………………………… (251)
六、防止利益冲突制度 …………………………………… (255)

第八章 廉政文化 ………………………………………… (263)
第一节 廉政文化概述 ……………………………………… (263)
一、廉政文化的定义 ……………………………………… (263)
二、廉政文化的特征与功能 ……………………………… (266)
三、廉政文化的学科关系 ………………………………… (273)

第二节 廉政文化的历史发展 ……………………………… (281)
一、中国古代廉政文化 …………………………………… (281)
二、马克思主义廉政文化 ………………………………… (295)
三、西方发达国家的廉政文化 …………………………… (311)

后记 …………………………………………………………… (316)

绪 论

腐败是政治之癌。腐败与反腐败的实践几乎贯穿人类公共生活的所有时间和空间。而将腐败与反腐败作为一门学科或系统理论知识对待,却是现代社会的事情。随着国家治理实践的需要,廉政学研究正在成为热点领域。国内一些大学和多家廉政研究机构相继在廉政学科建设方面进行了探索。隶属于中央纪委国家监委的中国纪检监察学院于2010年成立,其主要职能之一就是进行纪检监察学科建设,同时也承担反腐倡廉理论研究和党员干部廉政教育培训等任务。中国政法大学在2013年取得了监察学科建设的标志性成绩,设立了全国高校内第一个纪检监察学研究生专业,并招收了40多名硕、博士研究生。2018年国家监察体制改革之后,经教育部批准,中国政法大学将纪检监察学专业更名为国家监察学专业。中国社会科学院也于2017年1月将廉政学作为特殊学科纳入"登峰战略",这在廉政研究历史上具有里程碑意义。

教材是课程建设的关键环节,也是课堂教学的基础。一本好的教材能帮助学生系统掌握课程内容体系和关键知识点,有利于学生提高学习效果。笔者在给公共管理专业本科生授课期间,发现学生对一些腐败和反腐败的基本理论知识认知不足,缺乏进一步的科研基础。目前国内还没有廉政学方面相关大学教学类教材正式出版。因此,系统地梳理腐败与反腐败的基础理论,编写一本通俗易懂的《廉政学基础》教材既是课程教学迫在眉睫的任务,也是学科发展的急迫需求。

一、新编《廉政学基础》课程教材的意义

廉政学学科需要很多课程设置来支撑,比如《廉政思想史》《廉

政制度》《廉政学原理》或《廉政学基础》《比较廉政学》《廉政文化》《廉政心理》《廉政伦理》,等等。其中,《廉政学基础》教材处于重要地位,就像一座大楼的基座,一棵学术大树的根系部分。

（一）有助于廉政学知识的系统化

目前国内对廉政知识体系的研究仍然存在碎片化的倾向。有学者基于1345篇SSCI中文期刊文献,对2000年以来廉政研究的知识图谱和理论转向进行了实证分析,指出廉政研究在早期偏重规范理论研究,学者多分布于政治学领域。发展过程中经济学者逐渐占据主导地位,多采用经验实证方法对腐败与反腐败问题进行深入探讨。廉政论文自十八大以来增长势头显著,并且"研究不断向纵深发展,涉及的领域逐渐扩散到政治学、公共管理、法学、会计、财政等多个学科领域,发表的期刊也越来越丰富、多元"①。廉政研究的繁荣是学界对现实需求的回应,也是对廉政研究领域理论的多视角多领域透视。但是这些多学科领域对腐败与反腐败问题的研究却因为缺乏系统学科基础,使得研究成果呈现碎片化,系统性和理论性不足。这种不足使得廉政研究成果不能对大众普遍疑惑和关心的问题作出准确解释,无法得到普遍性社会认同。比如有些廉政研究大部分是针对具体问题做对策性研究,让人觉得某个问题解决了,但随着时间推移又出现了新的问题。在实践中反腐败的提法也经常变化,从"主体责任、监督责任"到"三转",从八项规定到巡视监督,从"一把手监督"问题到优化政治生态等,使人眼花缭乱。没有整体的知识框架和体系,其内在的根本问题也就没有得到有效解决。"廉政学"基础教材编写有助于廉政学知识系统化和理论化,有助于廉政学知识体系的构建。

（二）有助于纠正人们对腐败治理的误解

第一个误解,腐败概念泛化。由于廉政研究知识的碎片化特点,

---

① 倪星、李珠:《廉政研究的知识图谱与理论转向》,《中国行政管理》,2018年第4期,第121–127页。

使得廉政学研究对象中的"腐败"这一基本概念在人们的认知中并没有达成共识,甚至有泛化倾向。同时由于文化背景和知识结构不同,人们对"腐败"的认识也不尽相同,在广泛意义上使用着"腐败"一词。比如新闻媒体中经常出现的医疗腐败、学术腐败、教育腐败、交通腐败、司法腐败、官员腐败等等,似乎哪里都是腐败。更有甚者,有知名经济学者提到了"语言腐败",认为指鹿为马、颠倒黑白是语言腐败的典型形式,以至于有人感慨地说"腐败是一个筐,什么都往里装"。这就是将腐败概念泛化了,将不属于腐败的行为现象都称之为腐败。这种腐败概念的泛化和误用会降低党和政府的公信力和权威,动摇国家和政府根治腐败的信心。① 同时,腐败概念的泛化会让学界的研究失去形成共识的理论基础,不利于廉政研究在理论方面的系统和深化,长此以往必将严重影响我国反腐败斗争的开展。

第二个误解,廉政教育对象仅是贪腐官员。很多人认为,廉政教育对象仅是贪腐官员和其他官员。只有官员手中才有公共权力,才有贪腐的可能,只要把他们教育好了,腐败就不会发生了。事实并不是这样,根据反腐败战略理论,反腐败有惩治、预防和教育三大战略。其中教育战略中廉政教育对象不仅包括官员,还包括普通民众。一是因为行贿和受贿本身就是双方面的行为,官员主动索贿的是极少数,当然也有"围猎"官员的,这些行为都是在复杂的社会背景中发生的,需要系统性看待;二是因为社会中的腐败容忍度高低也直接影响反腐败斗争的效果。香港廉政公署的教育策略就是进行全民反腐败教育,在社会上形成了"腐败零容忍"的氛围,为香港保持持续清廉状态作出了很大的贡献。同时根据教育心理学可知,教育效果最明显的阶段是在未成年之前,廉洁教育也应该遵循教育学规律,在学校里也要进行廉洁教育。因此,廉政学知识的系统化和教材建设既有助于提高社会廉洁文化意识,也有助于公共管理类学生树立廉洁

---

① 楚文凯:《腐败概念的泛化和界定》,《中国监察》,2005年第16期,第51页。

观念,为将来从事公共管理事业打下坚实的廉洁观念基础。

二、什么是廉政学?

(一)"反腐败"和"廉政"的关系

《廉政学基础》教材编写中绕不开核心概念的确定。以腐败概念为逻辑起点,势必涉及"反腐败""廉政"两个概念的使用问题,两者之间是一种什么关系?为什么本教材名称使用"廉政"而不是"反腐败"?

1. 反腐败概念

反腐败与腐败相对应,是建立在腐败概念基础上的概念。反腐败(anti-corruption)就是采取各种对策来制止腐败行为和现象,解决腐败问题的各种措施总和。反腐败概念和腐败概念界定互相联系、互相影响。反腐败的政策目标的确定、体制运行和机构设置都需要以一定时期内大多数人对腐败行为的一致认识为基础,最终反腐败措施是按照大多数人对腐败行为的认知来实施的。对腐败概念界定越科学全面,反腐败的对策才能越有系统性和针对性。汉语中和反腐败意思相近的还有打击腐败、惩治腐败、治理腐败等说法,只是对反腐败战略和手段的不同选择偏好。反腐败传统上主要有两个方面:"一方面是与腐败现象和腐败分子作斗争,运用一切合法方式包括采用法律强制手段,对腐败关系的参与者施加直接影响,以制止其违法行为。另一方面是预防腐败,制订和实行作为国际自主功能的预防性反腐败政策。"①但人们提起反腐败,可能更注重其斗争的一面,对预防腐败的一面提及较少。

在各国实践中,反腐败概念更多建立在法学视角的腐败概念之上,以法律为标准确定反腐败的政策措施。从此意义上说,反腐败概念比较偏重于法治范畴,属于描述性概念。

---

① [俄]哈布里耶娃:《腐败:性质、表现与应对》,李铁军译,法律出版社,2014年,第3页。

2. 廉政概念

廉政也与腐败概念相对应,与反腐败概念相近,但内涵和外延并不一样。学界对"廉政"概念的争论不多,几乎一致认为廉政就是廉洁从政或廉洁政治。只是在廉政主体认定上有所不同,有的人认为廉政主体应该是行政人员,有的人认为廉政主体应该是国家机关和党的机关工作人员,还有的人认为应该包括各类行使权力的个人和群体。还有学者认为廉政是一种监督活动,即"廉政是所有个人和群体对公共权力行使活动的监督,并通过这种监督和公职人员的自我教育,促使公共组织和公职人员廉洁从政,最终达到政治清明廉洁的目的"[①]。

本书认为,从字面组合上说廉政是由"廉"和"政"组成,"廉"有两种含义,一是指品行正,不贪污、廉洁、清廉;二是指便宜、价钱低。"政"有三种含义,一是政治,如政策、政权、政党、政府等;二是国家某一部门主管的业务,如财政、民政、邮政等;三是指家庭或集体的事务,如家政、校政等。"廉政"组合有"廉洁政治""廉价政府""清廉政权"等含义,是没有腐败的一种理想状态。因此,本书认为,廉政是所有行使公共权力的组织和人员按照法理规范从事公务行为,处理公共事务。从某种意义上说,廉政概念强调一种廉洁状态,涉及公共组织和公职人员的价值取向,具有建设性和激励性,比较偏重伦理范畴,属于规范性概念。

3. 反腐败与廉政的区别

由于反腐败和廉政都是和腐败相对应的概念,因而很多人认为两者是相同的,认为廉政就是反腐败,反腐败就是廉政。通过上文对两者概念的区分,我们认为两者还是有差别的。除了腐败内涵差异造成的研究对象区别外,更重要的是两者表述方式造成的内涵差异。反腐败概念立足在"腐败"概念上,是病理性表述,腐败是社会的病

[①] 靳平川:《试析廉政概念》,《山西高等学校社会科学学报》,2001年第2期,第20–21页。

症,反腐败是治疗病症。而廉政概念的表述,是一种生理性表述,相对于病症来说,廉政是一种健康的政治生态。廉政不是简单的反腐败,还有廉政建设问题,即不仅仅是治病,还要维持健康状态。因而,从"反腐败"到"廉政"的表述,是从病理性到生理性表述的转变,是概念的升级发展,体现了人们对反腐败斗争的深入认识。因此本教材名称选用了"廉政"概念而不是"反腐败"。

(二)廉政学的研究对象

1. 关于廉政学研究对象的争论

廉政学作为一门学科,应该研究哪些内容?对此学界有不同观点,早在1991年黎里就提出"廉政学"建设的必要性,认为廉政之法应包括赏廉、罪贪、率下、立制和厚俸。① 张伟斌于1995年提出:"廉政学是关于廉洁政治特点、规律及其发展变化的理论,是研究国家政治如何保持廉洁、防止和克服腐败的学说。"②他认为廉政学研究的内容很丰富,要包括廉政史,即廉政思想史、廉政制度史等。同时还要研究廉政的特点、形式、规律及其发展变化等基本原理。经过20多年的发展,对廉政学作为一门学科的探讨因为实践的需求又重新回到学界视野。王希鹏认为:"廉政学体系应当以国家廉政活动和廉政制度建设为研究对象,以廉政制度为逻辑起点,以廉政建设为核心范畴,以廉政理论为基础支撑,以廉政制度、廉政活动及其规律性研究为体系范畴。"③任建明认为:"廉政学的研究对象是人类社会中存在的腐败现象以及人们为了治理腐败而采取的各种反腐败活动,简而言之,就是腐败和反腐败。"④蒋来用认为:"廉政学是围绕权力廉

---

① 黎里:《研究点廉政学》,《学习与研究》,1991年第8期,第52-53页。
② 张伟斌:《关于创建廉政学的思考》,《学习与探索》,1995年第9期,第32页。
③ 王希鹏:《廉政学的学科定位与理论体系》,《广州大学学报(社会科学版)》,2014年第2期,第5-11页。
④ 任建明:《廉政学科及其发展路径研究》,《航空航天大学学报(社会科学版)》,2015年第4期,第1-6页。

洁、高效运行这个目标研究整个国家、社会和企业等共同体治理而形成的知识体系。"①这些争论都为确定廉政学研究对象作出了贡献。

2. 廉政学研究对象的确定

综合学界观点,本书比较认同社会科学院廉政研究所的观点,即"廉政学是一门新的交叉型应用学科,以探究腐败治理规律为主要任务"②。也就是说,廉政学是研究腐败与反腐败、腐败治理规律的一门学科,融合了政治学、经济学、社会学、管理学和心理学等多学科领域知识。廉政学研究对象应该包括两个方面,即反腐倡廉。一方面是腐败与反腐败的理论与实践,另一方面是廉政建设的理论与实践。在我国新闻媒体和官方报道中,"反腐"与"倡廉"两个词往往被连在一起使用,"反腐败斗争和党风廉政建设"也会成对出现在红头文件和学术著作中。理论来源于实践,廉政学的建立和发展离不开反腐败和廉政建设实践的推动。实践中"反腐倡廉"一词的运用说明了廉政学研究对象的大致范围,既不能只偏颇腐败与反腐败理论与实践,也不能只强调廉政建设的理论与实践,而是应该两者兼顾,就像白天和黑夜的关系一样。廉政学研究内容既要包括实然的腐败与反腐败,也要包括应然的廉政建设。这样的廉政学体系才是系统开放的学科体系,才能把多学科多视角反腐败的理论和实践的碎片化知识统合起来,形成廉政学科共识。

3. 廉政学名称的确定

那为什么一定叫廉政学?为什么不叫腐败与反腐败学、权力监督学或纪检监察学呢?

原因有三,其一,可以对应腐败行为发生的客观条件。人们普遍认为腐败是滥用公共权力或委托权力以谋求私人利益。公共权力或委托权力就是腐败行为发生的客观条件,因此,廉政中的"政"暗含

---

① 蒋来用:《廉政学研究》,载蒋来用:《为何廉政建设缺乏专门学科的支撑?》,中国社会科学文献出版社,2018年,第47－67页。
② 蒋来用:《廉政学学科2017年度发展综述》,《廉政文化研究》,2018年第1期,第23－29页。

了公共权力或委托权力的指向,不但包括公共领域里的腐败,也包括私人领域里的腐败。

其二,可能的其他称呼都有一定的缺陷。腐败与反腐败学,虽然研究对象指向明确,但腐败一词的贬义词属性让人有不舒服的感觉,同时也没有应然理想状态的指向,作为一门学科名称显然不利于受众心理及其传播。权力监督学,因为权力监督只是反腐败的预防性对策,研究对象显然不能全面包括腐败与反腐败的全部内容。纪检监察学,明显带有较强的中国特色,纪检监察是我国纪委和监委合署办公的机构名称,负责执行党纪和政纪,不具有学科名称的普遍性和包容性要求。虽然我国实践存在中国纪检监察学院,并设有纪检监察学科,但内容实用性较强,主要围绕纪检监察实务开发教材讲义和专业课程。

其三,国内学界已经普遍接受廉政学的提法,因为廉政学不但包括了腐败与反腐败的内容,还包括了腐败治理的应然理想状态,就是廉政。任建明根据哲学家托马斯·库恩(Thomas Kuhn)提出的判断一门学科形成的5个标准:即专业杂志的形成,专业协会的建立,在学术界有特殊地位,有公认的需要团队成员去构建的知识体系,专业人员学术论文的传播,认为目前我国已经满足了廉政学科发展的5个条件。自2000年北京大学、清华大学成立廉政研究机构以来,至2019年,已经超过100所大学正式成立了廉政研究机构。而且已经有公开出版的专业杂志,如南通大学出版的《廉政文化研究》,中国社科院廉政学研究所出版的集刊《廉政学研究》等,中央和多个省级纪检监察机关都出版了专门的反腐败实践类刊物,如《中国监察》《廉政瞭望》等。同时,还成立了专门的廉政研究学会,如"中国管理现代化研究会廉政建设与治理研究专门委员会",各地纪检监察机构成立的纪检监察学会等。并且随着党的十八大高压反腐态势,有关腐败和反腐败问题研究的需求热度也迅速升高,国内众多大学廉政研究机构的快速成立正是这种旺盛需求的表现,因此"廉政学科发展已经有了一个很好的积累,完全可以发展成为一个独立的学科"①。

三、《廉政学基础》课程教材内容体系构建

根据上文对腐败概念的分析,本教材在内容体系构建时,将腐败概念定位于以公共权力为中心的视角,认为腐败就是利用公共权力谋取私人利益的行为。腐败的主体是所有公职人员和公共组织。腐败的客体是公共权力。公共权力是对社会资源进行权威性分配的工具,代表着公共利益。公共权力是由人民委托给公共机构的权力,以公共职位和职责的形式存在。腐败的目的是谋取私人利益。这里的私人利益不仅指金钱利益,还指能满足自身物质及精神方面的需要和欲望的一切利益。以腐败概念为逻辑起点,本教材内容不再包括非公共领域里的腐败内容阐述。

同时根据"廉政学基础"在整个学科体系中的地位和作用,即"廉政学基础"研究的是廉政理论与廉政建设中最一般的规律、最基本的问题,因此在设计本廉政学基础课程教材内容时充分考虑入门级受众需要,将廉政学最基本问题阐述清楚,就像在画一棵树,把树干理清,而枝叶可模糊处理,留待其他课程进一步细化。因此,本教材包括三大方面,即分为三篇:腐败篇、反腐败篇、廉政篇。

(一)腐败篇内容安排

腐败是廉政学科体系构建的问题起点。腐败问题在现实中广泛存在于世界各个国家和各个领域,也长久存在于人类生活当中。只要存在问题,就有科学研究的可能。理论来源于实践又可以指导实践。因此本篇可以安排两个章节内容,第一章分析腐败的定义及分类。定义与分类是科学研究的第一步,逻辑严谨的定义腐败概念对廉政学研究来说意义重大,可以防止腐败概念泛化带来的负面结果。第二章详细分析腐败产生的原因及其造成的后果。如果说腐败是政

---

① 任建明:《廉政学科及其发展路径研究》,《航空航天大学学报(社会科学版)》,2015年第4期,第1-6页。

治之癌,分析腐败原因就是治疗癌症的关键核心,所谓对症下药才有可能将疾病治愈。对腐败的后果及腐败行为特点的分析可以让人对腐败了解得更加彻底,为反腐败打下牢固基础。

(二) 反腐败篇内容安排

反腐败是人们采取各种方法和措施去解决或治理腐败问题。腐败问题是复杂的,用什么方法和措施去解决腐败问题？什么样的方法才是有效的？如何成功预防腐败的发生？回答这些问题并不容易,需要站在一定的理论高度去审视腐败与反腐败问题,并用科学的方法、理论与模型去研究分析腐败与反腐败。因此,本篇内容可以安排四个章节来回答以上问题。首先要从理论层面去认识腐败与反腐败,学界公认的有委托代理理论、反腐败战略理论和透明国际的国际廉政体系框架等。其次,对反腐败战略与实践进行详细阐述,对预防、惩治和教育战略的模型和有效性作出理论分析。尤其是教育战略中,更要注重对廉洁意识的培育,通过学术研讨交流、教学培训活动和宣传营造全社会廉洁氛围,有效配合预防和惩治战略和战术,最终让反腐败呈现显著成果。再次,反腐败需要主体去组织实施,因而反腐败的组织机构和领导体制非常关键。最后,腐败是全世界都存在的问题,反腐败也需要国际性的合作。

(三) 廉政篇内容安排

如果说腐败是政治系统的癌症,那廉政就是健康的系统状态。廉政是相对于腐败的一种健康状态,是与腐败对立的截然不同的理想状态,实际生活中不一定有这样理想的类型,但一定可以作为反腐败的一种战略图景和目标。什么是廉政？如何达到廉政状态？如何保持长久的廉政状态？回答这些问题首先要理解制度的重要性。廉政制度在廉政建设实践中发挥着保障政治生活有序进行和国家机器正常运转的功能,是维护社会公平正义的重要运行规则,也是廉政学研究的核心内容。廉政制度与廉政文化密切相关,文化对人类行为有着内在的调控和指导功能。制度作用的发挥有赖于一定社会文化结构的支持。因此,本篇内容可安排两个章节。首先对廉政制度体系构成模式进行阐述,再对廉政建设相关具体制度,如政府信息公开制度、巡视制度、防止利益冲突制度等进行介绍。其次,对整个廉政体系建构的文化基础进行探讨,包括对腐败问题的文化根源探寻、廉政文化的价值和功用等进行深度分析。

最后说明一点,这样的内容安排显然少了对廉政史包括廉政思想史和廉政制度史的详细阐述,主要原因:一方面,对廉政史的研究是工程浩大任务繁重的课题,学界迄今还没有相关著作可以参考,虽然有一部《中国反贪史》,但只是针对历朝贪污贿赂问题和反贪措施进行了历史梳理,对廉政思想和廉政制度及廉政文化并没有作出深入分析。另一方面,作为廉政学基础课程教材来说,其主要功能是作基础性入门知识的介绍,其他更深入的内容可以放到其他具体专门课程中去讲解。

腐败篇

第一章 腐败的定义与分类

腐败问题自从有人类以来就一直存在,而且一直是个难题。它既是一个历史性问题,也是一个世界性问题。根据考古发现,公元前13世纪亚述文明行政中心就有官员或王族成员贿赂腐败行为的档案记载。中国古代典籍《尚书·吕刑》记录的是西周时期的事情,其中"五过之疵(ci)"中的"惟货",即指官吏接受贿赂。由此可见,腐败行为在人类社会已经存在了三千多年甚至更长的时间,其后就从未被彻底根除过。① 腐败作为一种复杂的人类社会现象,就像人类肌体的疾病,是一种社会病(social disease)。尽管也存在着一定的疾病对于提高人体自身免疫力有利的说法,但人们关于疾病对于人类的危害性已经形成更为普遍的、常识性的看法了。因此,人们为什么要反腐败,就像人们为什么要对付疾病一样的简单明了。

第一节 什么是腐败?

要反腐败首先需要明确界定腐败的概念。腐败概念是廉政学科建设的逻辑起点,是廉政理论的基石。科学界定腐败概念能够防止腐败概念泛化带来的负面影响,有助于反腐败政策和目标的确定,有助于准确评估反腐败的社会效果,增强政府反腐败的决心和信心。

一、腐败的辞源

《现代汉语词典》对腐败的释义有三种:一为腐烂,不能吃的食物;二为(思想)陈旧,(行为)堕落;三是(制度、组织、结构、措施等)

---

① 任建明、杜治洲:《腐败与反腐败:理论、模型和方法》,清华大学出版社,2009年,"序言"第1页。

混乱、黑暗。《牛津法律大辞典》中解释腐败是:"指从原本纯洁的状态中发生的堕落。"①

在汉语中,"腐败"一词可以做动词,如"食品腐败了";也可以做名词,如"反对腐败";还可以做形容词,如"腐败的社会"。当"腐败"用作动词或形容词时,可以指有机物腐烂变质,也可以形容人腐化堕落,还可以表示制度、机构等抽象主体黑暗混乱。当"腐败"用作名词时,仅指人和制度的腐败。早在《史记·平准书》中,司马迁记录文景之治富庶景象时用到"腐败"一词:"太仓之粟陈陈相因,充溢露积于外,至腐败不可食。"经过漫长发展,清末革命家邹容将"腐败"从单纯形容物质演变为形容人和制度:"革命者,去腐败而存良善者也。"②此时腐败已开始成为社会不良现象的代称。

在西方"腐败"最早用来形容制度,起源于亚里士多德的政体理论。亚氏认为,贵族政体、君主政体、民主政体不可避免地产生腐败,并最终变异为寡头政体、暴君政体和暴民政体。无政府主义极力推行亚里士多德的观点。他们认为,所有腐败归根结底都是政治制度的腐败,所有政治制度都是腐败的,不是人的堕落导致政治制度变坏,而是政治制度变坏导致人的堕落③。孟德斯鸠也指出,最严重的腐败莫过于专制制度。

二、腐败概念的梳理

反腐败战争要想取得胜利,必须要明确"腐败"的定义。目前学术界对腐败概念的界定并没有达成共识,不同学者和不同学科对腐败概念的界定都有所不同,形成了腐败概念多元化局面,对人们的认识造成了一定的困惑,下面我们对这些多元腐败概念进行梳理,并对

---

① [英]戴维·M.沃克:《牛津法律大辞典》,李双元译,法律出版社,2003年,第267页。
② 周永林:《邹容文集》,重庆出版社,1983年,第2页。
③ 俞可平:《政治腐败概念概念》,《社会科学》,1991年第2期,第34-36页。

腐败观念存在差异的原因进行分析。

（一）以不同要素为中心的定义

海登海默总结不同学者关于腐败的定义，归纳出三种类型，分别为以公共职位为中心的定义、以市场为中心的定义和以公共利益为中心的定义。

1. 以公共职位为中心的定义

有三位学者很好地阐述了公共职位、职位拥有者与腐败的密切关系。

如戴维·H.白利认为："当腐败与贿赂特别有关时，腐败一词意味着不正当地使用权威以得到个人利惠，这种利惠不一定是金钱。"①

M.麦克缪兰认为："如果一位公职人员接受钱款或某种价值做了他的职责允许他做或者不允许他做的某些事，或者出于不正当的理由做了合法处置，他就是腐败的。"②

J.S.内伊认为腐败是"因考虑(家庭、私人团体)金钱或地位上的好处而偏离公共角色规范职责的行为；或者违背某些规则而以权谋私的行为。这些行为包括贿赂(运用报酬改变处于委托职位上人的判断)、裙带关系(以亲疏关系而非功绩用人)和不正当的占用(非法占有公共资源以供私用)"。③

2. 以市场为中心的定义

一些学者着眼于早期社会发展以市场理论为依据的腐败定义。在这些社会中，调节公职人员的规范尚未确定，公职与非公职界限非常模糊，人们把职位作为获取利益的手段。商人在经营商品，公职人

---

① 王沪宁：《腐败与反腐败——当代国外腐败问题研究》，上海人民出版社，1990年，第17页。
② 王沪宁：《腐败与反腐败——当代国外腐败问题研究》，上海人民出版社，1990年，第17页。
③ 王沪宁：《腐败与反腐败——当代国外腐败问题研究》，上海人民出版社，1990年，第18页。

员则在经营其职位。雅科布·范·克拉弗伦指出:"一位腐败的文官视其公共职位如一种经营,他将寻求最大限度地扩大这个职位的收益。因而职位表成了一个'最大化单位'。他收益的多寡有赖于市场状况以及他在市场需求曲线上发现最大赢利点的能力。"①罗伯特·蒂尔曼说得更露骨:"腐败意味着从指令性价格制定模式转向自由市场模式。中央集权的分配机制(是现代行政的理想模式)可能会因供需的严重不平衡而崩溃。顾客们(官员们)可能认为值得冒一下受众所周知的惩罚的风险,付出更高的代价以保证取得预期的利益。当这种状况发生时,政府就不再按指令性市场行为,而具备了自由市场的特点。"②

3. 以公共利益为中心的定义

有些学者认为以公职为中心的定义太狭窄,以市场为中心的定义太宽泛,他们转而以公共利益为中心定义腐败。

卡尔·弗里德里希认为:"不论何时,作为负责某项工作或负有某种责任的职员或官员的掌权者,受非法提供的金钱或报酬引诱,做出有利于提供报酬的人从而损害公众和公众利益的行为,腐败就可以说存在了。"③。

阿诺德·A. 罗哥认为:"一项腐败行为违背对至少一个公共或公民秩序体系的责任,事实上与任何这类体系不相容。一个公共或公民秩序将共同利益置于个别利益之上,为个别利益侵犯共同利益的行为是腐败。"④

以公共利益为核心的定义还考虑行为人的道德因素,如警察为

---

① 王沪宁:《腐败与反腐败——当代国外腐败问题研究》,上海人民出版社,1990年,第18页。
② 王沪宁:《腐败与反腐败——当代国外腐败问题研究》,上海人民出版社,1990年,第18页。
③ 王沪宁:《腐败与反腐败——当代国外腐败问题研究》,上海人民出版社,1990年,第19页。
④ 王沪宁:《腐败与反腐败——当代国外腐败问题研究》,上海人民出版社,1990年,第19页。

使运送待产孕妇的车辆快速通行而采取暂时的交通管制应属正当行为。因此"以个人利益侵犯共同利益"必须具备显著的"不正当性",否则不属于腐败。

本书认为,虽然以公职为中心定义腐败比较狭窄,但是很明确将腐败行为发生的客观必要载体凸显出来,有利于明确研究对象。以市场为中心太宽泛,不利于确定研究的对象。而以公共利益为中心确定腐败行为比较模糊,因为公共利益只是作为抽象概念而存在,无论是在理论还是实践层面,都无法精确支持到底什么是公共利益,更无法据此严格定义腐败行为,不利于对腐败行为的科学研究。

(二)以不同学科为视角的定义

从不同学科出发,腐败的概念是不同的。学界对腐败的定义可以归纳为政治学、经济学、法学和社会学四类。

1. 从政治学视角对腐败概念的界定

政治学视角倾向于用公权力、公共职责等政治概念描述腐败。

王沪宁把学者们关于腐败的定义归纳为"不正当地运用公共权威以获得个人的好处""公权力的非公共运用",并区分狭义与广义的腐败。狭义的腐败大体指个人的腐败,广义的腐败大体指制度的腐败。[1]

中央党校林喆教授认为,腐败即权力的腐败,泛指"主体为其特殊利益而滥用权威或偏离公共职责的现象"[2]。

刘金国教授认为,"腐败是权力的异化""表现为权力的非责任化和权力的权利化",并指出杜绝腐败的根本之道是"以权利制约权力"[3]。

杨继亮认为,腐败就是执政者(在政党社会就是执政党的成员)

---

[1] 王沪宁:《腐败与反腐败——当代国外腐败问题研究》,上海人民出版社,1990年,第6页。

[2] 林喆:《权力腐败与权力制约》,山东人民出版社,2012年,第83页。

[3] 刘金国:《权力腐败的法律制约》,《中国法学》,2000年第1期,第40—48页。

由于受腐化思想所支配，凭借执政的权力，从事与执政者的宗旨背道而驰的行为，以权谋私，坑国害民，损人利己，并由此而导致社会风气的败坏。①

吴吉远认为，腐败是指政党、政府等政治性的组织机体因权力制约机制不健全、制度不完善，难以自行及时有效地抑制个体的利己主义和调节、清除机体的弊端，而导致公职人员不正当使用公共权力，严重违背职责和法律、道德规范，政治上麻木、经济上贪婪、精神上颓废和生活上糜烂，完全背离既定目标和既定轨道运转的政治状态。②

汪志芳等认为，腐败是指政党、政权机构及其公职人员思想、行为上的堕落，以及组织、机构、结构、措施等方面的黑暗和混乱。③

李雪勤认为，腐败是指由党和国家机构的一级组织、党政机关工作人员，包括国家机构任命的其他人员，利用权力为个人或小集团利益而实施的违背党纪政纪、违反国家法律的行为。从腐败行为所谋取的利益来看，有物质利益和非物质利益之分。像权钱交易就是典型的谋取物质利益，而权权交易、权色交易、给予荣誉称号等，就属于谋取非物质利益。④ 简言之，政治学视角下的腐败就是指公权力私用和滥用。政治学视角下的腐败定义，是当前学界比较普遍认同的腐败定义。

2. 从经济学视角对腐败概念的界定

经济学视角倾向于从经济收益、商品交换的角度定义腐败，起始于官员利用特权寻租，完成于寻租转变为实际承租，官员获取租金利益，与以市场为中心的定义比较相似。具有代表性的是吴敬琏和胡鞍钢的观点。

吴敬琏认为："腐败是权力与货币的交换，这种'以权谋私'现

---

① 杨继亮：《腐败论》，中国社会科学出版社，1997年，第1页。
② 吴吉远：《贪污与腐败辨析》，《研究参考》，1997年第6期，第26－28页。
③ 汪志芳等：《反腐败论》，浙江人民出版社，1991年，第2页。
④ 李雪勤：《中国拒绝腐败》，中国言实出版社，1997年，第68页。

象,在经济学术语上叫作设租和寻租活动。"①

胡鞍钢认为腐败是指少数人利用合法或非法手段谋取经济租金的政治活动和经济活动,通俗地讲,寻租就是用较低的贿赂成本获取较高的收益或者超额利润。②

经济学视角对腐败的界定,强调权钱交易和用权力获取经济租金,强调了腐败行为的目的,但对腐败行为发生的中心要素,即公共权力的不当运用关注不够。

3. 从法学视角对腐败概念的界定

法学视角以法律为中心,强调以法律为标准来判断腐败行为。具有代表性的是李建华、周小毛的观点,他们认为:"从法律意义上讲,腐败就是指违反法律规范贪污贿赂等犯罪行为,即腐败的典型形式就是那些以贪污贿赂为主要表现形态的违法犯罪行为。"③也就是说,"如果一个以权谋私的行为在一国现行法律体系中被法律明确禁止,那么就是腐败;如果法律条文中不禁止,则即便其在文化和道德上符合以权谋私的定义,也不是腐败"。④ 以法律为中心定义腐败,优点是标准明确无争议,在实践中可以对照法律依据明确界定腐败行为。但是由于各国法律并不统一,各国对腐败行为的认定也没有统一标准,这对腐败行为的研究造成一定困扰,无法从一般性出发研究腐败行为发生的规律和内在原因,并据此研究反腐败的逻辑及规律。

4. 从社会学视角对腐败概念的界定

社会学视角以社会规则或规范为中心,强调腐败的载体是"关

---

① 陈可雄:《反腐败必须釜底抽薪——访著名经济学家吴敬琏教授》,《新华文摘》,1994 年第 1 期,第 25 页。
② 胡鞍钢、康晓光:《以制度创新根治腐败》,《改革与理论》,1994 年第 3 期。
③ 李建华、周小毛:《腐败论》,中南工业大学出版社,1997 年,第 15 页。
④ 李辉:《如何思考政治腐败:基于概念的理论反思》,《探索与争鸣》,2019 年,第 5 期。

系",腐败的手段是"违反规则"。具有代表性的是韦托·坦茨的观点。他认为:"所谓腐败,乃是通过关系而有意识地不遵从规则,试图从该行为中为个人或者相关的个体谋取利益。"①田心铭认为腐败是"为谋取私利而侵犯公共利益,腐蚀、破坏某种现存社会关系的行为"②。

在社会学视角下,腐败是违反合理的和合法的社会规范且妨碍社会公共生活或社会进步的行为。这个以社会规范为轴心的腐败定义,囊括一切社会腐败行为,指出腐败的一般特性在于它的不合法性和不合理性,强调腐败是妨碍社会公共生活或社会进步的社会问题。显然,社会学视角下的腐败行为无处不在,研究对象非常宽泛化,容易造成腐败概念泛化现象,不利于树立反腐败的信心和决心,也不利于科学研究。

(三) 关于腐败定义的其他界定

有学者从狭义和广义这两个角度对腐败进行界定:认为狭义的腐败是指运用公共权力来实现私人目的的行为;亨廷顿认为"腐化是指国家官员为了谋取个人私利而违反公认准则的行为"。③ 广义的腐败是指政府治理国家无方,这里不一定有人(政府公职人员)直接得到利益或好处,但整个社会的利益却受到了损害。④ 迈克尔·约翰认为腐败是指对公共角色或资源的滥用,或公私部门对政治影响力量的不合法的使用形式。

20 世纪 90 年代透明国际组织对腐败含义的解释是:"公共部门

---

① [美]韦托·坦茨:《世界范围内的腐败:原因、后果、范围和医治对策》,载胡鞍钢:《中国:挑战腐败》,浙江人民出版社,2008 年,第 211 页。
② 田心铭:《略论我国社会腐败现象的成因》,《思想理论教育导刊》,2003 年第 2 期。
③ [美]塞缪尔·P. 亨廷顿:《变化社会中的政治秩序》,王冠华、刘为等译,生活·读书·新知三联书店,1989 年,第 54 页。
④ 詹复亮:《当代中国反腐败问题与对策》,国际文化出版公司,1996 年,第 4 页。

中官员的行为,不论是从事政治事务的官员,还是行政管理的公务员,他们通过错误地使用公众委托给他们的权力,使他们自己或亲近他们的人不正当地和非法地富裕起来。"① 目前透明国际对腐败的新定义是:滥用委托权力谋取私人利益。② 帕尔米指出:"腐败是为了私利而利用公职。"阿拉塔斯认为:"腐败乃是基于私人利益而对信任的利用。"③

国内学者任建明对腐败的定义是:腐败就是委托权力被用来谋取私利的过程和行为。④

透明国际和任建明的定义都将腐败定义的中心要素定位在委托权力上,对腐败行为有着更为准确的把握。以"委托权力"作为腐败概念的载体,那就意味着从"公共权力"扩展为"委托权力",那么腐败行为主体的范围也就不但包括公职人员和公共权力行使者,还被扩大到被委托人、被代理人。那腐败行为的范围也从公共领域扩展到私营企业领域,也就是说纯粹发生在私人公司里面越轨行为也将被确定为腐败行为。这也符合客观事实和学理分析。

本书并不赞同将腐败定义扩展到私人企业领域,因为国家和私人企业有本质区别。国家充当个人之间和组织之间的仲裁者,是公平正义的维护者,私人企业却没有这个功能。如果我们对某个私人公司的产品或服务不满意,可以另选一家就好了,因为市场经济是建立在竞争基础上的。公司腐败最后的结果是自己在市场中被淘汰。但是如果我们不信任法官或警察,我们却无法转请他人来执法,因为国家是处于垄断地位的。故私人企业内部为获取私利而滥用职权

---

① 胡鞍钢:《中国:挑战腐败》,杭州人民出版社,2001年,第3页。
② [新西兰]杰瑞米·波普著:《制约腐败——构建国家廉政体系》,清华大学公共管理学院廉政研究室译,中国方正出版社,2003年,第5页。
③ [英]保罗·海伍德、何增科:《政治腐败:问题与透视》,《马克思主义与现实》,1998年第6期。
④ 任建明、杜治洲:《腐败与反腐败:理论、模型和方法》,清华大学出版社,2009年,第20页。

者,或者私人组织中的违法乱纪行为,称之为"白领犯罪""公司犯罪"比较合适,而不是称之为腐败。

三、腐败的定义

(一) 腐败的定义与内涵

本书综合以上各种关于腐败的定义,考虑到研究对象的确定性和教材内容的有限性,将腐败的定义确定在政治学视角下以公共职务为中心要素范围内。我们认为,腐败就是公职人员利用公共权力谋取私人利益的行为和过程。理解腐败的含义需要注意以下几点内容。

1. 腐败的主体是公职人员以及与公职人员发生权力关系的人

这里的公职人员不仅指在国家机关中任职的国家公职人员,而且泛指在党、国家和其他社会公共机构中担任领导职务的公职人员以及在这些机构中担任技术职务的公职人员。与公职人员发生权力关系的人是指在处理个人或者组织(如企业)的事务过程中与公职人员发生紧密关系的人。如工程招投标中向公职人员行贿的人。[1]

2. 腐败的客体是公共权力

公共权力是对社会资源进行权威性分配的工具,代表着公共利益。公共权力是由人民委托给公共机构的权力,以公共职位和职责的形式存在。以公共权力为客体定义腐败,与以委托权力为客体定义腐败不同,我们将私人领域里运用委托权力谋取私利的行为排除在我们研究对象之外,以增加我们研究对象的精准性和确定性。

3. 腐败的目的是谋取私人利益

这里的私人利益不仅指金钱利益,还指能满足公职人员自身物质及精神方面需要和欲望的一切利益。

---

[1] 任建明、杜治洲:《腐败与反腐败:理论、模型和方法》,清华大学出版社,2009年,第20页。

4. 腐败的手段是滥用公职权力

公职人员掌握的公共权力是由人民赋予党、国家和其他社会公共机构行使的权力,是社会公共利益的体现。公职人员应当遵循公正原则谨慎运用公职权力。滥用就是胡乱不加节制地擅权、越权或弄权,既不具有合法性,也不具有合理性。合法性是指人们对法律的服从、遵守的性质及状态,合理性是指人们通过信仰体系服从某种统治的性质和状态。不同时期、不同民族、不同文化对腐败的具体特性有不同的解释,但无论何时何地,腐败都具有不合理性和不合法性。腐败的不合法性是指腐败违反法律规范(法律、法规)、纪律规范(党纪政纪)和制度规范(政治经济制度及其管理体制)的性质和状态。腐败的不合理性是指腐败违反特定的观念(世界观、人生观、价值观)和道德规范的性质和状态。公职人员为谋取私利而滥用公职权力,势必造成危害社会、侵犯公共利益的结果,致使公共财产、国家和人民利益遭受重大损失。

5. 腐败的基本形式是作为或不作为

如同犯罪行为采取作为或不作为两种基本形式一样,腐败行为亦有作为或不作为两种基本形式。不过,腐败的作为或不作为通常是故意的。故意作为的腐败是公职人员为谋求不合法和不合理的私利而滥用公共职权的行为,如任人唯亲、贪污受贿、徇私枉法、走私泄密等。故意不作为的腐败是公职人员出于最终与私人利益相关的原因,故意放弃应当履行且能够履行的职责行为,如放纵违纪违法、妨碍司法调查、尸位素餐等。

6. 腐败的实质是以公权谋私利

无论腐败的形式怎么复杂,腐败的手段如何多样,其实质都是滥用公共权力谋取私人利益,即以权谋私。这里的"私人"不仅指公职人员个人,还包括其家庭成员或有共同利益关系的人(我国法律中称之为特定关系人①)。这里的"利益"不仅包括金钱、商品、服务等物质利益,还包括名誉、职位晋升、地位利益和性的特权。美国政治哲学家亨廷顿指出:"腐化,即公职人员为实现其私利而违反公认规范的行为。"②"腐化的基本形式是政治权力与财富的交换。"③公职人员的以权谋私还表现为满足其权势的任人唯亲、徇私舞弊、官官相护的权权交易;满足其虚荣欲的挥霍浪费、奢侈铺张的权名交易;满足其食欲的公款吃喝的权物交易;满足其色情欲的腐化堕落的权色交易等。④

7. 腐败的根源是公共权力异化

公共权力是维护社会公共利益、增进社会福利、保障公民个人权益不受侵犯的权力。如果某些公职人员滥用职权谋求不合法和不合理的私人利益,那么,这意味着公共权力发生了异化,即公共权力反过来成为支配社会和公民的异己力量,这便是腐败的根源所在。因此,国家需要完善公共权力运行的监督体系,防止公共权力异化。

(二) 腐败行为的判断标准

根据前文对腐败概念的梳理可知,对于何种行为构成腐败以及为何构成,并没有形成广泛共识。但是以狭义界定对公共权力的私人滥用为逻辑起点对腐败进行定义,得到了广泛的赞同。本书也是基于这样的起点对腐败进行了狭义的定义,虽然这样界定也可能不太全面。

---

① 根据《最高人民法院最高人民检察院关于办理受贿刑事案件适用法律若干问题的意见》,"特定关系人"是指与国家工作人员有近亲属、情妇(夫)以及其他共同利益关系的人。该意见同时规定了对特定关系人"挂名"领取薪酬及由特定关系人收受贿赂问题的处理。

② [美]塞缪尔·亨廷顿:《变革社会中的政治秩序》,华夏出版社,1998年,第59页。

③ [美]塞缪尔·亨廷顿:《变革社会中的政治秩序》,华夏出版社,1998年,第66页。

④ 蔡陈聪:《腐败定义及其类型》,《中国青年政治学院学报》,2001年第3期。

我们可以使用五项标准来判断一项行为或不作为(比如为了获取回报故意视而不见)是否构成腐败。也就是说,一项行为或不作为要构成腐败,必须满足所有五项标准①(见下表1)。

表1 腐败行为的判断标准

1. 主体	行为或不作为必须涉及身居公职的个人或群体,不论是经选举还是任命入职;
2. 公职	该公职必须在决策、法律执行或国家防卫方面具有一定程度的权威;
3. 目的	官员的行为或者在本职工作上的不作为,必须部分出于个人利益或其所属组织的利益,或者同时出于两种利益,并且这些利益必须背离国家和社会的终极利益;
4. 公开	官员的行为或不作为部分或完全地于暗中发生,并且其明知自身行为会或可能会被视为不合法或不正当。如果对于行为失当的程度不确定,官员就会选择不受检验,即不让自己的行为接受阳光测验(允许公开审查或披露),因为他们希望自己的利益最大化;
5. 公众	行为或不作为必须在相当比例的人群和国家的认知中属于腐败。

最后一条标准有助于克服解读腐败时的文化差异问题。这套标准符合本书对腐败倾向于狭义的界定。但只需稍加调整,也能应用于广泛的腐败定义,比如把"公职"替换为"被委托权力的职务",就能把私人企业中的行为纳入判断标准。大多数情形下,应用这五条标准进行检验能明确地判断特定行为或不作为是否构成腐败。

(三)腐败与相关概念的区别与联系

1. 贿赂与腐败

贿赂和腐败关系密切。腐败可以表现为不正当的工作关系,或者某种形式的偏袒,不一定会涉及贿赂。同时一些官员利用公务之便贪污或挪用公款,这也是不涉及贿赂的腐败。贿赂是腐败的一种形式,贿赂是为了非法影响公务活动付给报酬或接受非法报酬的行

---

① [澳]莱斯利·霍姆斯:《腐败》,胡伍玄译,译林出版社,2019年,第16页。

为。报酬是指金钱、财产、服务或有价值的任何其他东西。贿赂可能发生在私人企业内部,这符合宽泛定义的腐败,如果就狭义来看并非腐败。

2. 贿赂与礼物

判断特定行为是否构成腐败,最复杂的问题之一就是如何区分礼物和贿赂。无论在西方文化还是东方文化中,都有关于礼物的文化。一般认为送礼是表示感激、答谢或维持某种特殊关系的一种情感传递。比如在东方文化中,送礼是一种传统礼仪。赠礼不仅不算行贿,拒不接受礼物则意味着对送礼方的不认可,是一种无礼行为。而且在东方大多数国家,不仅是精英,大多数国民也认为向来访者赠送礼物或者带着礼物去访问既是一种礼貌,也是一种必要礼节。西方人虽然对东方式的"赠礼"不太认同,但另一方面却认为在圣诞节向其下属赠送礼物以感谢他上一年的辛勤付出是正常的。

如何区分礼物与贿赂,因为文化差异的存在,并没有一条明确的通用标准,但是可以通过以下六个变量来合理区分礼物和贿赂。

(1)送礼者的意图。送礼者是否以获取非法利益为目的?是否会对国家或社会利益造成损失?送礼者是否明确或隐晦地期待某种回报?如果不是,则不能称之为贿赂及腐败。

(2)受礼者的身份与预期。接受礼物的人是否是公职人员?受礼者是否认为必须以某种其他方式加以回报?如果不是,接受礼物的行为构成腐败的可能性就很小。

(3)送礼的时机。如果一个有求于人者,比如想要获得行政许可证的人,在主管官员做出决定之前给他送了份"礼物",几乎一定会构成贿赂。如果礼物是在最终决定完成之后送出,并且送礼者此前并未暗示如果获得许可则有回报,这样的礼物不大可能构成贿赂。

(4)"礼物"的价值。这个变量在两者的区别中占有重要地位。学生在圣诞节给老师送苹果和送一辆奔驰轿车完全是两码事。现在各个国家越来越倾向于从数量和价值上来区分礼物和贿赂,而不是从性质上区分礼物和贿赂。越来越多政府认识到,他们的官员如果拒绝其他国家和文化中的官员提供的真正属于礼品的东西，可能是对送礼者的一种冒犯，因此出现折中态度。这种态度体现在法律中，就是规定了官员可接受礼物价值的上限，通常是 100~150 美元之间。

（5）法律的规定。这是一个正式的变量，要求考察特定的国家或组织的法律或规章是如何规定的。比如，新加坡的警察不得从快餐商店接受免费饮品，澳大利亚的部分地区则没有这种规定。

（6）社会公众对送礼的态度。这个变量关注问题的非正式方面，即社会多数公众的看法。因为不同的国家、不同的文化对什么是腐败以及对腐败的容忍度有不同的看法。

3. 有组织犯罪

有组织犯罪和腐败之间有一些共同之处，比如犯罪团伙和腐败官员都追求背离社会和国家利益的既得利益，犯罪团伙和腐败官员的多数活动都是不正当的活动，犯罪团伙可能与腐败官员相互勾结等。

但是，从专业角度看，有组织犯罪与腐败还是有很大差异的。其一，主体不同，腐败涉及公职人员，而有组织犯罪一般不涉及公职人员，除非存在与公职人员勾结情况。其二，组织性质不同，腐败官员大多数以个人名义活动，属于害群之马，官员整体上是好的。而有组织犯罪必然是团体活动。其三，手段不同。有人认为有组织犯罪必然涉及暴力（不论实际使用还是威胁使用），而腐败却基本不涉及暴力，甚至有些腐败官员是被行贿罪"围猎"的。

四、腐败观念存在差异的原因

不可否认，人们对于腐败的观念存在着极大的差异，某种极端观点认为，腐败和美一样，取决于注视者的目光，即仁者见仁、智者见智，就像一百个人心中有一百个哈姆雷特一样。另一种极端观点认为，只有法律明确规定为腐败的行为才是腐败。这种腐败观念的差异有着内在原因，主要是因为文化差异和立法差异造成的。

(一) 文化解释

文化是特定社会中主流的信仰、态度和行为模式,具有整合和导向功能,能够协调群体成员的行动,并为人们的行动提供方向和可选择的方式。文化深受传统和历史的影响,因此不同文化背景下人们对腐败观念有着不同的认识。有学者对俄罗斯、中国、美国和英国关于四种非正式关联的人际关系做了分析,以表明文化差异会影响对腐败的观念。①

1. 俄罗斯的"布拉特"(blat)②观念

俄语中的"布拉特"是俚语,意指"拉关系、贿赂",这一词的语义近些年有所变化。在苏联时期,"布拉特"指的是人与人之间的一种非正式协议,即以金钱之外的交换来互相帮助,类似于物物交换,是在消费品短缺体制下的变通做法。一个农民可能会与电工建立"布拉特"关系,用自己农场的鸡蛋或鸡肉作为交换物,让电工为自己的农舍重新接上电线和维护线路。后来,"布拉特"从物物交换关系演变成私人关系,即让当事人彼此产生信任感和互惠感的私人关系。

2. 中国的"关系"观念

中国的"关系"观念是指个人或群体之间产生的潜在、长期的相互责任、互利互惠的联系,通常也称为"人情"。这种人情建立在长期联系互相帮助基础之上。比如我帮助了一个人,就可能因此与此人建立某种友谊或达成某种关系,这个人会感到有义务在将来某个时刻还我一个人情,记得我曾有恩于他。中国成语"礼尚往来""滴水之恩,涌泉相报"都和人情关系的观念有关。当这种人情关系影响到公共权力公正运行时就和腐败有联系了。

3. 美国的"结网"观念

美国的"结网"概念正日益普及,它涉及确立非正式关系,以便为

---

① [澳]莱斯利·霍姆斯:《腐败》,胡伍玄译,译林出版社,2019年,第6—7页。

② 俄语中的俚语,意为"拉关系、贿赂"。转引自[澳]莱斯利·霍姆斯:《腐败》,胡伍玄译,译林出版社,2019年,第6页。

当事人带来好处。比如如果某个人在与商务会议或者学术会议上认识的人套近乎,为的是将来可以从这种接触中求得方便,试图以这种关系(也可能是弱关系)为基础而不全是以个人资历条件来影响这个人,这就是"结网"。有很多人反对把"结网"与腐败扯上关系。

4. 英国的"校友裙带"观念

英国的"校友裙带"概念与美国的"结网"概念不同,招来了广泛的批评。它指仅仅因为都上过英国的某个精英学校,那些可能连面都没见过的人却给予彼此特权优待。比如在公务员招录或者公司招聘中,甲乙丙都在某个显赫的精英学校上过学,丙在求职,他与乙认识,乙鼓动甲录用不曾见过面的丙,即使丙并不是最称职的人选。这种裙带关系比其他三种非正式关系更为排外,如果你年轻时不曾上过某个精英学校,就绝无可能进入这个圈子,享受优待。这也是它最受诟病、容易被列入腐败的一种形式。

以上这四种关系虽有互相区别并和特定文化相关,但也有共通之处,就是这四种关系都会区别出自己人和局外人,让自己人享受优待。这四种关系都可能会被社会上一部分人认为是腐败,根据特定文化差异,持这种认识的人多少不一。

从本书狭义定义来理解,只要这几种关系不涉及国家公职人员利用公共职务为对方谋取好处,就不算腐败。如果宽泛定义腐败,那就会让人与人之间的所有互惠关系,甚至是友谊,都可以称为腐败,这也是本书坚持从狭义定义腐败的一个原因。

(二)法律解释

法律对人的行为具有指引、评价、教育、强制和预测等规范作用。各国因为文化差异、立法环境不同、政治体制不同、适用的司法管辖权不同,对腐败的定义也有所不同。

1. 美国刑法对贿赂罪的规定

美国刑法典根据受贿主体不同将贿赂罪分为三种不同类型:

(1)公务贿赂。受贿主体包括政府任何官员、代理人或雇员;竞选中的投票人;陪审团成员;证人。(2)准公务贿赂。受贿主体包括公立事业机构中的官员或雇员;立法小组、政治性例会或有公职候选人提名权的政治性集会办事人员;劳工组织的代表。(3)业务贿赂。一个公司或商店的雇员可能成为批发商或其他人的受贿人;体育运动、竞技比赛等活动中的职业的或业余的运动员和裁判人员可能会成为受贿人。

美国联邦刑法规定的贿赂罪:意图影响公职人员的公务行为,直接或间接地给予、提出或允诺给予公职人员任何有价物的,构成行贿罪;公职人员以影响公职行为为回报而直接或间接地为自己或者为他人或单位请求、要求、恳求、强求、追求、接受、收受或者同意收受任何有价物的,构成受贿罪,处15年以下监禁,或者2万美元以下或者3倍以下贿赂价额罚金,或者并处监禁和罚金。①

2. 芬兰刑法典对贿赂罪的规定

芬兰的清廉指数排名一直位于世界前列,是腐败现象非常少的国家,许多国家和地区都在向芬兰学习治理腐败的经验。

芬兰刑法典第十六章触犯公共权力罪第十三节规定了行贿罪:②

(1)某人为了自己或其他人,就下列人等的公职活动,向公共官员、公有公司雇员、士兵、欧洲共同体中供职的人或者向其他欧盟成员国的官员,或外国公共官员,承诺、提供或给予礼物或其他利益,影响、试图影响或间接影响上述人等的公职活动,应被判定为行贿罪,判处罚金或最高两年监禁。

(2)某人就公共官员或段落(1)中提到的其他人服务中的活动,

---

① 储槐植:《美国刑法》,北京大学出版社,2005年,第208-209页。
② 程宝库主编:《商业贿赂 全球治理的立法和实践》,法律出版社,2006年,第16-17页。

向其他人承诺、提供或给予礼物或上述或上述段落中提到的其他利益,应被判定犯有行贿罪。

芬兰刑法典第四十章当权者犯罪第一节规定了受贿罪:

(1)如果某公共官员在执行公务时,为了自己或其他人:①要求礼物或其他不正当利益或为收受上述利益而发出主动提议;②接受影响、试图影响或促成影响上述公务行为的礼物或其他利益;③同意接受第二段规定利益或者接受该利益的允诺或提供。他/她应当以受贿罪被判处罚金或两年以下监禁。

(2)如果公共官员就自己的公职行为同意向其他人给予、允诺或提供第②中规定的礼物或其他利益,应被认定为受贿罪。

(3)如果罪行证明公共官员明显不再胜任其职务,可以判处免除公职。①

3. 中国刑法对贿赂罪的规定

中国刑法第八章贪污贿赂罪第三百八十五条对受贿罪的规定:

国家工作人员利用职务上的便利,索取他人财物的,或者非法收受他人财物,为他人谋取利益的,是受贿罪。

国家工作人员在经济往来中,违反国家规定,收受各种名义的回扣、手续费,归个人所有的,以受贿论处。

第三百八十七条对单位受贿罪做了规定:国家机关、国有公司、企业、事业单位、人民团体,索取、非法收受他人财物,为他人谋取利益,情节严重的,对单位判处罚金,并对其直接负责的主管人员和其他直接责任人员,处五年以下有期徒刑或者拘役。②

第三百八十八条对利用影响力受贿罪做了规定:国家工作人员利用本人职权或者地位形成的便利条件,通过其他国家工作人员职

---

① 程宝库主编:《商业贿赂 全球治理的立法和实践》,法律出版社,2006年,第22页。

② 全国人民代表大会常务委员会法制工作委员会刑法室审编:《中华人民共和国刑法(2016年审编版)》,中国民主法制出版社,2016年,第148页。

务上的行为,为请托人谋取不正当利益,索取请托人财物或者收受请托人财物的,以受贿论处。①

第三百八十九条对行贿罪做了规定:为谋取不正当利益,给予国家工作人员以财物的,是行贿罪。

在经济往来中,违反国家规定,给予国家工作人员以财物,数额较大的,或者违反国家规定,给予国家工作人员以各种名义的回扣、手续费的,以行贿论处。

因被勒索给予国家工作人员以财物,没有获得不正当利益的,不是行贿。②

受贿罪与一般受贿行为的区别在于查明受贿的数额大小和情节轻重。根据《刑法》第383条和第386条的规定,个人受贿数额在5000元以上的,构成本罪。个人受贿不满5000元,但情节严重的,也应以本罪论处。如果受贿数额不满5000元,并且受贿情节一般的,则不能以本罪论处。③

从以上国家对贿赂罪的规定来看,由于立法环境差异,各国对贿赂罪的规定也有一定差异,对贿赂罪的惩罚也不太一样。不同国家法律对腐败的定义有很大差异,有学者认为,专制国家比民主国家更为腐败,因为专制国家中的统治精英为了维护自己的特权地位,一般不愿意进行明确的反腐立法,从而对腐败不做法律上的界定或者有意使此类法律含糊不清。④

---

① 全国人民代表大会常务委员会法制工作委员会刑法室审编:《中华人民共和国刑法(2016年审编版)》,中国民主法制出版社,2016年,第149页。
② 全国人民代表大会常务委员会法制工作委员会刑法室审编:《中华人民共和国刑法(2016年审编版)》,中国民主法制出版社,2016年,第149页。
③ 赵德刚主编:《刑法》,武汉大学出版社,2011年,第478页。
④ [澳]莱斯利·霍姆斯:《腐败》,胡伍玄译,译林出版社,2019年,第8页。

第二节 腐败的分类

分类是科学研究的第一步,是将复杂事物表述清楚的重要方法。尽管本书力图从狭义方面定义腐败,但是涉及的腐败行为仍然纷繁复杂,这就决定了腐败形式的多样化。本节试图从多种角度对腐败形式加以分类并简要阐释其含义,以期从理论和实践两方面深化对腐败本质及其根源的认识,找到腐败的根本原因和一般规律,进而研究如何抑制并减少腐败的方法。

一、国外学界对于腐败的分类

国外学界对于腐败的分类归纳起来主要有以下几种:①

维托(Vito Ted)根据腐败的主体、性质和成本等维度将腐败归纳为六种:①官僚主义的或政府性腐败;②降低成本或增进收益的腐败;③胁迫性或串谋性腐败;④集中性或分散性腐败;⑤可预见性或随机性腐败;⑥涉及现金或不涉及现金的腐败。

美国耶鲁大学的艾克曼(Susan Rose Acherman)根据腐败方式和性质将腐败分为四类:①偷窃式统治,指政府领导人使其政治系统组织化,以便使寻租可能最大化,并能依据个人利益重新分配这些租金。②双边垄断,指统治者同黑手党(或黑社会)形成一种联盟,由后者为其提供保护性服务。在这种情况下,政客同黑手党共同分享保护商业,甚至还共同分享同样的"客户"。③黑手党统治,这类国家实质上已丧失实际统治权,官员主要致力于受贿,以受贿为生。④竞争性受贿,这意味着在普通公民和企业内部存在大量腐败官员,一些官员的腐败在鼓励另一些官员去收受贿赂,导致腐败呈螺旋形上升趋势。

麦克尔·约翰逊根据政治和经济机会的不均等性将腐败现象划

---

① 胡鞍钢:《中国:挑战腐败》,浙江人民出版社,2001年,第3-8页。

分为四种类型：①利益集团竞争型腐败：利益集团凭借各种经济资源（竞选捐款、其他的各种礼物、公然的贿赂）来寻求其对社会的影响，如美国、英国、德国等。②精英统治型腐败：他们控制着经济机会，以此获利；操纵着政治机会（有价值的稀缺商品），以获得更多的经济报答。在某些国家中，政治人物、官僚以及整个政府机构都在进行经商活动或成为企业的合伙者，如日本、韩国等。③半施舍型腐败：精英们不仅政治的参与性较大，而且还可在激烈竞争和相对稀少的经济机会中寻求权力。掌握权力的不仅有政治组织，而且还有更为邪恶的集团，如意大利和俄罗斯的"黑手党"，哥伦比亚的贩毒集团，也包括中国各地的"走私集团"与海关官员的内外勾结。④施舍机器型腐败：利用施舍组织控制政治竞争，控制政府，攫取经济利益。第一种和第三种腐败常处于控制之外。同时为黑手党利益和政治精英服务，会威胁政治的稳定，导致道德衰败、社会不满、政治分离。

艾略特（Elliott）按照腐败规模和程度把腐败分为小腐败、大腐败和影响介入性三类：①小腐败：也称下层腐败，主要发生于私人部门与非选举的政府公务员，特别是低层次的行政官僚，通常涉及税收、规章、申请执照、政府税利分配等；②大腐败：也称高层腐败，主要发生于政府最高层，在政治领袖、官僚以及私人部门之间产生大的腐败行为，如重大政府工程，高额政府采购，出让特许经营权，关于补贴的政府决策，将巨额财政收益转给私人企业；③影响介入性腐败：主要发生在被选举官员、非选举公务员与私营部门之间，后者提供贿赂，前两者"分享贿赂"。

海登海默（Arnold J. Heidenheimer）是按人们对腐败行为的容忍程度把腐败分为三类：①黑色腐败：共同体的大部分上层人物和大众都一致谴责的一项行为，希望在原则的基础上对之予以惩罚，如向公共官员赠送礼品或有裙带关系；②灰色腐败：有些人尤其是上层阶级希望惩罚某项行为，其他人不希望，大众则可能是模棱两可的；③白色腐败：上层和大众的多数人可能都不积极支持惩罚的腐败行为，他们认为这是可以容忍的。

二、国内学界对于腐败的分类

国内学界对腐败分类主要涉及二分法分类和非二分法分类方法。

（一）使用二分法对腐败进行分类

1. 权力腐败与非权力腐败

根据腐败的客体是否公共权力、腐败的主体是否公职人员，可将腐败区分为权力腐败与非权力腐败。所谓权力腐败是指某些掌握公共权力的公职人员滥用公共权力谋取私利的行为，表现为任人唯亲、贪污贿赂、敲诈勒索、贪赃枉法、徇私舞弊、拉票贿选、玩忽职守、尸位素餐、公款吃喝玩乐、地方或部门保护主义等现象。非权力腐败则是非公职人员的一般公民利用各种社会失控而谋取非法私利的行为，表现为制造假冒伪劣商品、从事欺诈交易、损人利己、偷税漏税、行贿赌博、吸毒贩毒、卖淫嫖娼等现象。本书认为，非权力腐败是一种宽泛定义腐败的方法。

2. 官员腐败与非官员腐败

根据作为权力腐败主体的公职人员是否担任官方职位，可将腐败区分为官员腐败与非官员腐败。官员腐败是指占据官方机构或企事业机构通过选举或任命产生职位的公职人员滥用领导职权的腐败；非官员腐败是指不占据官方职位但具有"国家干部身份"的公职人员滥用技术职权的腐败，如机关小职员、教师、医师、律师、记者等非官方公职人员，收受或索取不合法或不合理的分外收入的行为。

3. 个体腐败与群体腐败

根据构成腐败主体的数量不同，可将腐败区分为个体腐败与群体腐败。个体腐败是指拥有一定职权的单个公职人员的腐败；群体腐败则是由少数掌管地方或某些公共部门或某些单位实权的公职人员所组成的小集团的腐败。

4. 隐性腐败与显性腐败

根据腐败的显露程度，可将腐败区分为隐性腐败与显性腐败。

隐性腐败是普通民众所不能察觉的社会高层公职人员的腐败（可称为"黑箱式"腐败）和民众所不能完全察觉的社会中层公职人员的腐败（可称为"灰箱式"腐败），这些"大人物"对民众根本利益侵害的间接性，决定其腐败的隐蔽性；显性腐败则是普通民众随时随处可见的基层公职人员赤裸裸的腐败（可称为"白箱式"腐败），这些"小人物"对民众切身利益的侵害的直接性，决定其腐败的公开性。

5. 黑色腐败与白色腐败

根据腐败的客观结果，可将腐败区分为黑色腐败与白色腐败。黑色腐败是公职人员和民众都认为不合法和不合理因而具有严重社会危害性的行为，如贪污受贿、贪赃枉法、滥用职权等腐败现象；白色腐败是或多或少能被公职人员和民众所接受的、介于合法与不合法、合理与不合理的临界状态，因而其社会危害性不确定的行为。

6. 交互性腐败与非交互性腐败

根据腐败主体间是否有双向的不适当行为，可将腐败区分为交互性腐败与非交互性腐败。交互性腐败是指腐败主体间双向的不适当行为。主要有任人唯亲，这种裙带性腐败旨在结成以权谋私、官官相护的命运共同体；欺上瞒下、虚报数据，其目的是获得更多奖金和得到提拔重用，或者暗中截留、中饱私囊、行贿受贿、敲诈勒索、贪赃枉法、徇私舞弊、官官相护、官商一体、官商勾结。非交互性腐败是腐败主体间非双向的不正当行为。主要有尸位素餐、玩忽职守、阳奉阴违、妨碍司法、挥霍浪费、侈奢铺张、贪污、投机、走私、泄密等。

（二）非二分法的其他分类

1. 传统的腐败与现代的腐败

根据腐败历史形态划分，腐败可以分为传统的腐败与现代的腐败。传统的腐败主要是指由传统的政治制度和政府自身造成的，其方式和手段都比较简单；整个腐败过程周期短，中间环节少；在相当大的程度上具有"合法性"，大量的腐败行为不仅为政府所认可，而且也为一般民众所容忍，这是由传统的政治文化所决定的。现代的腐败主要是指商品经济中权力与金钱相交换的产物,在现代社会中,腐败经常以集体形式出现,这种群体腐败常常导致政治制度性质的改变,现代腐败总是为法律所不允许的,即直接表现为违法犯罪行为。

2. 拜金型腐败、拜物型腐败等其他类型的腐败

根据腐败行为目的划分,腐败可以分为拜金型腐败、拜物型腐败、"聚宝"型腐败、享受型腐败、徇私型腐败、殉情型腐败、贪色型腐败及其他类型的腐败。[1] 其中,拜金型腐败,指腐败行为的主要目的在于扩大金钱的收入,追逐金钱;拜物型腐败,指腐败行为主要以取得实物为目的,或者将国家、集体、个人财产占为己有;"聚宝"型腐败,指腐败行为以收集和占有价值珍贵的珍宝文物为主要目的;享受型腐败,指腐败行为以追求个人或几个人的享受为目的;徇私型腐败,指腐败行为与裙带关系和熟人关系有密切的联系;殉情型腐败,指腐败行为由男女恋情引起,一方殉情,慷国家之慨,给对方多种利惠;贪色型腐败,指腐败行为以纯粹的肉欲关系为前提,以满足个人欲望为目的;其他类型的腐败,如庇护型腐败、报复型腐败、图名型腐败,等等。

3. 轻微腐败、一般腐败和严重腐败

根据腐败行为违法违纪程度和直接危害程度,可以将腐败区分为轻微腐败、一般腐败和严重腐败。轻微腐败是指用公共权力谋私,但为政府和广大群众所容忍、谅解,只违章不违法,往往不受处罚或处罚较轻。一般腐败又称常见腐败,其特征是违法而不犯罪,部分人对此极为不满,部分人却冷漠视之,腐败主体往往只受到行政处罚。严重腐败是违法犯罪,社会危害极大,易引起公愤,往往受到严厉的法律制裁。

4. 主动型腐败与被动型腐败

根据腐败行为的主动性程度划分,腐败可以分为主动型腐败与

---

[1] 王沪宁:《腐败与反腐败——当代国外腐败问题研究》,上海人民出版社,1990年,第8页。

被动型腐败。主动型腐败如敲诈、勒索、任意加征赋税、役使民力、乱收费、乱摊派等,都是国家工作人员主动向社会勒索钱物的行为。被动型腐败的主要表现是接受贿赂、礼品等,社会的人们是主动的,而国家人员则是被动的。

5. 政治腐败、行政腐败、司法腐败、建筑行业腐败等

根据腐败的领域将腐败区分为政治腐败、行政腐败、司法腐败、建筑行业腐败等。亨廷顿把政治腐败解释为"国家官员为了某个人私利而违反公认准则的行为"。① 从本质上看,政治腐败是相对政治廉洁而言的,是国家公职人员违反国家的法律法规和程序,违反公职人员的行为准则,利用国家权力,以损害国家和他人利益为代价,获取个人的政治经济社会利益。根据不同的标准可以划分为不同的类型:根据腐败行为主体的性质和数量,可以分为群体性与个体性腐败;根据腐败行为的层次分布,可以分为高层(省部级以上官员)、中层(县处级以上)和基层政治腐败;依照腐败行为动机不同,可以分为逐利型、徇私型和因公型政治腐败。西方的政治腐败一般是指政党选举过程中的一些不正当行为。行政腐败是指与行政权力的不正当使用有关的腐败行为;司法腐败、建筑行业腐败,分别是指在司法领域和建筑领域的腐败行为。

腐败分类是一项复杂精细的工作,要想做出一套完整的分类体系及其困难。以上每一种分类方式对于腐败研究和反腐败工作都有其参考价值,因为每一种分类都代表着不同的视角和分析方法,有助于我们认清腐败的实质及其根源,从而为探讨腐败的成因以及反腐防腐机制提供有利条件。

---

① [美]亨廷顿:《变化社会中的政治秩序》,三联书店,1988年,第54页。

第二章 腐败的原因影响和测量

如果将腐败比喻为人类社会的癌症,那必须要找到病因并认识这种病症对人类有什么样的影响,才能对症下药,找到治理腐败的措施,只有清楚认识到腐败的影响和后果,才能引起人们对腐败的重视,才能全力治疗腐败之症。本章分为3节,第一节从外在和内在2个角度分析了腐败产生的原因;第二节分析了腐败造成的政治、经济和社会后果;第三节从腐败主体、腐败手段、腐败方式和腐败领域四个方面分析了腐败行为特点。

第一节 腐败产生的原因

一、腐败原因的理论综述

腐败是政治发展中的毒瘤,要想根治,首先要理清腐败的原因。到目前为止,世界各国学界对腐败的原因已经进行了大量深入的研究,取得了丰硕的成果。中国学者在此基础上对中国腐败的原因也进行了有针对性的分析,具有代表性的观点如下。[1]

(一)腐败条件说

任何腐败行为都是在一定条件下发生的,正如种子需要阳光、水和土壤才能生长发芽一样,腐败行为发生需要具备客观条件、主观条件和机会条件,三者相辅相成。其中公共权力是腐败的客观条件,公共权力既是公共利益的体现,同时也是腐败行为的载体;腐败行为主体的公权私用念头和贪腐欲望是腐败发生的主观条件;制度、体制和

---

[1] 本部分内容摘取于崔会敏:《巡视制度效用评估与协同反腐机制研究》,社会科学出版社,2020年,第108-114页。

机制方面存在的漏洞是腐败发生的机会条件,这种制度漏洞给腐败行为发生提供了可乘之机。

学者任建明认为,"腐败的产生取决于两个因素:一个是腐败的动机,可以认为是主观原因;另一个就是腐败的环境或条件,也可以概括为客观原因。这两个因素对腐败的产生缺一不可。"①他将主观原因概括为:获取不正当经济利益;政治上"升职""政绩"甚至是"买官卖官"的动机;办事便利等,其背后深层心理原因是个人私欲膨胀和思想道德堕落。将腐败产生的客观原因归纳为:缺乏有效的制度及制度执行乏力;腐败的成本低;市场经济的消极影响;官本位、特权等文化的消极影响。

学者过勇基于公共选择理论,将公职人员视为"理性经济人"提出了腐败行为发生的分析框架。他认为有三个要素决定着公职人员行为选择结果:腐败动机、腐败机会和制度约束。其中机会是腐败行为发生的前提条件,动机是行为的导火索,制度约束是最后防线。腐败行为只有在三者共同具备时才会产生。基于这个分析框架,他认为在中国经济转轨过程中存在腐败蔓延的三个假说:(1)经济转轨损害了社会文化价值,致使权威失信、信仰动摇和道德败坏,引起行为主体腐败动机增强;(2)经济转轨冲击打垮了旧制度规则系统,新制度形成期间,腐败机会先增多,后减少,呈"倒U字"曲线;(3)制度执行不力造成腐败行为被发现概率低,这是制度约束失效的主要原因。②

腐败条件说的分析框架对中国改革开放以来的腐败原因具有较强的解释力,是目前学界具有共识的观点,它从腐败行为发生的内在逻辑机制解释了腐败发生的必要条件,概括了腐败行为发生的一般规律。其他的观点多少都能在这个解释框架下运用,但都没有这个

---

① 任建明、杜治洲:《腐败与反腐败:理论、模型和方法》,清华大学出版社,2009年,第33页。

② 过勇:《经济转轨、制度与腐败——中国转轨期腐败蔓延原因的理论解释》,《政治学研究》,2006年第3期。

观点更为全面,但此观点还没有将腐败发生的社会环境纳入分析框架内,无法解释为什么腐败行为在一些环境中多发而在另外一些环境中少发。

(二)权力腐败说

该主张认为腐败与公共权力的非规范运用密切相连,其核心观点是公共权力的非公共运用。腐败是公共权力膨胀和不当使用的必然结果。"权力导致腐败,绝对的权力导致绝对的腐败",阿克顿勋爵的这句话已经成为经典名言。比如王沪宁认为,"在一切社会中,政治腐败总与公共权力结合在一起,人们通过运用、影响或操作公共权力来达到私人目标,获得私人利益。"① 学者林喆提出了"权力腐败"概念,其含义是统指公职人员为私人利益而滥用公共权力导致其损害公共职责的行为情况。她认为权力内在的不平等性和可交易性决定了权力可能会蜕变异化为私人攫取利益的工具。②

权力腐败说强调了腐败发生的本质媒介,就是公共权力的非公共运用,但该观点无法解释在同一政治体制下不同时期腐败情况轻重不同的现象,还缺乏对公共权力主体和权力运用环境的深入探讨。

(三)体制转型说

该观点认为在由计划经济向市场经济转型过程中,社会的资源配置由行政权决定时,就形成一种寻租的社会。当社会有大量租金存在的时候,权力就会进来分割租金(设租与寻租)。我国近年腐败现象增加的主要原因就和我国转型期的产权制度安排密切相关,表现在:政府的经济活动范围过大,行政权往往大于产权。行政的随意性控制问题突出。③ 如学者倪星认为,权力腐败的核心是因为有"经

---

① 王沪宁:《中国抑制腐败的体制选择》,《政治学研究》,1995 年第 2 期。
② 林喆:《权力腐败与权力制约》(修订本),山东人民出版社,2012 年,第 83 页。
③ 卢现祥:《我国转型时期腐败问题的制度经济学思考》,《湖北行政学院学报》,2002 年创刊号。

济租金",当腐败动机和经济租金遇到一起,就会显现为寻租活动,从而产生腐败行为①;学者胡鞍钢、过勇等人用寻租经济学的方法,对转型经济中腐败类型进行重新划分,发现行政垄断是中国经济转型中最严重的腐败形式之一,并对行政垄断的表现特征、内在本质深入探讨。认为行政垄断产生的重要原因是地方部门利益强化和特殊利益驱动。行政垄断是政府的主动创租行为,也是上层腐败的主要形式。② 该观点主要从经济学的视角出发,以"经济人"假设为基础,将在市场经济领域个人活动的原则应用到公共领域中,认为在政治领域,公职人员也会追求自身利益最大化。该观点强调公共权力与金钱利益的交易的经验过程,挖掘出了腐败的深层本质,但是该观点只能解释经济体制变革转型时期的腐败原因,对发达国家仍然会存在腐败现象缺乏说服力。

(四) 社会转型说

该观点认为腐败的发生与社会转型、阶层变动及社会交换密切相关。如学者陈烽从社会转型、阶层变动的角度对腐败产生蔓延原因进行了分析,中国的腐败是正在转型之中的非常态、非稳态社会中发生的腐败,其特殊之处是腐败作为政府权力运行机制的替代物和填充物,被植入到过渡性政府体制的实际过程中。③ 改革以后干部阶层的整体权力、地位下降,内部发生分化,原有利益失去平衡。转型期腐败是过渡性体制下干部阶层利益实现机制扭曲的恶性表现。④ 也有学者认为转型期社会阶层差距过大异化某些公职人员的

---

① 倪星:《论寻租腐败》,《政治学研究》,1997 年第 4 期。
② 过勇、胡鞍钢:《行政垄断、寻租与腐败———转型经济的腐败机理分析》,《经济社会体制比较》,2003 年第 2 期。
③ 陈烽:《深化当前腐败问题研究的三个视角》,《社会学研究》,1999 年第 6 期。
④ 陈烽:《转型期干部阶层的地位变动和腐败的利益根源及治理》,《社会学研究》,1997 年第 5 期。

财富观,社会流动滞涩造成既得利益群体贪污腐败现象。① 肖云忠认为,腐败是在交换结构制约下的理性选择行为,交换结构存在的弊端提供了腐败发生的外在机会,刺激并诱发个体的腐败动机,两者结合促成了现实腐败行为的发生,即通过形形色色的资源交换实现了腐败收益,构成了交换动机——交换结构——交换资源三位一体的腐败发生发展的过程链条,从动态角度揭示了腐败的形成原因。各种腐败现象的本质是资源的非正当转移,这种转移的后果是个人和特定集团获益,而公共利益受损。②

该观点从社会学视角考察了中国社会转型期腐败发生及蔓延的特征及内在逻辑,有助于更全面的研究腐败发生机理。

(五) 腐败文化说

该观点认为中国的腐败与传统文化和当前一些消极文化环境有直接关系。有学者认为,以儒学为主体的中国传统文化的一般特征有:人格依附、注重道德伦常、血缘宗法观、官本位思想和中庸的思维方式等。③ 还有学者从当前的文化缺失分析腐败原因。认为我国当前腐败现象滋生原因由三方面文化缺失造成。一是由于社会的改革动荡,其配套制度的欠完善所导致的制度文化缺失;二是伴随经济体制转型,作为参与市场竞争的变量——有形的手的过分干预无形中造成了体制文化的失衡;三是由于"经济中心论"的路径依赖性导致廉政文化的弱化。④ 还有学者认为,当前我国部分党员干部公民意识不足,臣民色彩过浓:等级观念厚重,平等意识贫乏;公仆意识薄

---

① 李翔:《反腐败的中国社会语境探析——以我国市民社会阶层分化为视角》,《华东政法大学学报》,2013 年第 6 期。

② 肖云忠:《社会交换论视角下的腐败成因解析》,《廉政文化研究》,2010 年第 3 期。

③ 曹志瑜:《"腐败黑数"畸高之文化传统与社会责任分析》,《理论导刊》,2011 年第 2 期。

④ 苏志加:《腐败的文化因素及反腐路径研究》,山东理工大学学报(社会科学版),2013 年第 5 期。

弱,官本位意识根深蒂固;特权思想严重,公平意识缺乏;德治传统历史悠久,法治进程有待加速;政治理想淡漠,政治信仰模糊等等,这些都是滋生腐败的主要政治文化根源。①

该观点从文化角度对腐败原因进行深入分析,具有很强的说服力。但是,为什么具有相似文化传统的新加坡、中国香港等地清廉指数要明显高于中国大陆呢?因此,腐败文化说的解释也具有一定的局限性。

(六) 腐败嵌入说

该观点认为,腐败并不是一个独立存在的领域,它是嵌入于公私混合领域之中的行为,是一种打破既有公共与私有制度界限的行为。"嵌入性腐败"概念由约翰斯顿(Johnston)提出,他认为"腐败是植根于、嵌入于社会环境之中的,这种社会环境既是腐败的结果又有助于维持这种腐败",②这种嵌入型腐败与社会关系和文化网络有着复杂而微妙的联系,它深深嵌入政治体制和社会生活情境之中,是一种被体制同化的行为,与政治、经济体制形成了一种共生关系。学者李辉将嵌入性腐败的特点总结为:"在政治层面,腐败活动嵌入在不同种类的地方庇护网络活动之中,垄断当地的政治资源,加剧政治机会不平等,降低政府合法性。在经济层面,嵌入性腐败可以达到一种制度化的均衡效应,会大幅度提升反腐败的成本,造成严重的经济损失。在社会层面,嵌入性腐败利用当地的传统文化资源,赋予自身以风俗和礼物活动的外观,有很强的寄生性与共生性,败坏地方的文化与社会风气。"③

该观点是学界对腐败产生原因的最新解释,从多元视角分析腐

---

① 刘晓春:《论腐败的政治文化根源》,《学术界》,2009年第5期。
② Johnston, Michael: "What Can Be Done about Entrenched Corruption?", in Boris Pleskovic (ed.), Annual World Bank Conference on Development Economics 1997, Washington DC: The World Bank, 1998. pp. 69 – 90.
③ 李辉:《道德论、功能论与嵌入论——西方腐败研究的范式转换(1960—2000)》,《经济社会体制比较》,2008年第5期。

败行为发生的领域和原因,用"嵌入性"作为其明显特征,结合政治、经济和社会文化等多学科知识解释了腐败发生的原因,并总结其特征。

总结以上六种观点,本书认为,从宏观上来说,腐败是一种社会历史现象,它伴随着公共权力以及私有制的产生而出现。从微观层面看,腐败作为一种行为,必然和腐败主体的心理动机和行为能力联系在一起。人的行为动力是由主观需要和客观事物共同制约决定的。腐败行为的发生,取决于两大因素,一是腐败动机,即腐败的主观因素,就是人为什么想腐败?二是腐败机会,即腐败的客观因素,就是人为什么能够腐败?人为什么敢腐败?现实生活中,腐败行为产生的原因呈现出多样化、复杂化的特点,要探索腐败现象产生的原因,就必须从腐败主体心理的主观因素和整个社会的制度、政治、经济等客观因素中去分析,其中制度是关键因素。

二、腐败产生的主观因素

动机是在需要的基础上产生的。人的腐败动机和人的不良心理需求联系在一起。因此,腐败产生的内部原因可以从腐败主体的心理原因进行分析。

(一)私权心理

马克思·韦伯认为,权力是"在社会交往中一个行为者把自己意志强加在其他行为者之上的可能性"①。公共权力在社会价值分配过程中起着关键作用。人们为了维护自己的利益,会围绕公共权力展开追求和斗争,因此产生了凌驾于社会各种斗争力量之上的国家,产生了合法国家强制力。这种权力是公共权力,应该为社会公众谋取利益。可是有的人忘记了行使公共权力的目的,将公共权力看作是自己"辛苦打拼而来"的,一旦掌握权力,便将公权看作私权,用手

---

① 参见《布莱克维尔政治学百科全书》,中国政法大学出版社,1992年,第595页。

中权力谋取金钱、名誉和地位甚至美色。如果一个社会公共领域与私人领域界分不清晰的话,更容易发生腐败,就是因为私权心理。

(二) 拜金心理

拜金是一种把金钱作为崇拜对象的观念。有拜金心理的人认为金钱是万能的,"有钱能使鬼推磨",把自己价值的大小归结为拥有金钱的多少。有些公职人员受到市场经济负面现象的不当影响,认为权力是国家的,不可能永远掌握在自己手中,拿到手的金钱才是实在的。加上受到不正之风的影响,看到一些人"边腐边升",便认为金钱是升职的硬通货,只有贪得多,才能送得多,自己才能升到高升得快。在这种拜金心理作用下,一些干部价值观开始扭曲,不靠实干靠送钱谋取升职,产生了腐败的动机。

(三) 攀比心理

攀比心理指脱离自己实际收入水平盲目攀高消费的心理,通常指个体与被选作为参照的个体之间因为有较大相似性,导致自身被尊重的需要过分夸大,虚荣动机增强,甚至产生极端的心理障碍和行为。当前,"能吏腐败"案例不胜枚举的一个重要原因就是一些领导干部的攀比心理在作怪。一些年轻干部看到身边"不如自己"的人都提拔了,感到"仕途不顺、怀才不遇"。一些领导干部看到身边的一些商人或企业家住豪宅、开豪车,生活奢华,而反观自己,虽然当个领导,但干得辛苦,付出很多,收益很少,心里特别不平衡,产生了"羡慕心理、攀比心理"。盲目的攀比对领导干部的心理产生了负面影响,造成心理失衡,还会产生不安全感;盲目的攀比还会对领导干部的生活产生负面影响,增加其压抑、苦恼的情绪;盲目的攀比是领导干部走向腐败的拐点,对领导干部的廉洁从政造成负面冲击。

(四) 从众心理

从众心理是在群体心理压力之下产生的某种行为。当在腐败的政治生态环境下,廉洁官员可能成为异类而遭到排斥时,有很多官员就可能选择随波逐流加入腐败队伍。如在党的十八大高压反腐之前,由于我国处于政治经济体制深化变革、利益格局深刻调整、思想观念深刻变化的历史转型期,各种文化思想相互激荡,腐败文化和党内潜规则在一些党员干部中还有很大的生存空间,致使一些党员干部的廉政观念丧失,一些领域的腐败现象易发多发,并存在个别越腐败越升迁的官员。一些领导干部本身不想腐败,但为了不被边缘化,为避免被孤立只好被迫服从腐败行为。从众效应使一些领导干部面对不正之风不但不抵制,反而为了主动迎合潮流而加入其中,随波逐流,最终越陷越深、自甘堕落。总之,从众心理容易使领导干部产生角色偏差,淡忘自己的身份和职责,将手中掌握的权力用作谋取私利的工具,从事违法乱纪活动。

(五) 侥幸心理

侥幸心理是一种逃避责任追究的冒险心理,是一种自我安慰。侥幸心理贯穿于大部分贪官腐败的全过程,从开始认为收一点好处费不会被人发现,到最后把受贿看作一种应有的回报,都以为只要过了时间点就不会被查到。腐败官员心里非常清楚自己的违法犯罪事实一旦被查出来,后果将不堪设想,但在侥幸心理的支配下还是铤而走险地贪污腐化。有的领导干部认为自己与行贿人关系过硬,不会出卖自己;有的领导干部认为自己手段高明,组织上不会查出自己违法犯罪的蛛丝马迹;有的领导干部信奉"有权不用,过期作废",认为权力大于法律,没有人可以制约自己的权力,于是倚仗权势,徇私舞弊。如果一位领导干部第一次受贿成功,没有被追究,获利的感觉就会自然而然地强化侥幸心理,进而为下一次腐败行为的发生做铺垫。习近平总书记在十八届中央纪委三次全会上强调,"要让每一个干部牢记'手莫伸,伸手必被捉'的道理。'见善如不及,见不善如探汤'。领导干部要心存敬畏,不要心存侥幸。"[①]

---

① 《习近平在十八届中央纪委三次全会上发表重要讲话》,中国政府网 http://www.gov.cn/ldhd/2014-01/14/content_2566862.htm 2014 年 01 月 14 日 20 时 24 分。

(六) 补偿心理

补偿心理是一种心理适应机制,个体在适应社会的过程中总有一些偏差,力求得到补偿。这种补偿在心理学中也称为"移情"。人有三种核心需要,即生存需要、关系需要和成长需要。当一个人在追求某一种需要受挫时就会增强对其他需要的追求。比如年龄本来是一种自然存在,可是年龄一旦与权力、岗位挂钩就会产生补偿心理效应和腐败问题。一些领导干部到了一定年龄,根据用人政策预期在职务晋升没有希望,就想在经济或美色等方面得到一定的补偿,于是开始接受别人的贿赂,走上一条腐败的道路。

三、腐败产生的客观因素

腐败产生的主观因素解释了想不想腐败问题,但是能不能腐败则取决于外在的客观条件,我们可以从政治、经济和文化三个方面来分析腐败产生的外在原因。

(一) 政治因素

美国学者哈罗德拉斯韦尔指出,政治主要是指"权力的形成和分配"。① 而腐败的客体就是公共权力。因而政治方面的原因是腐败发生的深层次根源性因素,主要表现在权力过分集中形成权力寡头、权力运行缺乏有效的监督制约以及权力配置的民主化、法制化和制度化水平不高等方面。

1. 权力过分集中形成权力寡头

权力适度集中有指挥方便、政令统一、标准一致、集中力量干大事的优势,但是如果权力过分集中则容易形成权力寡头,形成"土皇帝"和小山头,这时如果掌权者自身素质不高,没有公平正义与责任担当,势必形成腐败。在我国,公共权力有时不适当地集中在少数人的手中,"就是在加强党的一元化领导的口号下,不适当地、不加分析

---

① Harold Dwight Lasswell, and Abraham Kaplan: *Power and Society: A Framework for Political Inquiry*, New Haven: Yale University Press, 1950, P240.

地把一切权力集中于党委,党委的权力又往往集中于几个书记、特别是集中于第一书记,什么事都需要第一书记挂帅、拍板。党的一元化领导,往往因此而变成了个人领导。全国各级不同程度的都存在这个问题。"①公权力是强势的,因为公共权力来源于社会又凌驾于社会之上,而个别领导干部将强势的公共权力掌握在自己手中形成权力寡头后,很容易养成家长作风,即"一支笔批示"为独断专行的腐败大开方便之门。因此,权力过分集中导致权力寡头,成为腐败行为滋生的土壤。

2. 权力运行缺乏有效的监督制约

英国历史学家洛德·阿克顿有一句名言:权力导致腐败,绝对的权力导致绝对的腐败。这句话深刻地揭露了权力与腐败的内在关系,没有制约的权力就犹如一匹脱缰的野马,无法控制。于是从西方的三权分立到我国的权力制约原则,人民已经认识到了监督的重要性。可是从实践上看,首先,监督制度和体制设计不合理、授受关系不顺、公务行为边界模糊甚至主从关系颠倒,使得权力难以得到有效的监督;其次,有的监督制度和机制过度强调形式和程序,对实际功效过问甚少,甚至以合法的形式掩盖腐败本身。这是与腐败斗争所必须解决的问题。

3. 权力配置的民主化、法制化和制度化水平不高

许多腐败问题都是由制度的缺陷导致的,制度缺陷是腐败产生的根源所在。导致腐败的制度问题主要包括制度的缺陷和制度执行中存在的问题。我国正处在社会转型的关键时期,新旧体制的衔接转换还未完全到位,在规范权力运行制度上还存在着比较明显的漏洞和薄弱环节。

第一,权力配置的民主化水平不高。我国的权力分解和配置体系还缺乏必要的民主约束机制,公民政治参与度不高,这也是造成权

---

① 赵刚印:《"党领导一切"是怎么来的》,《解放日报》,2017年11月15日09:26。

力过分集中、党政部门之间存在诸多问题的根源所在。尤其是政府职能转变相对滞后,民主建设缺少相关制度的保障,使得对腐败的预防、抑制作用大为降低。

第二,权力运行的法制化水平不高。"权力来自法授"的原则没有得到彻底的贯彻执行,权力配置、运行、制约、监督等方面缺乏明确而清晰的法律规定,权力和责任没有实现完全对等。特别是在权力运行方面,还不能完全有效地将权力运行控制在法制范围之内,部分党员干部滥用权力及领导身边人利用隐性权力腐败的现象不同程度地存在。

第三,权力行使的制度化水平不高。突出表现在权力运行不够清晰、严谨,具体的程序规定和制度规定的规范透明程度有待进一步提高。现实生活中影响广泛的干部人事制度、官员财产申报公开制度、行政问责监督机制、举报人保护制度等,都不同程度地存在着制度不透明、程序不公开、执行力不高等问题。立法、行政、司法各部门之间虽然也进行了明确的分工,但缺乏有效的制约和制衡,导致少数部门、少数官员拥有的权力过于集中,集决策权、执行权、监督权于一体,权力的制约和监督形同虚设,这也是重点领域腐败、"一把手腐败"多发的根本原因。

(二) 经济因素

英国经济学家亚当·斯密(Adam Smith)提出"经济人"理论。他认为人的行为动机根源于经济诱因,人都要争取最大的经济利益,工作就是为了取得经济报酬。"经济人"理论在腐败成因中认为,无论是受贿者还是行贿者都是理性的人,他们都在追求自身利益的最大化,他们的动机都在考量参与腐败的成本与腐败获得的收益之间的关系。"腐败成本"就是指腐败者为其腐败行为所付出的代价。腐败发生概率与腐败成本成反比,腐败成本越低,腐败行为发生的概率就越大,腐败成本越高,腐败行为发生的概率就越小。

1. 腐败的成本——收益分析

在腐败的各类型中,经济腐败占主导地位。经济腐败的其中一个典型就是"权钱交易",它的实施包括行贿者和受贿者的共同作用。这里所谈的行贿者和受贿者是指广义上的,除了个人行贿受贿还包括集体行贿受贿。官员的个人收益主要来自于国家、集体或者行贿者。通过贪污国有资产,侵占集体财产和利用手中权力为受贿者获取利益。总体来讲官员的收益主要由两部分组成:一部分是经济腐败的物质收益,另一部分是经济腐败的精神收益。经济腐败物质收益包括现金收益和实物收益。如现金、购物卡等,以及名烟、名酒、名牌服装、电脑、手机、家电、名人字画等。经济腐败精神收益主要表现为人情收益和官位收益。人情收益是在为人办事或谋利的过程中获得他人的感激和精神的满足。如有的官员在台上时利用手中的权力为某企业办事,待退休后到这些企业做顾问,从中谋取长远利益;有的以权力换股权,获取长期股权分配收益和出让股权收益等,这些收益因无法估价,所以成为一些腐败官员更乐意接受的对象。

行贿者的主要收益来源于通过行贿获得的不正当竞争特权,比如:房地产开发企业通过非法竞标获得国有土地,通过与官员的特殊关系获得国有企业私有化机会以及买官买工作进入体制内获得与自身能力和自身付出不符的收益等。在行贿者与受贿者共同参与腐败下他们都获得了利益,损害了其他人的合法权益。

同时,官员在获取经济腐败收益的同时必须支付经济腐败成本。官员经济腐败的成本,主要是经济腐败交易成本和经济腐败活动一旦败露所可能遭受到的损失。经济腐败交易成本包括在经济腐败活动中必需的经费支出和经济腐败者的精力支出。在现实中,绝大多数经济腐败活动,其交易费用并非腐败者个人支付,数额较大时更是如此。因为腐败官员通常都掌握一定的职权,可以由公款支付,也有部分是接收了别人贿赂的实物转手支付。所以,对经济腐败者个人而言,其经济腐败活动经费支出是趋于零的。同时,经济腐败者为了进行经济腐败活动,需要花费一定的时间和精力去琢磨现行法律、法规和制度中存在的漏洞,寻找腐败时机,进而发掘受贿和贪污机会。与官员经济腐败成本相对应的行贿者也要付出成本,主要包括托领导办事送礼的现金,付给领导家属的开销以及让利给官员的其他隐形支出和无法用金钱来衡量的各种时间和精神付出。

2. 腐败的成本与收益影响腐败决策

通过对行贿者和受贿者的经济腐败收益与成本的分析,基于"经济人"假设理论,可得知官员的腐败与否主要受以下因素影响:腐败的收益、腐败的成本、腐败收益对满足官员自身需要的程度、参与腐败被行贿者举报的概率以及被举报后所带来的风险后果。依据影响腐败决策的因素可得出以下变量:腐败产生的驱动力等于腐败利润与利润满足自身需要的程度的比值,用数学公式表示如下:

$$F1 = \frac{G-C}{S} \qquad 公式\ 2\text{-}1$$

($F1$ 表示驱动力、G 表示腐败收益、C 表示腐败成本、S 表示腐败利润对自身需要的满足程度)。

当 $F1 \geqslant 1$ 时腐败动机会产生,当 $F1 \leqslant 1$ 时腐败动机产生的可能性较小。

除此之外,腐败产生与否还受到腐败风险力影响,腐败风险力等于腐败被发现所带来的后果和腐败行为被举报的概率的乘积,用数学公式表示如下:

$$F2 = B \times P \qquad 公式\ 2\text{-}2$$

(其中 B 表示腐败被举报后所带来的后果,P 表示腐败行为被举报的概率)。

官员腐败决策是腐败驱动力和风险力相互博弈的结果。当驱动力 $F1 > $ 风险力 $F2$ 时,官员会选择腐败,反之官员会避免参与腐败。

3. 市场经济的不当影响

有学者认为市场经济会对公职人员的思想道德产生一定程度的消极影响。比如美国学者迈克尔·约翰斯顿认为,市场强调物质和人类交往的短期行为方面,把越来越多的社会交往变成以金钱为主的交换。正在增加的私有利益的权力以及它们赖以运行的市场的扩大可以扭曲现有的政策、机构和社会结构,改变国家和社会之间的关系。① 市场的分配和交换机制对官僚制和世袭制形成挑战并取得胜利。这预示着市场机制是双刃剑,它代表着生产力、活力和适应力使市场运行良好,但是它也会推翻那些我们在良好社会生活中所需要的更抽象、更隐形的共同价值观念。比如,市场力量侵入到官员的职责义务当中,把私人需求而不是公共需求当作公共决策的基本原则,同时怂恿和诱惑官员将手中的权力当作市场资本交换自己的利益,就形成了腐败。

在现实生活中,官员经济腐败还受其他一些内部和外部因素的影响,官员腐败的动机和选择变得更为复杂,但"经济人"假设理论中"以最小成本获取最大收益"的经济学原则在经济腐败的决策中起着很大的作用。

(四) 文化因素

腐败行为反映的是国家公共部门与私有部门的关系,它除了与政治、经济因素相关,还与当时的社会文化结构息息相关。正如费孝通先生所说:文化是一种共同的社会经验,这种经验主要依靠"象征体系"和"个人的记忆"来维持。每个人的现在状态,都是过去的延伸,甚至是整个民族过去的延伸。② 文化的特质和弊端对腐败行为影响非常深刻。比如当前中国腐败主要和传统文化中的消极方面有关。

1. 皇权至上的家长制思想

我国传统政治文化中皇权至上,家国同构。君王地位至尊,权力至大,君让臣死,臣不得生。可谓"普天之下莫非王臣,率土之滨莫非王土"。在"家国同构"的格局下,家族是家庭的扩大版,国家则是家族的扩大版,家是小国,国是大家。在"家国同构"的影响下,家成了

---

① 转引自任建明、杜治洲:《腐败与反腐败:理论、模型和方法》,清华大学出版社,2009年,第45-46页。
② 费孝通:《乡土中国》,北京大学出版社,2012年,第27页。

国的附庸,国对家拥有权威的控制与主宰,也造成了公共领域与私人领域边界的模糊。腐败是利用公共权力谋取私人利益的行为,主体是具有公共职务的官员,而官员本身就具有公职和公民的二重性身份,游走于公共领域与私人领域之间。中国古代国家不是全体公民的国家,而是有姓氏的王朝,即公共权力属于某个私人或家族。历史上无数经验证明,腐败最猖獗时期,往往是公共权力不再被公正使用的时期,也是王朝衰败没落的时期。如东汉王朝公然卖官鬻爵,将关内侯等官爵,按其俸禄多少标出不同的价钱,像商品一样出售。汉桓帝延熹四年(公元161年)"占卖关内侯、虎贲、羽林、缇骑营士、五大夫钱各有差"①。当公共权力像市场中的商品一样被明码标价售卖出去,价高者可得,而不是具有才能和公心的人掌握,腐败就不可避免地发生了。

2. 官本位特权思想与"潜规则"文化

在中国传统文化中,官员代表统治者管理人民,因此古代做官有"牧民"一说,一些地方官也自称"父母官",反映的就是皇权至上家长制影响下形成的官本位思想。在官本位思想影响下,形成了各种特权和潜规则文化。即在正式制度之外隐藏的另外一套规则,潜伏在各自明文规定的法规之后被广泛认同的规则。这种"潜规则"才是官僚集团真正遵循的行为规则,这种行为规则与他们的利益紧密相连,形成了官场中普遍长期遵循的潜规则。很多官员都是"按显规则说,按潜规则做"的"双面人"。比如,在清朝官场中下级必须定期孝敬上级,地方官必须定期孝敬京官。夏天送"冰敬"降温费,冬天送"炭敬"烤火费,进门送"门敬",告辞送"别敬",三节两寿送"节敬",至于送多收少,各地行情不同,价码也不同。② 这种官场中的送礼势必影响到民间风气,是形成行贿受贿的文化温床。

---

① 《后汉书》卷七《桓帝纪》。转引自卜宪群主编《中国历史上的腐败与反腐败》,鹭江出版社,2014年,第3页。
② 黄云凯:《我在大清官场30年》,广东人民出版社,2015年,第30页。

3. 重人治轻法治文化的人情文化

在我国传统文化中,有浓厚的人治色彩。在皇权至上家长制影响下,皇帝根据个人好恶来决定官员的命运,各级官员也根据自己的好恶决定下属的命运。与人治相适应的就是官场中形成的人身依附关系和人情社会。在中国传统文化中,"关系"占有极为重要的地位,即使在法律道德面前,也是要看关系远近才拿出自己的"标准"(明文规定抑或潜规则)行事。费孝通先生曾对此现象有过说法,"中国的道德和法律,都因之得看所施的对象和'自己'的关系而加以程度上的伸缩。"① 也就是说,中国的规则标准是双重的,不是普适性的,无论官员还是民众都深谙此道,都会根据关系的远近亲疏去适用不同标准。所谓"上有所好,下必甚焉",当官场腐败愈演愈烈之时,社会风气也会受到影响。民众对腐败容忍度就会比较高,甚至参与到腐败行为中,形成了"腐败的民俗学",即民间普遍将腐败堕落、贪污受贿看成是正常行为,腐败是一种被容忍、认同甚至被仿效的行为方式。这在某种程度上又"助长"了腐败行为,② 甚至对一些较为清廉的官员形成"心理绑架"效应。有学者通过对19篇因腐败而落马的官员的自白书进行了内容分析,验证了在腐败行为中的"心理绑架效应"。③ 即一些官员在初入官场时有能力有志向做一个廉洁的官员,并且因此而不断升迁,然而最终"沦陷"在腐败的泥沼,就是被"关系、人情和面子"文化绑架了。很多投机者借助中国特有的"关系、人情、面子"文化,在和官员前期交往中努力营造安全的无诉求关系,等官员不知不觉地接受了他们的"友谊"形成紧密联结之后,就会被胁迫做出违背初衷的事情。

---

① 费孝通:《乡土中国》,北京大学出版社,2012年,第57页。
② 丁立平:《对腐败的社会心理层面思考》,《淮南工业学院学报(社会科学版)》,2002年第2期。
③ 徐瑞婕、许燕:《对腐败的"心理绑架"效应的验证性内容分析》,《心理学探新》,2015年第1期。

第二节　腐败的影响

腐败以多种方式对个人、群体和组织(包括国家)造成各种影响,其中一些影响显而易见,另一些影响则相对隐蔽。自西方社会科学界对腐败进行研究开始,学者们都对腐败的影响非常重视,但是对腐败影响的正负结果还是有不同观点的。

一、关于腐败影响的争论

世界大多数学者都认为腐败只有负面影响,对社会、环境、政治和经济产生危害后果。但也有学者认为腐败在某些条件下会产生一定的正面影响。主要观点如下:

1. 腐败在现代化过程中能在一定程度上促进效率和经济增长

如亨廷顿认为,从经济发展的角度看,"一个相对来说不太腐化的社会——例如在传统规范仍然强大有力的传统社会——可能会发现,一定量的腐化不失为一种打通现代化道路的润滑剂"①。胡鞍钢认为贿赂可以成为低工资的一种补偿,这样腐败可以使政府维持较低的税收负担,从而有利于经济增长。

2. 腐败可以加强政党力量,有助于政治发展

亨廷顿认为,虽然腐败总体上使政府软化,不利于政治发展。"但是某些形式的腐化有时能加强政党的力量,从而有助于政治发展。"②"正如参与面的扩大所导致的腐化有助于新兴集团融合于现有政治体系中一样,政府法令的增多所导致的腐化会有助于刺激经济的发展。腐化也许是克服阻碍经济扩展的那些传统法律和官府规

---

① [美]塞缪尔·P.亨廷顿:《变化社会中的政治秩序》,王冠华、刘为等译,生活·读书·新知三联书店,1989年,第64页。
② [美]塞缪尔·P.亨廷顿:《变化社会中的政治秩序》,王冠华、刘为等译,生活·读书·新知三联书店,1989年,第64页。

定的一种方法。"①

3. 腐败可以提高政府工作人员的工作质量

有学者认为,腐败使官场人性化,提高了官僚的责任感,减少了文牍主义,加速了公务处理,提高了公务的质量。②

4. 腐败可以缓解社会运行中的冲突

亨廷顿认为,从某种角度看,一种社会越轨行为能免于另一种越轨行为的发生。腐败可能成为暴力的替代物,"腐化和暴力都是向体制提出要求的非法手段,而腐化又是满足这些要求的非法手段。暴力经常是表达抗议的象征性姿态……它是更加极端的离异的征兆。"同时,"对于维持一个政治体系来说,腐化和改革有异曲同工之妙。腐化本身可能成为改革的替代物,而腐化和改革有可能成为革命的替代物。腐化能起到缓解各利益集团改变政策的压力的作用"。③

尽管以上观点在特定条件下肯定了腐败某种程度上的正面影响,但同时都说明了这些所谓正面影响的特定条件,是两害相权取其轻的论断,不宜做普遍的解读。事实上,腐败所造成的负面影响和危害是大家有目共睹的,本教材认为,腐败的危害主要表现在政治、经济和社会三大方面的负面影响。

二、腐败的政治影响

腐败是政治之癌。腐败对政治的最大危害是阻碍政治发展,危及政治稳定。腐败导致公共权力的滥用和异化,降低政府公信力和合法性,损害国家形象。

(一)腐败导致公共权力的滥用和异化

从权力的来源上讲,公共权力源于公众的授予,应该也只能为公

---

① [美]塞缪尔·P. 亨廷顿:《变化社会中的政治秩序》,王冠华、刘为等译,生活·读书·新知三联书店,1989年,第63页。
② O. P. 维达第:《发展中国家官僚的腐败》,《亚洲综视》,1967年第7期。
③ [美]塞缪尔·P. 亨廷顿:《变化社会中的政治秩序》,王冠华、刘为等译,生活·读书·新知三联书店,1989年,第59页。

众的利益服务,除此之外不能有任何其他的目的。但是腐败却使公共权力发生了异化,公职人员利用手中所拥有的公共权力为其谋取私人利益,而不再服从和服务于公共利益,公共权力的性质发生了改变,逐渐被私有化、商品化和资本化。在这种情势下,升官和发财之间便有了内在的因果联系。于是掌权者为攫取更多的物质利益而拼命地积攒权力,尽量使自己的官职越来越高,权力越来越大,即进行着类似资本积累的"权力积累"。一些社会精英则视入仕为官是发家致富的捷径,纷纷盯住政治这块肥肉,挖空心思,投机钻营,为谋一官半职,不惜一切代价。"官本位"自然就成为整个社会的政治文化主流。①

(二) 腐败降低政府公信力和合法性

腐败行为无疑会降低政府的公信力,弱化"行政执行力",导致社会缺乏立法和具体法律的遵守与实施的意识,各级公务员普遍不遵从规章和指令,并且常常和那些他们本应管束其行为的有权势的人们与集团串通一气,从而导致人们心理上失衡,埋下社会稳定的隐患,如果腐败行为不能得到有效的遏制、消除,就将造成人们政治信任感的丧失、政治信仰的动摇,这必然急剧消减政府权威的有效性,严重者甚至集聚起人们的反动情绪,造成对现有政权的离弃,因而酝酿成剧烈的社会冲突甚至革命,这对一个社会、一个国家的发展是极为不利的。对于中国来说,腐败实质上是一种权力腐败,使党和国家的正确方针、政策得不到有效贯彻和执行,使党的民主集中制原则削弱,导致国家的政治机器无法良性运转,破坏党的执政根基,政府的权威合法性遭到质疑,威胁政治稳定和发展,破坏了政治体系的合法性基础,使政府失去了民众的信任和支持,导致政治体系赖以运行的合法性面临巨大危机。领导干部中的腐败分子腐蚀了党的先进性,玷污了党的形象,腐蚀了纯洁的党员干部,影响了党和人民事业的发

---

① 转引自任建明、杜治洲:《腐败与反腐败:理论、模型和方法》,清华大学出版社,2009年,第57页。

展。腐败中最典型的是贪污贿赂,而贪污贿赂使党政成员把权力当成了谋取私利的资本,把经济领域的商品交换原则带入为日常的行为准则,而忘记了中国共产党是人民利益的代表者和为人民服务的宗旨。而这样一些把自己从"仆人"变为"主人"的腐败行为,严重损害党的威信,进而冲击党的执政地位。

(三) 腐败损害国家国际形象

腐败不但会影响我国政治生态环境和人民主体地位,而且会影响我国在国际上的地位、损害我国在国际上的形象。根据联合国有关部门调查,目前中国的清廉指数远远排在世界后面,比我们所谓的腐朽的资本主义国家相差甚远,甚至与香港、台湾、澳门等都根本无法相比。如果说清廉指数排位前几十位的都是资本主义国家,那么具有崇高理想的共产党领导下的中国官员更应该保持其应有的先进性,更应该全心全意为人民服务。人们尊重一个国家,不但要看这个国家在国际上做了些什么,而且还要看这个国家在国内做了些什么。当前,整个世界越来越进步,倡导爱心、尊重人权、官员清正廉洁。如果一个国家逆这个世界潮流而行,仍然存在严重的贪污腐败,那国际社会不能不蔑视或嘲笑这个国家,认为这个国家不过是现代文明的劣等生而已,不值得尊重。一旦国家的形象遭到损害,那么这个国家在国际社会上,自然会处处遭人排挤,使自己在国际竞争中处于不利地位。

三、腐败的经济影响

腐败对经济影响显而易见,也是研究和报道最多的方面。腐败会导致国家税收减少,造成直接经济损失。腐败会减少经济竞争,扭曲资源有效配置。腐败会阻碍投资,降低经济增长率。

(一) 腐败导致国家税收减少,造成直接经济损失

腐败会导致国家税收减少,造成直接经济损失。一些官员为了获得贿赂,会以豁免某些人和企业的罚款、税收,影响对贫困人群的

资助,造成直接经济损失。欧盟于2014年2月发布了自成立以来的第一份反腐报告,指出腐败每年给欧盟国家总体上造成的损失为1200亿欧元。这个数字与非洲联盟2002年估计给其53个成员国造成的损失(1500亿美元)相近。①

具体到中国,在每年的全国人民代表大会上,最高人民检察院和最高人民法院都要提交工作报告,具体汇报其查办贪污、贿赂、挪用公款等腐败犯罪的情况,一般包括案件数量、涉案人数、涉案金额等方面的数据。由《中国检察年鉴》公布的数据可知,我国从2010年至2016年查处的腐败案件分别为121件、89件、76件、78件、122件、86件、61件。2000年我国贪污腐败的涉案金额为47亿元,2001年为41亿元,2002年为41亿元,2003年为43亿元,2004年为45.6亿元,2005年为74亿元,2009年为71.2亿元,2010年为74亿元,2011年为77.9亿元,2013年为101.4亿元。其中,2008年1月至2013年8月,全国检察机关共立案侦查贪污贿赂犯罪案件约15.1万件,约19.8万人。通过办案为国家和集体挽回经济损失377亿元。②

根据清华大学胡鞍钢教授的一项研究表明,在20世纪90年代后期,主要类型的腐败所造成的经济损失和消费者福利损失,平均每年为9875亿元至12570亿元,占全国GDP总量比重的13.2%—16.8%。③

近几年中央查处的腐败案件涉及的金额巨大,动辄就是上千万甚至上亿元。2009年查明涉案的31位国企企业家犯罪涉案金额累计达34亿元,人均高达1亿多元。其中涉及贪污、受贿的国企企业家30人共计贪污、受贿9.3亿元,人均3109万元;涉及挪用公款的

---

① [澳]莱斯利·霍姆斯:《腐败》,胡伍玄译,译林出版社,2019年,第25页。
② 本书编委会:《2014中国检察年鉴》,中国检察出版社,2017年,第8页。
③ 胡鞍钢:《中国:挑战腐败》,浙江人民出版社,2001年,第60页。

国企企业家 9 人,累计挪用公款 12.9 亿元,人均 1.4 亿元。① 可以说近些年来腐败官员的胃口越来越大,犯罪数额越来越大,而且这只是计算可以看得到的显性成本,而官员因贪腐而造成的隐性损失,更是无可估量。通过办案,为国家直接挽回了巨额经济损失。由于腐败活动具有隐蔽性,并不是所有的腐败案件都能被发现和查处,上述官方揭露的腐败案件,只是中国腐败现实中露出海面的"冰山一角"。现实中,由于信息不对称,要想查处和发现所有的腐败案件活动是不可能的。通行的做法是引入腐败黑数,就是根据案件的平均查出率,来反向推导实际的腐败数量,以此为基础估算腐败的经济损失。假如腐败案件的查出率为 10%,那实际的腐败数量就是官方披露数字的 10 倍,其经济损失也是 10 倍左右。

(二) 腐败减少经济竞争,扭曲资源有效配置

腐败会减少经济竞争,因为腐败官员会偏袒庇护向自己行贿的公司,给予其不公平的优待。竞争减少通常会使选择更少,导致价格和成本更高,这种操作会扭曲市场资源的有效配置。资源是有限的,而通过一定的市场机制将其进行合理的分配,从而实现最佳效益,带来社会的持续进步。而腐败的政府官员在分配资源时不是根据企业的实际能力做出决定的,而是根据对方支付贿赂的数额来做出决定的,这严重扭曲了资源的合理配置,对消费者和国家本身都是有害的。腐败的政府官员会增加较易索贿的政府开支而降低较难谋取私利的政府开支。例如,腐败的官员更倾向于提供价值无法准确估计的公共商品以逃避监管中饱私囊。而且他们也喜爱诸如转移支付等社会福利支出、倾向于减少已有设施的运营和维修经费而更愿意进行新建设施的大规模投资,因为这类支出中官员具有较大的自由裁量权。虽然基本建设投资、教育与科研经费等公共支出可以刺激经

---

① 苏楠:《学者披露腐败七大新特征 腐败分子结成利益同盟》,2011 年 06 月 25 日 04:50。来源:人民网 -《京华时报》http://politics.people.com.cn/GB/1026/14994229.html。

济增长,健康以及社会福利等方面的公共开支可以提高大众的福利水平,但是这些支出的腐败空间较小,贪官污吏很少把公共资源用于这些项目上。

而且在权钱交易的情况下,加重投资成本,使本应投向技术等竞争力方面的资源大量浪费在行贿等非正当方面上。如塔洛克认为,寻租成本不仅包括追求垄断资金所耗费的成本及垄断所造成的福利损失,还应该包括寻租所失去的技术创新的机会和福利。更为严重的是寻租活动使竞争性市场难以建立起来,从而给社会资源配置带来潜在的效率损失。此外,腐败还会带来人力资本外逃现象。因为任人唯亲、权钱交易等腐败现象会让诚实正直、有真实才能的人灰心,他们可能会因为无法获得晋升或好的职位产生挫败感。这些怀才不遇的人可能会不再努力工作,一部分人可能会选择移民到比较清廉选贤任能的国家,从而腐败的国家无法获得胜任的人才管理国家和经济。

腐败还会拉大社会收入分配的差距,加剧社会不平等。在市场经济体制下,收入分配是根据生产要素投入量的大小及贡献给予的报酬。从生产要素之间比较看,我国生产要素之间的差别要远远小于西方资本主义国家生产要素之间的差别,因此理论上我国实行按劳分配所产生的收入差距要远小于资本主义国家的收入差距。但事实并非如此。其中部分原因是权力分配所致。权力如果作为一种特殊"要素"参与分配时,就不可避免地出现权力与金钱的联姻,少数执掌权力和接近权力中心的人就会通过"按权分配"暴富起来,从而加剧收入分配不公。以公共资产形式存在的公共财产被私人或少数群体占有,不仅产生腐败,而且会加剧社会的不平等差距。

(三)腐败阻碍投资,降低经济增长率

外国直接投资是经济增长的重要推动力,国际货币基金组织经济学家保罗·莫罗(Paolo Mauro)基于大量数据,将多个国家的增长率和对该国腐败程度的主观评估进行对比,得到的结果表明,腐败会阻碍投资,反过来又会降低经济增长率。① 魏尚进在 2000 年发表的一篇论文中基于多国家实证数据分析表明,腐败率越高的国家,外商直接投资率越低。如果一个国家把它的清廉指数从 6 提高到 8,就能把它的外国直接投资率提高 4 个百分点,GDP 的人均年增长率提高 0.5 个百分点。② 所以一国的腐败水平必然会影响外国企业对本国的投资决策。国际上有一种公认的观点,即廉洁的政府也是一种重要的投资环境。一个贪污横行、政权腐败的国家是很难吸引外资的,更不可能顺利地建立与发展市场经济。不少发展中国家之所以没有建立起具有吸引力的投资环境,除了物质基础条件的硬环境比较差以外,与其法规不健全、执法和管理人员素质差、效率低有很大关系。腐败现象的滋生,公职人员的徇私舞弊,会扰乱市场经济运行的正常秩序,破坏公开、公平有序竞争的市场运行规则,造成投资者之间不平等竞争和国有资产的流失,投资环境的恶化。

　　由于资源分配的不合理及资源的浪费,腐败的官员会把稀缺资源分配给提供最大贿赂的厂商而非最有效率的厂商,导致本应该创造出来的价值无法实现,造成的结果就是阻碍了经济增长。工商企业为了获得政府的优厚待遇而向政府官员支付的贿赂款项以及为应付政府官员的敲诈勒索、摊牌索要而被迫支出的款项往往被打入企业的生产成本,导致企业生产成本增加。在流通领域的投机倒把、倒买倒卖、黑市活动的猖獗人为地加剧了资源紧张的状况,大大增加了企业的生产成本。在这种情况下,企业要想获取利润,必须提高产品的价格。由于腐败抑制竞争,限制供给,人为地制造了垄断,高额的产品价格都转嫁到消费者的购买成本上。同时物价上涨和成本增加互为因果,互相推动,腐败的恶性循环将国家推向通货膨胀的边缘。工商企业在向政府寻求特殊待遇时向其所支付的巨额费用对于整个

---

　　① [澳]莱斯利·霍姆斯:《腐败》,胡伍玄译,译林出版社,2019 年,第 24 页。

　　② Shang Jin Wei: *How Taxing Is Corruption on International Investors?*, *Review of Economics and Statistics*, February 2000, 82(1): 1-11.

社会来说就是一种极大的浪费,因为它不但没有增加社会物质财富,没有创造任何经济效益,反而增加了企业和消费者的负担。腐败者自己的荷包鼓了,却掏空了国家的仓库,直接影响到国家的利益和经济发展。

四、腐败的社会影响

腐败通过无数方式对社会产生负面影响,影响到普通人的生活和环境。腐败不但会损害公平正义,导致社会伦理失范,破坏法制,影响社会稳定,还会加剧社会不平等,影响公共安全,甚至会腐蚀教育界,影响青少年人生价值观等。

(一)腐败损害公平和正义,导致社会伦理失范

孔子认为"政者,正也。子率以正,孰敢不正""政者,民之表也。表正,则何物不正"①。维护公平和正义是政府的主要目的,同时政府行为对社会具有导向示范作用。公职人员的道德具有价值导向的作用,他们的一言一行对社会公众的道德观念和行为的影响巨大。领导干部应该是群众中的精英,他们担负着管理国家的责任,应该是公正、正直,以身作则,然而一些干部连起码的职业道德标准都不能恪守。领导干部的道德水平下降,必然会导致社会整体道德水平的滑坡。倘若公众认为社会的各个方面,比如经济竞争、官员选拔、就业机会等等都是公平的,相信政府会坚持正义,那么公众就会安居乐业,政府也自然会得到人民的支持。如果一个国家的政府机关任意腐败行为泛滥,那么普通民众的道德就会丧失任何的约束。腐败具有很强的渗透性和扩散性,会使一些人错误地认为腐败是一种利益交换的方式,而不是一种可耻的行为。整个社会就会失去一切的道德标准,人们做任何事就只会从个人的物质利益出发,而丧失最起码的价值观念,犯罪就会成为人们理所当然的事情。西方学者霍尔巴赫也认为:"再也没有什么东西能够像政府那样对人民的风俗习惯产

---

① 《论语·颜渊》。

生如此直接的影响""在不道德的国王统治之下,恶德本身也变得高尚起来。"①由于腐败分子往往会培植"自己人",由任人唯贤变为任人唯亲,因此裙带关系严重,这使许多的平庸之辈成为官员,可是却将许多有才有德之人拒之门外。事实证明,如果没有足够的优秀分子进入公职队伍,那么整个国家的统治整合力量就会大大削弱。这些因为腐败失去前程的社会人才,很有可能成为社会不稳定因素。

(二) 腐败破坏法制,影响社会稳定

法制是国家和社会秩序正常运行的规则保障,法律规则的公开、透明和公正使国家治理有了公信力。依法治国使国家治理具有可操作性、可预期性和可救济性,也使得国家公职人员的执法活动要受来自法律和人民群众的双重监督。公正是法治的生命线,司法作为解决社会纠纷的最后手段最应当体现公正。司法公正是社会公正的保障,而司法不公则对社会公正具有致命的破坏性。

腐败对社会法制产生了极大的破坏作用。中国政府近几年在法治建设上已经做了大量的工作,法治不健全的状况有了很大的好转,但立法滞后的情况依然存在。在执法过程中有法不依、执法不严的现象时有发生。究其根本原因,腐败乃是祸首。由于腐败现象的存在,特权使法律苍白无力的现象随处可见。而没有真正的"法律面前人人平等,就不可能有新的社会经济秩序"。罗素早就说过"依据法律行使权力比任何行使权力,害处来的小"②。依法办事比人治更有理性。但现实中权大于法、人治大于法治的现象屡见不鲜。地方保护主义愈来愈盛行,与以人治代替法治密切相关。腐败现象向司法执法机关的渗透,更令人忧虑。江泽民同志在中纪委第八次全体会议上的讲话中指出,"官吏的腐败、司法的腐败是最大的腐败,是滋生

---

① 转引自陈国权:《论政府能力与为政清廉的内在联系及其协调发展》,《浙江大学学报》,1997年第4期。
② [英]罗素:《社会改造原理》,上海人民出版社,1987年,第24页。

和助长其他腐败的重要原因。执法人员本身有问题,何以治人?"①司法权是一种中立性和积极性的权力,它对争执的判断和处理是最后的和最具权威的,这在客观上必然要求它代表社会公正。如果司法腐败,则社会的公正、正义必然会丧失,导致民生凋敝,人民群众与党和政府离心离德,造成社会矛盾激化、群体事件不断发生,必将影响整个社会的稳定。

（三）腐败加剧社会不平等,影响公共安全

相对于社会精英,腐败对社会底层的负面影响最严重。对于许多发展中国家和转型国家,腐败造成的一个严重问题在于它减少援助,通常社会贫困人群受此危害最甚。乌干达反腐联盟执行主任在2013年发表的一次演说中提到了一则腐败丑闻,2012年乌干达巨额养老金因为腐败失窃,如果这些钱不被盗窃,将会使3万多名小学教师或4.6万名警察的工资提升50%,或者能提供近1800万支抗疟疾药剂。②

腐败很容易从横向和纵向两个层面让社会上的普通人强烈地意识到普罗大众和精英之间的差别。普通人会感到腐败官员以牺牲普通国民为代价侵占了国家财富（纵向裂痕）,扩大了国民自身之间的分裂（横向裂痕）,因为那些不愿或无力行贿以换取所需的人,会对那些能够且确实行贿的人充满憎恨。腐败会加剧社会不平等。如果不平等是因为功绩,即使程度较高,许多国民也会在合理范围内加以容忍;但如果优质工作和晋升机会不是基于功绩,而是基于私人关系或者贿赂,就会受到憎恨。如果不断拉大的不平等再加上大幅度贫困,问题就会恶化。世界货币基金组织在1998年发布的一项报告表明,腐败程度的加剧不仅会拉大收入差距,也会加深贫困程度。贫困

---

① 《中国共产党80年大事记·1997年》,2001年6月21日14:04 人民网 http://www.people.com.cn/GB/shizheng/252/5580/5581/20010621/493997.html。

② [澳]莱斯利·霍姆斯:《腐败》,胡伍玄译,译林出版社,2019年,第18页。

与身体和精神上的不健康状况息息相关。①

腐败还会危害公共安全,直接危及社会人民群众生命安全,这从洪水和豆腐渣工程两种形式中表现最为突出。比如树可以防止水土流失,而在某些国家,腐败官员为了得到贿赂,对河岸沿线砍伐树木行为视而不见。这种砍伐有时就会导致暴雨之后河岸崩塌,导致河边民房被毁,许多生命因此葬身洪水。2019年世界著名旅游胜地意大利威尼斯遭受50多年一见的特大洪水袭击,直接经济损失达数十亿欧元,究其原因却是因为腐败导致威尼斯的世纪防洪工程并不防洪。据新华社每日电讯报道:"新世纪之初,威尼斯开始建造一项名为MOSE的世纪防洪工程——建造78个巨型水下堤坝,既能确保平时城内外的水道互通无碍,又能在洪水来袭时隔绝外海和泄湖,避免洪水倒灌。按照计划,该项工程应于2011年完工,但其工期一拖再拖,预算一再加码。2014年,该项工程爆出了贪腐丑闻,一批承包商、设计师和相关政客进了监狱,新的承包商、设计师和政客接手后曾保证'今后会大不一样',但这次洪水让这些承诺沦为世纪笑料——16年过去了,花费了50亿欧元巨款,该项工程还未完工。"② 2013年埃及亚历山大市的一栋公寓楼倒塌,造成24人死亡,当地官员的大面积腐败因此受到指控,包括对埃及住宅部部长的严厉指控。就死亡人数来算,更严重的事故是1995年韩国首尔一座百货楼的倒塌,造成502人死亡,倒塌原因最终查明是由两名市政建筑监察人员的腐败造成的。③

(四) 腐败腐蚀教育界,影响青少年人生价值观

人类的教育活动和教育体系对个人和社会的发展产生深刻的作

---

① [澳]莱斯利·霍姆斯:《腐败》,胡伍玄译,译林出版社,2019年,第19页。

② 吴黎明:《从威尼斯被淹看国外"工程腐败"症结》,《新华每日电讯》,第3版,2019年11月25日 08:27,43http://www.xinhuanet.com/mrdx/2019-11/25/c_138581058.htm。

③ [澳]莱斯利·霍姆斯:《腐败》,胡伍玄译,译林出版社,2019年,第22页。

用和影响。教育是立国之本,是民族兴旺的标志。如果腐败腐蚀教育界,会产生极大的负面影响,尤其是对青少年。如前所述,腐败会损害公平正义,导致社会伦理失范,破坏法制,影响社会稳定。在这种社会环境中生存的人们会不可避免的打上时代的烙印。正如"文化大革命"不止毁了一代人,而且影响了几代人一样,腐败也会产生同样的效应。现在的青少年和儿童对社会的腐败现象并不陌生,一些领导干部不廉洁的行为在青少年中起到了潜移默化的作用,权力腐败行为所带来的机会不均等,往往给青少年造成更为恶劣的影响。面对日趋激烈的竞争,青少年在强大的社会压力下学习和生活着。在他们的心目中,只有知识是至高无上的,大多数都把勤奋学习作为在社会上生存的安身立命之本,但是一些领导干部不能严格要求自己,孩子上学公车接送,公款吃喝全家出动,使孩子从小就沾染上了官场的不良习气。在学校盛行着一股攀比风,比谁的父母官大,谁的父母有钱,使青少年从小心理就不平衡。有本事的父母,可以使子女轻而易举地升学、就业,长期下去所造成的后果无非是使一些青少年对权力腐败行为由痛恨到羡慕,由羡慕到渴望,由渴望到崇拜,由崇拜到追逐。加之中国几千年来"一人当官,鸡犬升天"的官本位思想根深蒂固,更有"学而优则仕"这句话,一些青少年在祖辈、父辈的言传身教下,自觉或不自觉地成为权力和金钱的追逐者。他们看到的,不是正确行使权力实现了人生的价值,不是腐败所应当付出的沉重代价,而是以权谋私所能带来的种种好处。孩子们在这种环境里耳濡目染,长大以后必定纷纷效仿,步前人腐败的后尘。

第三节 腐败的测量

一个国家的腐败程度究竟如何?腐败形势有多严峻?怎么去评估和考量这一问题?如何对腐败做出科学精准的测量?这不仅是学术界和反腐败工作者关注的问题,还是社会公众关注的问题。本节基于以上问题点,展开讨论腐败的测量问题。本小节共分为四个部分,第一部分先分析腐败测量的意义,第二部分介绍腐败测量方法的分类,第三部分分析有关国际组织测量腐败程度的指标体系,最后再来叙述我国目前理论界对腐败程度测量的研究现状。

一、腐败测量的意义

首先,腐败测量为人们了解腐败状况提供了途径。对腐败程度进行测量不仅是各国政府普遍关注的问题,也是社会公众关注的问题之一。腐败测量的研究也是反腐败工作者的一个命题之一。然而要真正的了解一国或者某一地区腐败发生的真实情况,也是一大难点。虽然腐败案件在被曝光之前,公众难以了解腐败发生的全部情况,但也可以通过不同角度对腐败的形势进行感知。往往公众是通过主观判断对腐败形势进行分析,但这种凭借个人经验和感知,大多数与真实的腐败状况存在偏差,没有客观直观的数据,这使得民众往往会对腐败状况产生误判。

为了使人们更加直观的了解腐败发生的真实状况,有必要对腐败测量做出研究。腐败测量为人们认识腐败状况提供了理论工具,特别是运用定量方法研究腐败问题已经成为一种重要手段。腐败测量研究不仅可以扩展腐败问题研究的视域和内容,还有助于了解腐败发展形势和客观状态,并进行时间和空间上的比较,进一步揭示腐败产生的原因和规律。

其次,腐败测量为制定反腐败政策提供依据。评估腐败形势是反腐败工作的首要任务,是认清腐败问题的重要前提。腐败测量研究对于推动反腐败工作的开展具有重要的现实价值,它是制定有效反腐败政策的必要基础。从反腐败工作实践角度看,如果能够对腐败形势进行更加系统的评估,将更有助于准确清楚地掌握当前腐败的基本状况。

此外,腐败测量研究是分析腐败发展趋势的主要途径,腐败测量可以通过数据统计分析,对腐败发生及发展的一些基本规律进行研究,提炼腐败案件的共性特征,以此提出更加具有针对性的预防措施。腐败测量结果可以成为制定反腐败政策的重要依据。各国或地区的反腐败政策都是基于本国或本地区的腐败形势、特点和反腐败目标而制定的。从我国反腐败实际情况看,形成科学有效的权力制约和协调机制、加强反腐败体制机制创新和制度保障、健全改进作风常态化制度,是当前及未来很长一段时期内反腐败工作的重要任务。为了实现这些目标,必须制定更加具体切实可行的反腐败政策,而这更依赖于我们对当前腐败形势和反腐败工作存在问题的有效评估,依赖于我们运用科学工具开展腐败测量。

最后,腐败测量有助于赢得民众支持。公众获得有关腐败案件的信息大都来源于媒体报道,媒体报道腐败信息往往只涉及主要内容和涉案金额,作案人职位等,但对于腐败过程的具体情况没有揭露。公众往往在看到这些信息后,数字会对其心灵造成极大冲击,形成消极情绪,从而对反腐败工作失去信心,对政府工作失去信心。但事实上,腐败与反腐败还有大量有价值的知识性信息没有被揭示,这正是我们进行腐败测量研究的目的所在。

而腐败测量基于对腐败问题的科学性、系统性分析,更全面地展示腐败的特点,更加直观地反映反腐败取得的成效。通过腐败测量研究,使公众更加了解腐败的原因与问题,了解腐败发展变化趋势,促进公众以更加客观的视角认识腐败问题,赢得公众对反腐败的支持。作为一项科学研究,尽可能的排除主观因素,对腐败频度有一个客观的、准确的、有依据的评价。通过腐败测量的研究,帮助公众正确的认识腐败问题,促使公众真正的了解腐败的状况。

二、腐败测量方法的分类

腐败测量是一个比较复杂的问题。随着新的方法和技术以及新研究设计的发展,腐败的测量逐渐发展起来。目前,《全球竞争力报告》《政治和经济风险咨询》《透明国际指数》、和《国家政策与制度评估》中的调查和研究成果被学界和商界广泛运用。概括起来主要有两种研究方法:主观测量法和客观测量法。

(一) 主观测量法

所谓主观测量法,顾名思义主观态度测量法,即建立在评价指标体系基础上,通过发放调查问卷、网上调查、电话调查等多种方式以及专家评估的方法,了解社会不同集团和人群(专家、商业人士、普通民众等)对某个国家或者地区实际腐败的主观评价,并在此基础上进行腐败程度的国别排名或者地区排名等。如透明国际的腐败感知指数(CPI)、透明国际世界银行的腐败控制指数(CC)、瑞士国际管理发展学院非法支付和世界经济论坛贿赂和腐败、透明度指标等,就是采取这一方法对世界各国或地区的腐败程度进行评估。

具体的测评方法主要有两种:一种是针对工商企业和跨国公司有关业务和管理层人员设计有指向性的问卷调查表,通过结构性调查来量化分析腐败程度的总体水平和各个具体方面的腐败程度;另一种是通过诸如企业界人士和公务机构打交道的时间份额、受贿额度的总值及单笔平均值之类的指标,给予形象反映。①

从主观感觉角度对腐败进行定量研究是一个权宜之计,但有时主观感觉可能比客观情况更为重要。因为公众对腐败的感知将直接影响到外国投资意愿,影响政府反腐败的决心。在社会科学研究中,通过主观测量法将研究目标量化,进而形成评价结果是一个基本的通行方法。目前国际上各类腐败测量指数大多采用的是这类方法,以期望实现腐败测量的目的。

(二) 客观测量法

所谓客观测量法,主要是对历年来各种反腐败机关查处的腐败案件进行统计分析来测量腐败程度的方法。这种利用间接指标来测评腐败程度的方法具有较强的客观性。客观测量法具体来说主要有两种:一种是案件统计法,另一种是案件分析法。

所谓案件统计法,主要是通过分析历年来官方反腐败机构发现

---

① 任建明、杜治洲:《腐败与反腐败:理论、模型与方法》,清华大学出版社,2009年,第74页。

和惩处的腐败案件,来衡量腐败状况的方法。具体可以由两组指标来衡量,一组是由腐败行为主体或涉案人员的层级分布和数量分布状况反映出来的腐败频率。另一组是由腐败案件发案数量及其造成的损失反映出来的腐败规模。

所谓案件分析法,主要是以案件为分析单位的方法。是指通过建立一套指标体系,按照这套指标体系对每一个案件的每一项指标进行详细的统计和分析,并在此基础上揭示腐败案件发生的规律和特点。

除了上述两种主要方法之外,还有一些研究通过控制实验法,在实验室或者实地实验情境中观察实验参加者是否实行腐败行为,并检验那些可能影响腐败行为发生的因素。

对腐败程度数据和相关社会经济指标的交叉分析发现,腐败的后果和影响可以通过很多负面数据间接映射出来。随着腐败程度的恶化或者转好,这些数据也会全线变化或者主要部分产生联动,据此判断腐败程度的高低,具有较强的说服力。

但是,客观测量法还存在一个问题没有解决,即存在腐败黑数。腐败黑数也称为腐败查处概率,即在已经查处的腐败案件和涉案人员数量和实际发生的腐败案件和涉案人员数量之间存在着差距。腐败查处概率如何确定是一个难以解决的问题。因为腐败行为是隐蔽的高智商犯罪行为,而且对腐败案件的查处是和本国司法水平直接相关的。腐败案的司法起诉数量与其说是反映了一国的腐败水平,倒不如说反映了一国司法体系的健全程度。从这个角度说,我们不能武断地只用客观指标来测量腐败程度的高低。

因此,客观测量法一般适用于对腐败的现实分布状况与危害分析,主观测量法适用于对腐败程度的总体评估。在具体实践中,需要两种方法配合使用。

三、国际上有关腐败的测量指标

腐败问题一直是全世界关注的焦点之一。人们往往是凭借主观去感受哪个国家腐败案件爆发率较高？哪些国家的较低？他们的腐败程度究竟如何？事实上为使腐败测量更加接近现实,自20世纪90年代以来,世界范围内已经涌现出了大量有关腐败测量的研究成果和政策尝试,为人们认识腐败问题提供了新的途径。例如,世界银行(Word Bank)建立的腐败控制指数(Corruption Control Index)、世界经济论坛(World Economic Forum)在《全球竞争力报告》中设置的非法支付和贿赂指标(Irregular Payments and Bribes)、瑞士洛桑国际管理学院(International Institute for Management Development)建立的腐败评价指标、政治经济风险咨询公司(Political and Economic Risk Consultancy)建立的公共部门腐败感知评价指数(PERC Report on Corruption),这些腐败测量指数都是用定量的方法对不同国家和地区的腐败状况进行评价,而由反腐败非政府组织透明国际(Transparency International)开发的清廉指数(Corruption Perception Index),自1995年发布以来更是引起了世界范围内的广泛关注。腐败测量已经成为人们认识腐败问题的重要手段。

下面我们介绍一下国际组织对腐败测量的指标。

(一) 透明国际的清廉指数和行贿指数(TI)

透明国际(Transparency International)即"国际透明组织",简称TI,是一个非政府、非盈利、国际性的民间组织。"透明国际"于1993年由德国人彼得·艾根创办,总部设在德国柏林,目前已在90多个国家成立了分会,大约对180个国家进行清廉指数排序。其清廉指数借助数个国际公认的舆论调查机构的力量,以企业家、社会公众作为主要调查对象,根据他们对贪污腐败的感受和经验进行计量与分析研究。清廉指数以评分和排名的形式展示测评结果,1995 – 2011年采用的是十分制,2012年之后采用的是百分制,但是这两种计分方式都是得分越高表示清廉程度越高,腐败程度越低。我们以百分制为例,可以将被评国家和地区的腐败程度分为四种类型：比较廉洁、轻微腐败、比较腐败、非常腐败。位于清廉指数排行榜前列的往往总是北欧国家,亚洲的新加坡和中国香港也属于这一档。他们分别代表国家廉政体系的"北欧模式"和"亚洲模式"。轻微腐败的多是制度建设相对完善的发达国家和地区,也有部分发展中国家和地区与转型国家和地区在前期的改革和发展中先行一步,进入了这一行列,如波兰、韩国和中国台湾地区等。比较腐败的多是那些正处在发展或转型之中的国家和地区。而非常腐败的几乎都是严重欠发达或转型陷入陷阱的国家和地区。

中国近十年的得分与排行如表1所示:

表1 近十年中国清廉指数得分及排行

年份	得分	排行
2010	35	78
2011	36	75
2012	39	80
2013	40	80
2014	36	100
2015	37	83
2016	40	79
2017	41	77
2018	39	87
2019	41	80

资料来源:透明国际网站 www.transparency.org

清廉指数排名的各种主要调查资料包括:世界银行(The World Bank,WB)编辑的《国家政策和制度评估》的原始数据,涵盖全球77个国家的数据;国际管理发展研究所(The International Institute for Management Development,IMD)主办的《世界竞争力报告》,包括55个国家的各种数据;世界经济论坛(The World Economic Forum,WEF)编辑的《全球竞争力报告》,包括125个国家的评估数据等等。

清廉指数的指标是由德国兰斯多夫教授编制,经过不断修改和完善,形成了一套衡量各国腐败程度的计量指标。清廉指数作为测量腐败的工具,使用广泛,影响力大。从1995年的41个增加到2019年的180个国家参与廉政指数的测评。

这些指标样本是以问卷调查的方式编制出来的。调查对象是选定的商界人士、风险分析师和一般民众针对贪污腐败情况的个人经验和感受。调查的主要内容是：在公共领域的不当行为（如行贿和腐败）；腐败的程度；在公共和私有商业活动中腐败涉及的范围和数量；估计由腐败所造成的损失；各级政府官员索取报偿和非法报偿的可能性；政治家、官员、警察和法官腐败的案例；与进出口许可证、商业营业执照、税款数额等相联系的非正常额外支出频率等等。

国际透明组织还专门设计了行贿指数（BPI）来评比世界上主要经济体的公司在海外行贿的频度和程度。行贿指数是以 100~0 来评分，一个完全没有行贿的国家可得十分，行贿越严重的国家得分越低。

透明国际的反腐败指数是基于人们的主观感受对一国的腐败感受做出的评价，反映的是被调查者的主观感受，而不是对实际腐败情况的客观分析。其数据的来源也存在一定的局限性：个体对于腐败定义和容忍程度的差异性会导致评价尺度偏差，最终造成个体之间的腐败感知评价结果不可比；[①]如果被访问人是初到本国，对本国的风土人情不了解，可能会对一些人情往来当作贿赂；如果本国人对执政党存在不满，或者是仇恨腐败，也会大大夸大腐败的程度；基于此，为了纠正人们的主观性与客观事实存在的偏差，透明国际的廉洁指数采用修正值的办法，供人们在参考时使用。但人们往往忽略了标准偏差、数据来源的数量和廉洁指数的范围。除此之外，透明国际的数据来自全球十几家权威机构，但是每家机构的测量指标存在偏差。截止到 2019 年有 180 个国家参与测评，但是数据源却并不全部包含这 180 个国家。

完全准确地测评腐败发生的真实程度几乎是无法实现的。清廉指数存在的一些缺陷需要一个更长期的改进过程。但是，我们认为

---

① 朱琳：《腐败的测量与识别》，《中山大学学报（社会科学版）》，2017 年第 5 期。

透明国际有责任让公众更多地了解清廉指数存在的问题和局限,而不是简单笼统地给出排名和得分。

(二)世界银行的腐败控制指数(CCI)

沃尔芬森于 1995 年被任命为世界银行的行长。与以往行长的不同之处在于,他非常重视腐败问题。《全球治理指标报告》于 20 世纪 90 年代推出,成为全球决策者和民间团体衡量政府施政水平的一个重要依据。报告收录了 1996 年至 2013 年全球 214 个国家在话语权与问责、政局稳定与反暴力、政府效能、监管质量、法治和腐败控制等 6 大治理维度方面的数据。报告腐败控制数据是根据贝塔斯曼基金会、自由之家、经济学人信息社、PRS 集团、世界正义工程、IHS 公司、国际管理学院、世界经济论坛、透明国际等组织与私营企业提供的 13 项数据源制定。

世界银行强调在对全部或部分动用官方资助基金资助政府的采购商品、服务或工程的项目中都必须进行国际竞标,并保持在整个竞标过程中各个阶段的透明性。1997 年,世行专门审查了整个采购体系,并重新开办了采购培训,强调了采购伦理,加强了对借款和采购过程的监督。世行对使用其贷款的采购制定了 5 条最基本的采购原则,包括采购的经济有效,确保借款只用于实施该项目(专款专用)提供公平竞争的机会,鼓励培育借款国本国的承包商和制造商,采购程序透明。除此之外,世行还积极支持国际反腐败活动,大力援助各个国家的反腐败工作。

(三)全球竞争力报告指标(GCR)

世界经济论坛从 1979 年开始对不同国家和地区的竞争力进行综合评价,是目前国际上从事竞争力评价最著名的机构之一,它通过对一个国家进行综合因素考评,推出一年一度的《全球竞争力报告》(The Global Competitiveness Report)。《2019 年全球竞争力报告》对 141 个经济体进行了全面的量化分析,并进一步预测、判断各国未来的竞争力和经济发展趋势。《全球竞争力报告》中"非法支付和贿赂"是评价一个国家和地区腐败状况的重要指标,反映政府公共治理水平。这项指标来自于主观调查数据,调查内容是:在你的国家、公司或企业是否容易出现在以下领域的额外非法支付或贿赂:①进出口;②公共事业;③税收;④公共合同和支付;⑤司法公正。每个问题的评分范围从1(很常见)至7(从来没有发生),获得样本数据后再进行加权平均处理,得到最终评价结果。中国保持了去年的成绩,位列榜单第28位,在金砖国家中表现最好。

从非法支付和贿赂指标的评价结果来看,新加坡、新西兰、瑞士等国家和地区的得分较高,属于相对清廉的国家;英国、日本、美国、中国台湾等国家和地区得分一般高,属于评价结果较好的区间;中国大陆、马来西亚、韩国等国家和地区得分中等,属于评价结果中等的区间;印度、印度尼西亚、越南等国家和地区得分较低,属于评价结果较差的区间;巴基斯坦、孟加拉国等国家和地区得分很低,属于腐败程度十分严重的国家。

衡量各国的腐败程度并加以比较,是一个难以解决的问题。不同国家和地区的腐败现象,随着社会发展水平与控制腐败的力度而发生变动,以曲折、非直线的形式表现出来,不可能以平稳、直线的状态表现出来。许多学者正在试图寻找能够准确、及时的衡量一个国家的腐败程度的方法。由于地区的差异,政治制度的差异等,目前还没有一个通用的标准来衡量所有国家的腐败程度。

四、我国理论界对腐败测量的研究

国内一些研究者在腐败测量研究中取得了一些成绩。针对腐败测量方法的研究上主要集中在主观测量法和客观测量法。较为常见的腐败主观感知测量方式有如下四类:一是CPI(corruption perception index),即透明国际的腐败感知指数。该指数通过合并多个调查机构的数据而成,被广泛地应用于跨国比较的实证研究中。二是世界银行发布的CCI腐败控制指数,该指数的数据来自全球20个分散的机构,同时也是世界治理指数的测量指标之一。三是全球竞争力报告指标,《全球竞争力报告》中"非法支付和贿赂"是评价一个国家和地区腐败状况的重要指标,反映政府公共治理水平。然而,以上基于主观感受的腐败测量的方式,学者们往往提出以下质疑:(1)基于主观感受的访问,能否反映出腐败的真实状况?(2)腐败指数测量具有"滞后性",无法有效预测腐败风险。(3)各大机构的数据来源于全球不同的调查机构,每一调查机构的内容存在差异。由于主观感知的数据只能作为参考,而不能精确测量腐败。因此,在现实的测量腐败中,客观的测量方法研究成为主流。①

我国学者在客观测量的方法研究主要集中在利用官方数据分析腐败程度上。主要为司法部门发布的腐败案件数据,操作化方案包括"职务犯罪的立案数或者查处数""每万名公务员中的腐败案件数""每万名居民中的公务员腐败案件数"等;比如汪波以违反中央八项规定精神问题查处作为研究对象与总体样本,来对当前我国腐败进行测量。研究者自建的各种案例库和样本库,涵盖腐败案件、腐败官员等;倪星、王立京利用最高人民检察院和最高人民法院历年工作报告中所披露的数据绘制出我国改革开放后的腐败变化趋势图。② 有效方法是通过价格或总额比较;如胡鞍钢从税收流失、资产流失、地下经济等方面对我国由腐败带来的经济损失进行评估。③

除此之外,我国学者还提出新的研究框架,比如过勇、宋伟提出从腐败状况、反腐败绩效、腐败风险三个维度测量腐败的框架,在此基础上论证了腐败测量指标体系设计的总体思路,构建了具有系统性的指标体系。④ 王传利是我国较早进行腐败定量测量的研究者,

---

① 徐国冲:《腐败的测量方式与影响因素:一个文献综述》,《公共管理与政策评论》,2019 年第 3 期。

② 倪星、王立京:《中国腐败现状的测量与腐败后果的估算》,《江汉论坛》,2003 年第 10 期。

③ 任建明、杜治洲:《腐败与反腐败:理论、模型与方法》,清华大学出版社,2009 年,第 80 页。

④ 过勇、宋伟:《腐败测量:基于腐败、反腐败与风险的视角》,《公共行政评论》,2016 年第 9 期。

他引入了腐败频度及其波动周期的概念,对 20 世纪 90 年代中国的腐败状况进行了预测。① 一些学者试图建立腐败计量模型,并在此基础上进行经验研究。有的学者对中国金融领域的腐败状况进行了研究,他们既用经济学领域的知识解释了我国金融领域的分析框架,又设计并运用了中国金融腐败测评方法,得出了理想的测量结果。不可否认,以上的理论研究为之后的腐败测量研究提供了不可忽视的研究基础,这些成果对于中国的腐败测量研究具有重要价值。

总而言之,我国腐败测量研究主要使用主观测量法和客观测量法。以透明国际、世界银行、全球竞争力报告等发布的全球清廉指数和腐败控制指数为代表的主观感受研究,在我国已经达到了较为成熟和深入的阶段。而比较客观、具体的客观测量方法研究,国内学者大都处于利用官方数据进行描述性分析腐败程度,总结腐败发生规律的阶段上,未来可发展的空间还很大。

---

① 任建明、杜治洲:《腐败与反腐败:理论、模型与方法》,清华大学出版社,2009 年,第 80 页。

反腐败篇

第三章 反腐败理论基础

由于腐败涉及犯罪,一般都会隐蔽进行,同时腐败无论对政治、经济和社会都有着重大影响,又是比较敏感的问题,因此对反腐败的实证研究比较困难。故而尽管腐败现象历史久远,但对腐败的理论或学术研究历史并不长。科学理论是对事物内在规律的探索,是实践发展的行动指南。关于腐败是如何形成的?该如何防治腐败?不同的理论派别对此给出了不同的理论观点,根据这些观点,形成了不同的防治腐败策略。这些理论观点和防治策略,就构成了解释腐败成因和防治腐败策略的理论体系,为人类防治腐败提供了不同的策略。综合起来看,主要包括如下几种理论。

第一节 委托—代理理论视野中腐败成因与防治

委托—代理理论是经济学中的重要理论。理论家们将这个概念引入到政治学领域,用以研究和揭示腐败问题发生机理,并在此基础上提出相应的防治腐败建议。经过理论移植和理论改造,委托—代理理论就成为研究腐败问题的重要理论工具,被研究者广泛应用。

从一般意义上看,委托—代理关系在人类生活的其他领域同样存在,特别是与政治活动中主权在民思想的确立、代议民主制的运行有许多相通之处。①

一、政治生活中的委托—代理关系

委托—代理理论为何能够用来解释腐败问题形成?这一方面取

---

① 倪星:《公共权力委托—代理视角下的官员腐败研究》,《中山大学学报(社会科学版)》,2009年第6期。

决于委托—代理理论的形成与发展,另一方面取决于近代以来西方政治学理论的发展与演变。西方政治学理论的发展为委托—代理理论提供了适宜的理论场域。

(一) 委托—代理理论的形成与发展

在长期研究企业经营管理的实践中,经济学家们发现,企业所有者亲自经营企业存在着诸多的弊端。于是,他们就大力倡导所有权和经营权分离,企业所有者将经营权让渡出去,仅保留剩余索取权。基于这一主张,他们提出了委托—代理理论。在长期的实践中,这种理论主张对企业经营管理产生了良好的推动作用,有力地促进了现代大企业的发展。时至今日,委托—代理理论已经成为现代公司经营管理的基本理论。

委托—代理理论形成于20世纪30年代。现代生产力的大发展和大规模生产经营活动的出现是其形成的主要条件。这就是说,委托—代理关系是随着现代化大生产出现而产生的。现代化大生产的发展使得社会分工越来越精细,企业的所有者受到知识、能力和精力等多方面的限制,已经难以行使所有者的权利了。与此同时,一大批具有专业经营管理知识的专业经理人大量出现,他们有知识、有能力、有精力从事企业的经营管理。这就使得企业所有者将企业经营权让渡给这些职业经营者成为可能。于是,委托—代理关系模式开始出现了,并逐渐成为一种主流的企业管理模式。在现实生活中,无论是经济领域还是社会领域,都普遍存在这种委托—代理关系。

在委托—代理关系模式中,企业的所有者就是委托人,职业经理人就是代理人,企业主和职业经理人就是委托—代理关系中的两个主要角色。在这种关系模式中,委托人即企业的所有者将某些经营权让渡给代理人,根据代理人提供经营管理的质量和效果支付相应的报酬。但在实践中,委托人和代理人追求的目标是不一致的。委托人追求的是自己财富效应的最大化,代理人则追求自己收入、休闲时间等方面的最大化。这就形成了委托—代理关系中的基本矛盾,由此产生利益冲突。如果没有有效的制度安排，代理人可能会出现损害委托人利益的行为，这是这一理论模型的主要难题。

委托—代理关系难题形成的关键原因是信息不对称问题。所谓信息不对称，是指一些参与者拥有其他参与者所不拥有的信息。信息不对称可以从非对称发生时间和非对称信息的内容两个维度表现出来。从发生时间看，这种信息不对称可能发生在委托人和代理人签约之前，也可能发生在双方签约之后，于是就出现了事前不对称和事后不对称问题。前者称为逆向选择模型，后者称为道德风险。从内容看，信息不对称可能指某些参与人隐藏了某种行为，也可能隐藏了某些信息。前者称为隐藏行为模型，后者称为隐藏信息模型。委托—代理关系理论就是围绕信息不对称的这些相关问题展开研究。

（二）近代以来西方政治学理论的形成与发展

近代以来，西方政治学理论获得重大发展，其标志性成果就是主权在民理论取代君权神授理论，成为西方民主理论的基石。在主权在民的基础上，形成了社会契约理论，这成为西方政治实践的基本指导思想，政治生活中的委托—代理关系也是基于这一理论形成的。

君权神授是维护君主专制统治的政治理论。这一理论认为，君主是上天派到人间，代表上天管理世人。世人必须服从君主的统治，不能反抗。这种政治理论更多地借助宗教的力量来实现，在世界各地都比较流行。到了近代，人们的思想逐渐从宗教的禁锢中走出来，进入到科学时代，逐渐抛弃了君权神授理论，主权在民思想逐渐确立，成为主流的政治思想。在主权在民理论基础上，出现了社会契约理论，基于这一理论，形成了新的国家观念。

霍布斯、洛克和卢梭是社会契约论的代表人物。他们各自提出了自己的社会契约思想，并据此形成了他们的国家理论。霍布斯认为，在国家出现之前，人类是处于自然状态，人的利己本性使得人类社会处于"每一个人对每一个人的战争"①的混乱状态，为了摆脱这种

---

① ［英］霍布斯：《利维坦》，商务印书馆，1985年，第131－132页。

人人自危的混乱状态,人们便通过签订契约的方式将自己的权利让渡给契约的掌管者,国家也就因此出现了。洛克则认为人类的自然状态并非是相互残杀的状态,而是处于一种"一种完备无缺的自由状态"和"平等的状态"①,人们拥有不受他人束缚的生命、健康、自由和财产权。为了确定一个大家都能遵守的公共规则并维护这种规则,大家便订立契约,成立国家来保护人们的这种自然权利。卢梭认为,在自然状态下,人们是平等的。私有制出现后,人类便进入到文明社会,人们天赋的自由平等权力逐渐丧失。为了维护社会秩序,人们便将自己的全部权利以订立契约的方式转交给公认的共同体,这个共同体就是国家。人们服从国家,本质上"只不过是在服从自己本人,并且仍然像以往一样地自由"②。根据这一理论,人民通过签订契约成立国家,人民就是国家的主人,享有国家权力。政府只不过是根据人民的契约执行"公意",政府违背"公意"就是违背社会契约,人民就有权推翻它。

主权在民思想是对君权神授理论的彻底否定。主权在民思想的确定使得民主政治的发展成为可能。根据社会契约理论,国家源自于人民根据自己的自由意志缔结的社会契约,人民是国家的主人,公共权力的合法性来自于人民的授予和认可,维护和增进人民群众的利益是公权力存在的前提。既然主权在民,那人民如何行使公共权力呢?从历史上看,有直接民主和间接民主两种途径。在社会管理相对简单的条件下,直接民主制度是可以实现的。在这种模式下,人民可以自由地表达自己的意志,在精神上和行动上都是完全自由的,在政治上是"他自己的思想的主人"③。但现代国家一般都拥有较大的国土面积,规模庞大的人口,国家管理的复杂性要求管理者必须具备专门的管理知识,这些都决定让全体人民直接参与国家的管理已

---

① [英]洛克:《政府论》(下篇),商务印书馆,1964年,第5-7页。
② [法]卢梭:《社会契约论》,商务印书馆,1980年,第23页。
③ 斯宾诺莎:《神学政治论》,商务印书馆,1963年,第271页。

经无法实现,间接民主方式就成为最现实的国家管理方式。正如有政治学家指出的那样,人民直接参与国家管理是需要具备一定条件的,"如果这些条件不存在,那么代议制民主就是唯一可能的形式"①。列宁反对资产阶级的议会制,但充分肯定国家管理中的间接民主制度。他指出:"摆脱议会制的出路,当然不在于取消代表机构和选举制,而在于把代表机构由清谈馆变为'实干的'机构。"他还强调,"没有代表机构,我们不可能想象什么民主,即使是无产阶级民主"。② 这就意味着,人民只能将管理国家和社会的权力委托给政府这个特殊的机构去执行。这样,在国家的政治生活中就出现了委托—代理关系。在这个关系模式中,人民是国家的主人,是公共权力的所有者,是委托人。人民通过各种形式将立法、司法、行政等公共权力委托给政府,政府则是代理人,是受人民委托代为行使公共权力。正是在这个意义上,卢梭认为:"政府就是在臣民与主权者之间所建立的一个中间体,以便两者得以互相适合,它负责执行法律并维持社会的以及政治的自由。"③

二、委托—代理理论对腐败行为的解释

在现实政治生活中,人民和政府之间的委托—代理关系是十分复杂的。无论这种关系多么复杂,但总是围绕公共权力来展开。政治生活中委托—代理关系的本质是公共权力的所有权和管理权的分离,所有权仍然属于人民,管理权交给政府,由政府官员代为行使,确保人民主权和公共利益最大化的实现。无论这种关系多么复杂,人民始终是剩余索取权的享有者。

(一)政治生活中委托—代理关系的复杂性

政治生活中的委托—代理关系虽然与现代企业中的这一关系模

---

① 乔·萨托利:《民主新论》,东方出版社,1998年,第318页。
② 《列宁选集》(第3卷),人民出版社,2012年,第151-152页。
③ 卢梭:《社会契约论》,商务印书馆,1980年,第76页。

式有相通之处,但也存在明显的差异。这种差异性主要表现在其具体的实现形式上。以议会制政府为例,在这一国家管理模式下,存在着多层级的委托—代理关系。

第一层级是人民与议会之间的委托—代理关系。人民通过选举议员组成议会,履行国家重大事务的决策权。在这一层级的委托—代理关系模式中,人民是初始委托人,享有剩余索取权,议员则是初始代理人。人民追求的是公共利益的最大化,议员追求的服务效果的最优化,以便能持续获得更多的选票,持续当选。

第二层级是议会与政府的委托—代理关系。议会选举产生政府,委托政府管理国家和社会,维持良好的公共秩序。在这个层级中,政府首先是议会的代理人,最终才是人民的代理人。政府官员根据人民委托来管理国家和社会事务。在这种关系模式中,享有剩余索取权的仍然是权力的所有者——人民。

在现代国家管理中,由于政府是多层级的政府,不同层级的政府都设置有相应层级的议会。此外,获得选举胜利的政党成员与政府的公务员之间也会形成委托—代理关系。这种政治关系的复杂性决定了委托—代理关系的复杂性。这种复杂性在其他政治体制下同样存在。

(二) 公共权力委托—代理失灵引发腐败

在公共权力的委托—代理关系模式中,人民作为公共权力的所有者将管理权委托给政府,这就造成了所有权和管理权的分离。在这种情况下,委托人和代理人追求目标存在明显的差异性。作为委托者,人民追求的目标当然是最大限度地获取剩余索取权,也就是实现自身利益的最大化,最大限度地增进公共利益。作为代理人,追求的是自身利益的最大化。委托人为了防止代理人滥用权力,总是想尽一切办法对代理人进行制约监督,确保自身追求目标的实现。为此,政治学家们设计出来一套机制加以保障。但在现实生活中,这种机制往往会出现失灵的问题,从而引发腐败。

一是激励机制失灵。在现代大企业中,作为企业所有者的委托人为了最大限度地调动代理人的积极性、主动性和创造性,总是不断地完善激励机制。其中高额的薪水、浮动制奖金、分享股权(剩余索取权)都是委托人激励代理人常用的方法。这种激励手段的运用是基于对代理人业绩的科学考评。由于市场机制中类似于价格、竞争等因素都是相对稳定的,因而,这种考评在经济活动中容易落实。但在政治领域,这种精准有效的考评难以落实到位。其中的重要原因是政府提供的是一种公共产品,而且政府是垄断性的供给者,不存在市场竞争机制。由于无法定价因而也就难以评价其生产效率。这就导致无法对每一个政府公职人员进行精准合理的贡献评价并在此基础上给予有效的激励。这就导致了政府只能根据等级制度平均分配,这种分配方式事实上造成了政府内部的"大锅饭"现象。"干好干坏一个样"的分配制度无法实现按贡献分配的要求,难以调动政府公职人员的积极性和主动性,造成激励机制失灵。这导致形式主义、官僚主义等弊病在政府中广泛存在,只是在不同的政治体制下表现形式不同而已。

二是约束机制失灵。为了有效防止代理人违背委托人意愿,甚至是损害委托人利益,委托人往往会想办法建立一套有效机制来有效约束代理人,防止代理人行为扭曲。在企业管理活动中,已经形成了一套完备有效的约束机制。在公司治理结构中,专门设置董事会和监事会负责监督经营者。代理人市场的形成确保委托人有足够的备选代理人,一旦代理人的行为明显违背了委托人意愿,就面临着被替换的风险。商品市场和资本市场同样会对代理人的行为形成有效的约束。这就是说,在企业管理活动中的约束机制是有效管用的。但在政治活动中,这种约束机制的有效性面临着诸多挑战。在政治活动中,代理人的行为主要是受议会监督、上级、人民和舆论监督,但议会对政府的监督同样面临信息不对称与合约不完备的问题,无法实现精准有效的监督。上级与下级之间既是监督与被监督关系,又是利益共同体。这种共同体关系使得上级在很多时候不得不容忍甚至是包庇下级的过失,其监督功能发挥有限。人民监督和舆论监督同样面临信息难题,监督效能相对有限。这就大大降低了约束机制对公职人员的约束力。

三是内部人控制问题。内部人控制,其实就是代理人通过其信息优势和权力侵犯委托人的利益。① 在政治生活领域,内部人控制问题的具体表现也是多种多样。最突出就是腐败滋生问题。在政治生活中,由于信息不对称和合约不完善等因素,委托人用以激励和约束代理人的相关机制都会出现失灵现象。在这种双重失灵的情境中,拥有权力者内心中的人性之恶就会被激活,"这就是建立在普遍经验之上的、人们被权力所败坏的普遍规律"②。在这种状况下,代理人往往就会处于追求自身利益最大化的动机,出现以权谋私现象,导致滥用或弃用公共权力现象。政治生活中出现的限制议程、重设议题、非理性支出、互相推诿、找替罪羊等现象都是腐败问题的表现形式。此外,政府机构臃肿、冗员众多、效率低下、责任不清、推诿扯皮等政府痼疾都会直接或间接损害公共利益,导致委托人利益受损。

四是委托人集体行动不力。为了有效保护人民作为公共权力所有者地位,政治学家们专门设计出了任期制和选举制,以确保政党和政府切实为人民提供更好的公共服务。一旦某个政党提供的公共服务不能有效满足人民的根本利益,或者在执政期间出现了严重的腐败行为,人民则会用选票实现政党轮替,从而阻止腐败行为的蔓延和传递。此外,对于某些涉及全体民众切身利益的重大决策,还发展出了类似全民公投之类的全体选民投票表决制度,以确保人民意愿的直接表达,最大限度地体现和维护人民利益。这些制度设计客观上要求人民作为选民要积极参与到选举或表决活动来。由于这种投票或表决机制采用的是"一人一票"的方式和少数服从多数原则进行

---

① 倪星:《公共权力委托—代理视角下的官员腐败研究》,《中山大学学报(社会科学版)》,2009 年第 6 期。
② [美]密尔:《代议制政府》,商务印书馆,1982 年,第 96 页。

的,这就会造成一部分人的意愿在集体行动中被忽视。当参与者人数众多或委托代理层级较多时,还会出现参与的高成本、低收益问题。这就会导致一部分人自觉放弃这种投票权或表决权而自愿选择"搭便车"行为,表现出对这种政治行为的无所谓或冷漠的态度。信息不对称问题的存在使得选民能够获得的信息相当有限,这会严重影响其政治判断,影响其政治参与的积极性,加剧政治冷漠。这必然降低人民集体行动对政府及其执政团队的制衡能力。

三、基于委托—代理理论的反腐政策建议

委托—代理关系中激励约束机制失灵最终导致委托—代理关系失灵,这是引发腐败的关键。因此,要有效防治政治腐败问题的发生,必须从人民是公共权力所有者这一基本前提出发,围绕充分尊重和保障人民剩余索取权,确保公共利益最大化,更好满足和保障人民利益的根本利益,有效解决委托—代理关系模式中存在的突出问题。制度建设是防止委托—代理关系失灵,有效防范腐败的发生着力点。

(一)完善信息获取机制,破解信息不对称难题

信息不对称是委托—代理关系引发腐败的一个重要原因。由于信息不对称问题的存在,委托人对代理人的信息掌握是极其有限的。委托人要想掌握更多代理人的相关信息,必须要为搜集这些信息花掉高昂成本,这让一般的委托人难以承受。在政治活动实践中,代理人掌握着大量不为委托人所掌握的信息,这就使得代理人总是处于占有更多信息的优势地位。这种信息优势地位就容易使代理人或者通过隐匿一部分核心信息获得他想要的东西,或者利用信息优势获得更多私利,诱发机会主义行为,损害委托人的利益。这就引发了委托—代理关系中的逆向选择和道德风险,导致委托—代理关系失灵,激励和约束机制失效,从而引发腐败。要有效防治腐败,必须破解政治活动中的信息不对称难题。加强制度建设,完善采集代理人与从事代理活动相关信息的制度体系,这是破解信息不对称难题的重要方法。

这种制度主要包括如下几个方面：首先是从业资格的信息采集制度。就是在确定成为代理人之前，要采集拟选择对象与从业相关的基本信息，比如年龄、经历、学历、受教育程度、职业技能、诚信信息、从业资质、遵纪守法状况以及健康状况等核心信息。这有利于防止逆向选择问题的发生。其次是信息公开制度。在政治活动中，代理人的从业活动的重要信息，能够公开的都要尽量公开，这一方面可以确保委托人的知情权，另一方面也有利于委托人对代理人开展必要的监督，督促其认真履行职责。再次是重要事项报告制度。对于那些身居要职的公职人员，除了要公开其公务活动信息，还要掌握其与用权履职相关的其他核心信息，比如家庭财产状况、配偶子女从业信息、投资信息等，这样有利于防止利益冲突，保证履职的公正性。最后是信息保密制度。对于那些涉及公众的重大决策信息，要进行严格保密，防止公职人员利用信息优势为自己或特定关系人获取额外的好处，形成腐败。此外，随着信息化水平的不断提高，大量信息在经济和政治生活中发挥着越来越重要的作用，优先掌握了这些信息也就意味着优先掌握了机会，如何有效规范这些信息的使用和发布，同样会成为政府公务活动需要解决的问题。

（二）加强公职人员管理制度，破解合约不完善难题

合约不完善是委托—代理关系引发腐败的另一个重要原因。从本质上讲，委托人与代理人之间是一种合约关系，双方通过事先约定的合约，确定双方的权利与义务关系。在这种情况下，双方合约的完善程度将直接影响到委托人和代理人的根本利益。从实践看，合约不完善是引发委托—代理关系中腐败发生的关键因素。权力具有自然垄断性，对于某个特定岗位来说，这个权力一旦被一个代理人拥有，其他代理人便无法同时再拥有该权力。权力的自然垄断性带来权力运行的主观性，带有权力拥有者的主观烙印。由于政府公共管理和公共服务是垄断性和强制性的特点，不存在市场竞争问题，政府公职人员的选聘具有相对稳定性，不像企业管理层那样可以频繁变

更。没有竞争、没有市场、没有频繁的人事变更,这使得人民不能经常"用脚投票",自由地选择政府及其公职人员。在一个具体的任期内,只要代理人不出现大的明显差错,一般来说,委托人无法更换代理人。无论满意与否,都必须接受其提供的公共管理与公共服务。在公共管理实践中,人民既是权力的拥有者,是委托人,同时又是代理人的管理对象,代理人可以拥有强制支配人民(也就是政府管理对象,是委托人)行为的权力。如果合约不完备,不能很好规范代理人的行为,很容易引发代理人统治委托人(也就是公仆变主人)的现象,形成委托—代理关系悖论。完善合约,既要实现代理人的效用最大化,又要满足委托人效用最大化,在此基础上,更加明确具体地规范双方的权力与义务,这是有效防止腐败行为发生的重要条件。

(三)实现激励与约束并重,对代理人实行有效的制约监督

激励机制与约束机制失灵是引发代理人滥用权力的关键。防止腐败现象发生,必须完善激励机制与约束机制,使之始终处于有效管用的状态。这要求在政府管理活动中,既要设计一个科学的激励方案,确保代理人追求效用的最大化,又要设计一个约束机制,有效解决信息不对称和环境不确定条件下代理人的行为,防止其利用信息优势或职权谋求更多私人利益,损害公共利益,形成逆向选择或道德风险,给委托人造成不必要的损失。一旦这种激励机制和约束机制出现问题,公共权力的代理人就会出于追求自身利益最大化的目的滥用委托权,损害委托人的合法利益。"当代理人违背委托人的利益而谋求自己的利益时,腐败就出现了。"①

从政治实践看,对于那些掌握公共权力的政府官员来说,一旦其获得的报酬与付出不一致的情况出现,他们就会有可能利用公权力来获取额外利益,这种行为会损害委托人利益,增加代理成本。从实现形式看,一种是直接腐败,就是利用掌握的权力贪污、盗窃或侵占

---

① [南非]克利特加德:《控制腐败》,杨光斌等译,中央编译出版社,1998年,第27页。

国家财产。一种是间接腐败,就是采用收受第三方贿赂形式实现权力变现。无论是直接腐败还是间接腐败,掌握权力的官员都具有相应的风险承受能力。一般来说,腐败发生的概率与腐败官员的风险承受能力呈正比。对于那些风险承受能力小的官员来说,他们往往采取不办事或尽可能少办事的方式,来最大限度地减少付出,以实现其成本—收益对等的心理平衡。这种理性选择则导致政府公共管理和公共服务中形式主义官僚主义现象的广泛存在,引发人民的不满。

基于上述问题,对公职人员的激励与约束必须有针对性地进行,围绕代理人的核心诉求和腐败发生风险领域,有针对性推行科学化的薪酬制度和奖励制度以加强激励。同时,要强化岗位责任制、实行严厉的问责制、加强有针对的监督以实现有效约束。只有实行激励与约束并重,才能有效防范腐败的发生。

第二节 寻租理论视野中的腐败成因及其防治

寻租理论是现代经济学中的公共选择学派对腐败研究的重要理论贡献。这一理论形成后,经济学家将其引入政治领域,用来解释政治腐败的发生机理及其治理对策。这一理论也就因此成为研究腐败问题及其防治的重要工具,在经济、政治和公共管理等领域被广泛使用。

一、寻租理论的基本内容

寻租这个概念最早是由美国经济学家克鲁格在20世纪70年代提出的。在寻租理论中,租(租金)、寻租是其中最主要的概念。公共选择学派的租就指的是租金,它来自传统经济学的李嘉图学派。李嘉图认为,租金是指永远没有供给弹性的生产要素的报酬,它是诱使这种生产要素进入市场所必需的最小的额外收益。此后,经济学家们在此基础上,不断发展了租金这个概念,丰富其内涵和外延。其中,马歇尔对发展租金概念作出了较大贡献,他认为租金还应包括被称为准租金的暂时没有供给弹性的生产要素的报酬。① 公共管理学派的经济学家们发现,政府诸如对进出口配额的分配、生产许可制度、价格管理以及从业人员规模限制等干预经济活动行为,在客观上造成了抑制竞争、扰乱了供求关系,同样能形成类似于地租超额收入。这样,租金一词的内涵与外延就发生了进一步的变化。

公共选择学派将寻租理论从市场经济条件下的私人寻利活动的理性原则引入到政府公共管理活动中,赋予政府"经济人"角色,分析政府官员的"寻租活动"。为了更好研究人类的经济活动,自亚当·斯密以来,经济学就将人们的经济活动假定为追求实现利益最大化活动,这就是"经济人"假设。新制度经济学建立后,经济学家们对"经济人"进行了重新界定,这种界定主要包含三个方面的内容。一是假定人类行为既追求财富利益的最大化,又追求非财富利益的最大化。制度是影响人们偏好所付出代价的重要变量,人类制度创新就是要实现这种双重动机均衡。二是虽然强调人是理性的,但承认人的理性是有限的。这就是经济学家阿罗所强调的"有意识的理性,但这种理性又是有限的"②。三是人具有机会主义倾向。为了实现利益最大化目标,人总是会投机取巧、趋利避害,为自己争取和创造一切有利条件。在经济活动中,即便是类似于政府这样的公共组织,总会受到利益最大化的支配和有限理性的制约,必然产生"寻租"的动机,形成"寻租活动"。

公共选择学派认为,政府管理活动的本质就是对各种公共产品的生产和供给作出决策,依据这种决策性质提出"寻租理论",并描述经济活动中公共权力与社会财富的交换过程,揭示腐败形成的经济原因。经济学家詹姆斯·布坎南在这方面作出了杰出贡献,他认为,寻租活动是指人们在既定的制度安排下,利用政府行政力量而进行的追求财富活动。从本质上说,寻租行为是一种依靠行政权力谋

---

① 倪星:《论寻租腐败》,《政治学研究》,1997年第4期。
② 卢现祥:《西方新制度经济学》,中国发展出版社,1996年,第11页。

取私利的行为，它只能实现财富转移而不能带来社会剩余，因而会形成严重的社会浪费。布坎南因此获得了1986年度的诺贝尔经济学奖。此后，经济学家运用这一框架来研究政府公共管理中的腐败问题，揭示政治腐败形成的原因，并据此寻求防治腐败问题的对策，取得良好的政治效果。

寻租理论认为，"租"是一种超过机会成本的利润，也就是超额利润。它有三种来源，一是创新，二是承担风险，三是垄断。创新所获得的超额利润是对创新者的一种合理回报。承担风险者所获得的"租"是对其冒险精神的合理补偿。这两种"寻利活动"主要依赖于生产性活动，客观上能够增加社会剩余，有利于增加社会福利总量。垄断分为两种情况，一种情况是因创新而形成的暂时性的自然垄断，这种垄断所获得的超额利润有利于促进社会进步，因而是一种合理的存在。一种情况是因享有某种特权而形成的垄断。凭借这种具有排他性特权而获得的超额利润客观上破坏了公平竞争，不利于社会进步。凭借这种特权所获得的超额利润就是寻租理论所指的"租金"。这种租金是指由于缺乏供给弹性而产生的差价收入。但弹性缺乏的原因不是因为某种生产要素的自然特性造成的，而是由于政府行政干预带来的，是人为原因造成的。这种租金不是产生于生产过程，而是在生产过程之外。既然政府干预经济活动能够创造租金，那么自然就有人寻求这种租金，形成"寻租活动"。

为了更好研究寻租问题，经济学通常把人们追求利益的划分为寻利活动和寻租活动两大类，将收益划分为生产性收益和非生产性收益。生产性收益是指投资者在购买原材料、生产工具和劳动者，让劳动者在一定的生产组织形式下从事生产活动，将原材料转化为新的商品，实现价值增值，创造出高于投资者投入的回报——利润，这个利润就是"生产性收益"。所谓"非生产性"就是指"产生金钱收益，但并不生产包括在正常效用函数中的产品与劳务，也不生产投入这些产品与劳务的投入品"①。寻利活动就是追求生产性利益的活动,也就是追求正常的投资回报。寻租活动是运用公共权力获得"非生产性"收益。经济学家注意到,寻租所追求的不是直接生产性利润,而"寻求直接的非生产性利润"。

经济学认为,财富来自劳动的创造。这就是说,财富只能在生产过程之中创造出来,离开生产过程就不可能形成财富。具体说来,在人类的生产活动中,生产资料、生产工具和劳动者在一定的生产关系中组合起来,劳动者在生产活动中,将生产资料的价值和生产工具的损耗价值转移到新商品之中。从价值角度说,这种新商品的价值既包含了所消耗的生产资料的价值、生产工具损耗价值和为支付劳动者劳动报酬的价值,还包括劳动者在生产活动中创造的新价值。在投资者看来,这个新价值就是其投资所获得的利润。这种价值就是生产性价值。创造生产性价值的过程就是增加社会福利的过程。

寻租活动就是寻求直接的非生产性利润的活动。这类行为能够创造利润但无法创造财富,不能增进人类的整体福利。因为寻租活动虽然在表面上创造了一个"剩余价值",但这个剩余不是来自生产领域,不是劳动者在生产过程中的创造,而是运用公共权力人为地使某种商品实现"增值",这个增值的部分就是非生产性利润。人们把这种只创造利润而不增加社会福利的活动称为"寻租"活动。也就是说,寻租行为所追求的利润不是来自直接生产领域,而是非生产领域,它虽然能消耗一定量的社会资源,但却不能创造财富。所以说,公共选择学派所讨论的"租金"不是经济学所指的土地、劳动、设备等生产要素付出所获得的租金,而是这些生产要素所获得收入中,超过这种要素机会成本的那部分剩余,也就是政府干预或行政管制市场造成了不平等竞争环境而形成的垄断利润或价差②。这是经济学

---

① [英]约翰·伊特维尔等:《新帕尔格雷夫经济学大辞典(第1卷)》,经济科学出版社,1996年,第913页。
② 汪翔、钱南:《公共选择理论导论》,上海人民出版社,1993年,第89-93页。

中人们追求经济利益行为与政治学中人们追求利益行为的最根本的区别。寻租活动本质上就是公职人员运用公共权力为本人或特定关系人谋求私利的活动。

二、寻租理论对腐败行为的解释

只要寻租活动存在,腐败必然相伴而生。寻租是公权力腐败的一种常见形式。正是基于这一点,大多数经济学家都主张将腐败直接定义为权钱交易。亨廷顿在《变革社会中的政治秩序》中指出,"腐败的基本形式就是政治权力与经济财富的交换"[1]。基于寻租理论,经济学家们揭示了腐败发生的内在机理。

(一) 设租与抽租

在寻租理论看来,寻租腐败本质是权力与金钱的交换。这种交换是通过设租和抽租这样两个阶段完成的。

1. 设租是寻租的前提

寻租的前提条件就是政府对经济活动的不合理干预。在政府能够对经济活动进行不合理干预的情况下,政府公职人员出于部门利益、少数人或个人私利的考虑,就会有设租的意愿。这种设租行为可以分为三种情形。一是无意设租。这种设租行为不是处于主观故意,而是在市场经济条件下,国家在行使基本职能干预经济活动,纠正"市场失灵"的过程中,颁布一些法律法规,这些法律法规客观上带来了租金,从而为政府官员寻租提供了可能。二是被动设租。这就是政府的设租活动不是来自于政府自身的本意,而是受到某些利益集团的影响,不得不出台有利于这些利益集团的公共政策,为这些利益集团在市场竞争中获得优势地位创造相应的制度条件。三是主动设租。这就是政府官员不是出于某种不得已的原因为特定利益集团出台相应的公共政策,而是利用政府的支配性地位和行政权力,在

---

[1] [美]塞缪尔·亨廷顿:《变革社会中的政治秩序》,华夏出版社,1988年,第66页。

经济活动中主动设置某些限制性条款,并利用这些条款获得预期收益。这种设租行为可能是为某些企业量身定制的,也可能是没有明确的对象,但无论是哪些企业,想要获得自身发展,都要经由这些限制性条款,确保公职人员获利。

2. 抽租是寻租的结果

设租不是目的,设租的最终目的是为了抽租。从设租到抽租的过程,才完成权力变财富的过程。抽租必须依靠一个中介来完成,这个中介是个人或组织,一般情况下以企业居多。为了获取市场竞争优势,中介者往往采用行贿、威胁或游说等手段推动政府官员干预经济活动,通过设置种种行政障碍,帮助其获得某种特殊权力,形成一种排他性的垄断优势地位,凭借这种地位获得超额垄断利润。中介者会将超额垄断利润中的一部分或全部以贿赂的形式转交给政府官员。这部分贿赂就是租金。对于政府官员来说,获得了贿赂就是完成了抽租过程。在抽租环节,政府官员在完成设租后,也可能通过索贿的方法诱使中介者向其行贿,获得排他性垄断优势,进而获得超额垄断利润。在这部分超额利润中,其中一部分是对前期投入(贿赂)的补偿,剩余的则是中介者的投资所得。一般来说,这种所得要高于在市场竞争中的行业平均利润。这个高出市场竞争中行业平均利润部分是对中介者的额外补偿。因为政府官员也很清楚,如果不让中介者获得额外补偿,他们就没有动力向其行贿,如果中介者不向政府官员行贿,抽租过程也就无法完成。

经过创租和抽租这样两个环节,寻租的整个过程就完成了。从总体上看,寻租过程本质上是政府官员与中介者的"合谋"过程。在这个过程中,双方都是"有利可图"的。这种"利"可以是显在的,如金钱或物质;也可以是潜在的,如荣誉、政治地位或政治声誉等。无论是显在的还是潜在的,一定都是可以变现的。对于政府官员来说,中介者的贿赂是租金实现形式。因此,寻租是腐败滋生的重要根源。

从寻租理论来看,政府官员的寻租活动与中介者的寻利活动是在同一个过程中完成的。政府官员设租是利用公共权力人为地增加了特定商品或服务的价格,放大了这些商品或服务的利润。也就是说,经过设租之后,这类商品或服务的价格要高于市场价格,这个高出的部分就是租金。中介者向政府提供商品或服务,政府向其支付这种商品或服务的价格,从而完成了中介者生产商品或服务的变现过程。这个变现部分实际上是包含了两个内容,一是这种商品或服务的市场价格,二是政府官员的租金。中介者在完成商品或服务的变现后,自己所获得的主要是商品或服务的市场价值,租金则转交给了设租者。中介者转交给设租者租金可能发生在生产这种商品或服务之前,也可能发生在此之后。设租人为了激励中介者与其合谋,也有可能将一部分租金分给中介者,从而是其获得高于市场平均利润的投资回报。无论如何,政府官员获得的是非生产性收益,而中介者获得的主要是生产性收益。

(二)政府干预经济的常见形式

寻租是政府过度干预经济活动引发的。这种干预为中介者提供了特殊的垄断地位,形成了特殊的竞争优势,他们会利用这种优势将政府官员的设租变现,帮助政府官员完成抽租。从总体上看,政府官员干预经济,完成设租主要运用如下手段。

1. 价格干预

价格机制是市场机制中非常重要的制度安排。在市场经济条件下,商品的价格通常是通过充分的市场竞争形成的。竞争形成价格的优点在于能够合理引导资源在不同行业和部门之间流动,实现资源的优化配置。价格干预是政府干预经济的重要手段。市场竞争形成价格对资源的优化配置具有重要作用,但市场机制的滞后性也会让价格机制出现滞后性,造成资源因为向某个行业或领域过度集中而造成巨大浪费。政府通过价格干预可以有效避免这种浪费。价格干预也是政府进行经济保护的重要手段,通过制定价格,可以有效保护某些特殊的行业或部门。但在市场经济条件下,政府的价格干预客观上会形成政府价格与市场价格之间的"价格差",这种价格差往往会转化为"租金"。如政府控制利率、汇率等做法,就会形成政府定价与市场定价之间的价格差,这种价格差的存在就会为那些掌握着这些特殊资源的官员提供了寻租的机会,形成"食租集团"。

2. 特许经营权

政府出于某种需要,加强对某些商品的管控,只允许少数经营者从事这类商品的生产和经营。这种特许经营权就是用制度的方式阻碍其他生产者从事这类商品生产经营活动,从而形成生产经营者的特殊优势地位,获得超额垄断利润。这些商品生产者在获取高额利润之后,便产生了影响政府官员以维持这种特殊垄断地位和垄断利益的冲动,这就为政府官员寻租提供了良好的条件。

其次是关税壁垒。这就是利用关税制度干预经济活动。政府为例保护或打击某些领域生产,常常会运用关税手段。当需要保护某类工业时,常常会运用降低关税的方法确保这类企业获得价格更低的原材料或商品出口机会,帮助他们提高市场竞争力。当需要限制某类商品生产时,则会用提高关税的办法进行抑制。这种关税限制手段同样会造成政府定价与市场定价之间的价格差,为政府官员与外贸等相关从业者合谋寻租提供适宜的制度条件,催生特殊获利集团。

3. 优惠政策

为了推动某个行业或区域的发展,政府往往给这些特定的地区或行业以特殊的优惠政策。这些优惠政策的含金量都很高,这种特殊的制度安排会给某个行业或地区带来垄断,形成特殊利益。这种特殊利益的存在往往会在扶持行业或区域与那些未得到扶持的行业或区域之间形成明显的收益差额,这种差额为寻租提供了可能,容易催生相应的特殊利益集团。

在日常经济活动中,政府干预经济的政策工具远不止这些。这种干预无论以什么形式出现,其对正常经济活动的影响是不可避免的。只要能够形成超额收益,就为寻租活动提供可能。寻租活动一旦出现,腐败现象就会相伴相随,由此引发的一系列负面影响也就会难以避免,给经济社会发展带来的不良影响同样不可避免。

(三) 寻租活动的危害

1. 寻租导致政治腐败

寻租是权力参与经济活动的副产品。从理论上说,政府权力是公共权力,只能为公共利益服务,除此之外,不能有其他目的。但在寻租频发的背景下,公共权力就出现了异化,它不再是为公共利益服务的工具,而是退化为政府官员追求个人私利、实现升官发财的政治工具。政府官员通过寻租活动,在攫取更多物质财富的同时,也在极力为自己获得更高职位、攫取更大的政治权力进行"原始积累"。对于一个国家来说,寻租现象发生的频度与政府干预经济活动的广度与深度成正相关关系。政府干预经济越深,寻租现象发生的频度就越高,与政府官员合谋的中介者就越多。此外,寻租现象发生的频度还与政府官员获得权力的过程相关。如果官员都是通过"买官"获得权力,那么他就会有收回买官成本并获得相应回报的冲动,寻租的意愿就会更加强烈。在这种情况下,寻租腐败更加难以防治。政府官员利用干预经济活动的机会进行广泛的寻租活动必定对政府的公信力造成巨大损害,造成政府经济调节职能丧失,形成"政府失灵"。如果"政府失灵"情况得不到及时的纠正,必然导致人民群众对政府丧失信心。如果不能有效治理,必然会形成政治危机,甚至引发政治动荡。

2. 寻租妨碍生产发展

从根本上说,生产性活动是社会财富的源泉。任何一个社会的进步都要依赖于生产力的发展以及与之相适应的生产效率的提高。在正常的生产活动中,投资者进行投资的主要目的就是通过增加社会产品而获得投资回报。为了获得超额利润,投资者会想尽一切办法改进技术和工艺,不断提高生产效率,在市场竞争中获得竞争优势并取得相应的高额利润。这种正常的经济竞争活动是社会发展进步的推动力量。在寻租活动中,同样存在投资行为,但这种投资活动所追求的不是提高社会生产效率,而是投资者与掌权者合谋,利用行政权力获得排他性竞争优势地位,利用这种优势地位获得超过市场竞争条件下的高额利润。从根本上说,投资者的投资活动主要不是为了提高行业的生产效率,而是获得具有垄断性的竞争优势。因而,这种投资活动不但不利于整个社会生产效率的提高,反而会因为造成资源配置机制严重扭曲变形而造成社会资源的巨大浪费,从而形成严重的社会内耗,抑制社会生产力发展,降低经济发展速度,甚至造成经济停滞。正如布坎南所说,在寻租盛行的社会里,竭力追求私利最大化的经济活动造成的是严重的社会浪费而不是有益的社会剩余。从社会发展进步的角度看,寻租活动的广泛存在,不利于社会竞争,对整个社会来说,同样是有百害而无一利的。寻租游戏是一种总体损失远大于总体收益"负和游戏"。

3. 寻租带来分配不公

寻租不会创造财富,但严重破坏社会财富的分配秩序,导致财富的不合理转移。在寻租活动盛行的背景下,那些掌握公共权力的政府官员或者与这些官员有特殊关系的其他人员就会在社会财富分配中处于绝对优势地位,凭借公共权力在短时间内获得大量租金,积聚巨额财富,成为社会上的暴富群体。有学者专门研究了我国经济转轨时期的腐败问题以及由此产生的暴富群体。"暴富者多发迹于'白手起家',既不靠劳动积累,也未经历资本积累;其收入既非劳动报酬,也不是合法的剥削收入,而是利用各种非经济手段,通过非常态的再分配途径来侵占或窃取他人劳动成果。"[①]这就揭示了暴富群体暴富的"秘密",暴富群体不是依靠劳动或资本的积累实现财富的积累,而是运用寻租手段攫取大量财富,实现暴富。寻租成为这个群体暴富的重要手段。对于任何社会而言,这个暴富群体的滋生和蔓延都会形成既得利益集团,这是经济社会健康发展的毒瘤。社会财富

---

① 于祖尧:《转型时期暴富群体的政治经济学分析》,《经济研究》,1998年第2期。

向掌权者快速集中必然导致两极分化,这会侵蚀权力运行的社会基础,成为影响政治稳定和政治发展重要潜在因素。

三、基于寻租理论的反腐政策建议

寻租的过程是政府官员与中介者合谋的过程。在这个过程中,政府对经济活动的干预是政府官员设租的前提条件,政府官员获取非生产性收益的冲动是寻租发生的主观条件,中介者运用行贿等手段获得向政府提供商品或服务机会的做法使抽租的实现成为可能。治理寻租腐败,必须坚持系统思维,同时从这些基本环节入手,消除寻租活动的形成的条件,斩断寻租过程的利益链条,实现对寻租腐败的源头防治。

(一) 最大限度地减少政府对市场的过度干预

组织发展生产是政府经济职能的重要内容,但政府如何组织生产,政府的经济职能如何发挥,这需要在实践中探索。在不同的历史发展阶段,政府干预经济的着力点是不同的。从总体上看,在走向现代化的过程中,政府对经济活动的介入都经历了一个从微观介入到宏观管理的过程。在某个特定阶段,政府直接介入市场,甚至成为市场经营主体。随着经济的发展壮大,政府逐渐从市场领域中退出,从微观干预转向宏观调节,为经济发展营造一个良好的经济环境。随着现代市场经济体制的确立与发展,政府经济职能越来越体现在对经济的宏观管理和调控方面。在这个过程中,一旦发生了政府过度干预经济的问题,寻租腐败就成为可能。政府对市场的过度干预是寻租腐败发生的基本前提。没有政府的过度干预,没有这一干预所提供的特殊垄断地位,租金便无从寻求。[①] 这种干预活动一旦过度,就会造成市场机制扭曲,市场机制完成资源优化配置的功能丧失。这种状况一旦出现,就会给寻租腐败提供便利条件。因此,防治寻租腐败的前提条件就是转变政府职能,最大限度地减少政府对经济活

---

① 汪翔、钱南:《公共选择理论导论》,上海人民出版社,1993年,第89页。

动不必要、不合理的干预。这既需要经济体制改革的推进,也需要政治体制改革的保障,需要两者的协调推进。"只搞经济体制改革,不搞政治体制改革,经济体制改革也搞不通,因为首先遇到人的障阻。"①经济体制改革和政治体制改革要求政企分开、精简机构、下放权力、克服官僚主义等做法减少国家对经济活动干预的范围和程度,转变用单一行政手段干预经济的做法,为市场经济的发展营造良好的制度环境。

(二) 加强对政府权力的制约与监督

没有有效的权力制约监督,腐败现象就难以避免。在经济发展的一定阶段,政府干预经济是防范各种风险,实现经济健康发展的重要保证。这在发展中国家十分普遍,也十分重要。只要政府干预经济,寻租就有可能发生。防范寻租腐败的重要手段就是加强对权力的制约监督,确保这种经济干预权力真正是为经济健康发展服务,而不是为少数人的利益服务,尤其要防治以权谋私现象的发生。实现这一目标,首先需要通过法制建设,对政府干预经济权力进行合理分解,形成有效的权力制衡机制,防止这种经济干预权力被某个部门或这些部门中的少数官员掌控。只有实现权力的合理分解和有效的制衡,才能有效防范权力部门化、私有化。在做好权力合理分解的同时,还要加强权力的监督,这种监督既包括政府专门机关的监督,也包括媒体监督等各类监督方式的监督。这些监督方式中,党政机关专门机构的监督尤为重要和有效。对于那些敢于运用公共权力为自己或特定关系谋取私利的行为,要坚决惩治,确保权力制约监督的有效性。科学完备和有效管用的监督是防止寻租腐败发生的重要条件。

(三) 严厉打击中介者的不正当竞争行为

在寻租活动中,中介者扮演了非常重要的角色,是政府官员抽租

---

① 邓小平:《邓小平文选(第3卷)》,人民出版社,1993年,第163页。

的重要帮手,是政府官员完成寻租活动的重要助手,是寻租腐败的重要参与者。这些中介者往往以市场主体的身份出现,但他们一般都不是普通的市场主体,而是与政府官员有着特殊关系的市场主体,是政府官员的同盟者。这些中介者往往都是通过贿赂或胁迫等非法手段与政府官员达成协议,破坏正常的市场竞争规则,获得垄断优势,取得政府所需要商品或服务的供给权。在提供政府所需商品或服务的过程中,这些中介者除了获得正常的生产性利润之外,还有可能与政府官员共同分享租金,从而获得高于市场平均利润的超额垄断利润。这种超额垄断利润是他们进一步与政府官员合谋,形成特殊利益同盟的经济动力。因此,在防治寻租腐败的过程中,在惩治从事寻租腐败官员的同时,也要坚持行贿受贿一起查,严厉惩治这些特殊的中介者,坚决打击他们以贿赂等非法手段获取暴利的行为,营造良好市场环境,维护公平市场竞争秩序。

第三节 其他反腐败理论

一、治理理论视角下的反腐败框架

20世纪90年代,治理理论在西方兴起,对于其概念,西方众说纷纭,但均是围绕政府与市场、政府与社会的关系而展开。该理论的倡导者之一,詹姆斯·N.罗西瑙认为,治理不同于统治,政府不是治理的唯一主体,政府治理的手段更多是依靠多元主体的合作,而不完全靠自上而下的强制力①。罗伯特·罗茨则认为,治理是一种新的统治过程,要依靠新的方式来统治社会,才能实现这个统治过程的有力有序②。全球治理委员会将治理界定为:公共或私人的多元主体,管理共同事务的方式总和,其既包括具有强制性的正式制度和规则,也

---

① A. Heise: *Governance Without Government. International Journal of Political Economy*, 2012.41(2):42-60.
② 俞可平:《治理与善治》,社会科学文献出版社,2000年,第86页。

包括人们自愿遵从的非正式的制度安排①。不同于西方对治理理论的多元阐释，国内学者对治理的认知相对统一，基本是将治理看作是多元主体协同参与处理公共事务，主张主体多元化、结构扁平化、过程多向度、互动回应、竞争合作等等。著名学者俞可平的《治理与善治》是国内公认的治理理论的代表作，他系统阐述了治理与善治的理论，并指出治理的目的是最大限度地增进公共利益。

"治理"思想引导着人们用新的观念和方式来管理公共事务，对反腐败来说也是一种非常有益的启示。这一理论已经被运用到廉政建设领域当中。知名的国际反腐败组织——透明国际提出的"国家廉政体系"（National Integrity System）的反腐治理框架，就是在"治理"理念的指引下发展而来，这为我们发展多中心、多主体的腐败治理模式提供了非常有益的参考。

透明国际（Transparency International）是一个非政府的、非盈利的、国际性的民间组织，以推动全球反腐败运动为己任，至今日已成为对腐败问题研究最权威、最全面和最准确的国际性非政府组织。

透明国际在1993-1994年间提出建构国家廉政体系的概念。其后，经过长期的探索总结，在透明国际创始人之一新西兰人杰里米·波普（Jeremy Pope）1996年首次出版的《制约腐败——建构国家廉政体系》中，对建构国家廉政体系进行了系统而详细的阐述。透明国际提出，建构国家廉政体系的目标是实现国家职能由"劣治"转变转为"良治"。腐败是劣治的表现，廉政则是良治的重要标志。良治意味着合理运用公共权力，公平分配公共支出，有效利用公共资源，增进和扩大公共福利。反腐败的重点是改革和改变滋生腐败的体制温床，使腐败变成"高风险""低回报"的行为，依据事先的预防而不是事后的惩罚，对腐败进行科学治理。

形象地说，国家廉政体系像一座希腊神庙，庙的顶部是国家廉

---

① UNDP: *Our Global Neighborhood: Report of the Commission on Global Governance.* Oxford: Oxford University Press, 1995.

洁,国家廉洁由一系列支柱支撑,每根支柱都是国家廉政体系的构成要素。而廉洁支撑的庙的顶部则是生活质量、法治、可持续发展发展三个圆球(如图3-1)。"他们之所以被比喻为圆球,是为了强调,如果让这些圆球以及它们所体现的价值观不致滚落下来,庙顶必须保持水平。"①透明国际提出的11个制度性支柱包括立法机关、行政机关、司法机关、审计总署、监察专员、反腐败机构、公务员系统、独立自由的大众媒体、公民社会和私人部门、国际行动者。神庙的基座是公众的廉洁意识和相应的社会价值,只有公众的廉洁意识和社会价值足够牢固,制度性制度平行坚固,整个大厦才能稳固。

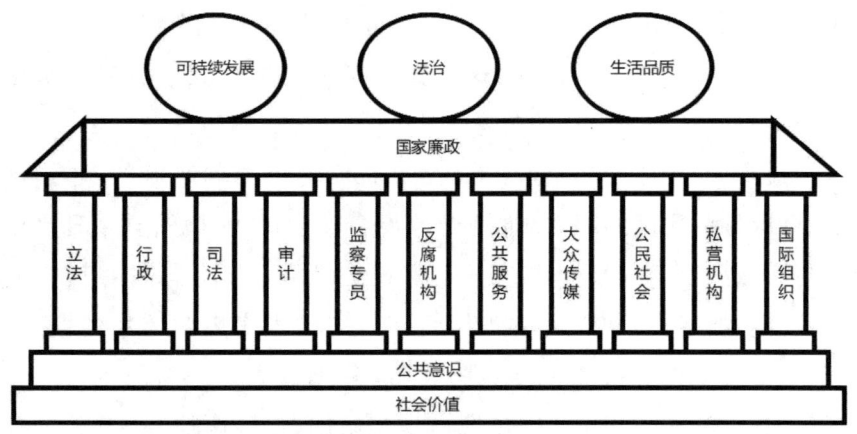

图 3-1　完整的国家廉政体系示意图

透明国际指出,每一个廉政体系制度性支柱的后面,都应当有核心的规则和实践予以支撑。"核心的规则和实践",为国家廉政体系中每一个制度性支柱起到辅助作用。(见表3-1)

---

①　[新西兰]杰里米·波普:《制约腐败——建构国家廉政体系》,中国方正出版社,2003年,第53－56页。

表 3-1　廉政体系制度性支柱相应的核心规则和实践一览表

制度性支柱	相应的核心规则和实践
1. 立法机关或议会	公平选举
2. 行政机关	公私利益冲突规则
3. 司法机关	独立性和权威性
4. 审计总署和议会的公共账目委员会	公开发布审计报告、质询高级官员的权力
5. 公务员系统	公共服务的道德准则
6. 媒体	独立自由能够获取信息
7. 公民社会	言论自由的法律保障
9. 监察专员	档案管理
10. 反腐败机构和监察机构	可执行而且被严格执行的法律
11. 私营机构	鼓励竞争的政策包括公共采购规则
12. 国际社会组织	有效的相互的法律或司法协助

如果缺乏这些核心的"规则和实践",国家廉政体系的支柱将变得脆弱。而且这些制度性支柱必须相互依赖,一个也不能少,制度支柱发挥作用还必须具有以下条件:(1)每个支柱必须具有相应的强度和能力;(2)每个支柱都必须具有独立性要素;(3)每个支柱都必须同其他支柱相互协调联系;(4)如果某些支柱不能承载所负,势必会加重其他支柱压力。如果支柱支撑力参差不齐,加上公众廉洁意识不足和缺乏相应社会价值,大厦就会因基础不牢,支柱不强而坍塌(如图 3-2)。

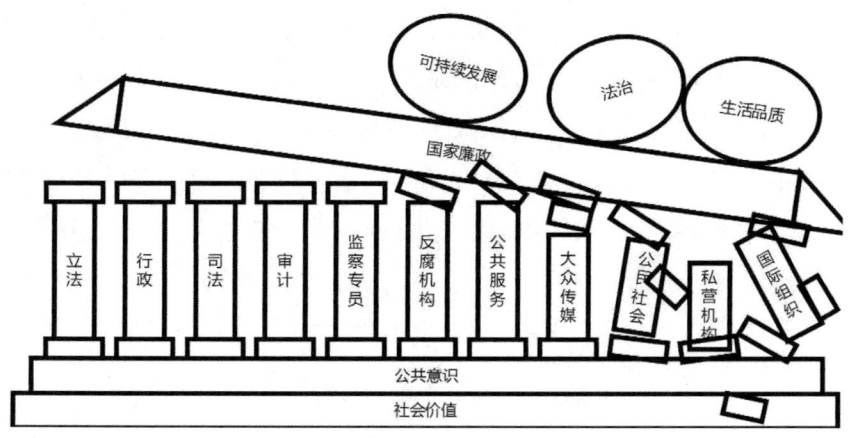

图 3-2　垮塌的国家廉政体系示意图

透明国际还指出,建构国家廉政体系这种思路的优势在于提供了对腐败问题的诊断方法和潜在的治疗方法。它不是关注单独的制度(如司法机关)或单独的规则和实践(如刑法),继而聚焦在某项鼓励的改革计划上,而是开始在一个整体性方案中审视各种措施的相关性、相互依存度和综合有效性。①

治理理论的兴起为各国的反腐败行动提供了极富吸引力的理论借鉴。治理思想的核心特征,即是追求国家与社会之间的合作,强调公共部门、私人部门及其中的各种行动者共同构成协同合作的政策网络。就反腐败而言,廉政建设本身的广泛性、社会性和复杂性使得单一的机构组织难以担负全部的反腐败功能。进入新世纪以来,全球市场化、工业化与信息化程度的加深,又促进了社会治理环境的变迁,这就要求腐败惩防体系的系统建设必然追求多元主体的积极参与和协调合作。

二、现代化理论

亨廷顿通过对美国19世纪和英国18世纪等腐败现象的观察,提出了现代化造成腐败的理论。② 他认为,腐败在社会不同发展时期有高低之分,其程度与社会和经济迅速现代化有关。为此,他提出了三方面原因:首先,现代化涉及社会基本价值观的转变;其次,现代化开辟了新的财富和权力来源,从而进一步助长了腐败行为;最后,现代化通过它在政治体制输出方面所造成的变革来加剧腐败。拉兰和塔瓦勒斯(F. Larrain and J. Tavares)通过跨国比较研究后发现,经济发展水平越高,腐败程度就会越低。③ 1978年之后,中国经历了一

---

① [新西兰]杰里米·波普:《制约腐败——建构国家廉政体系》,中国方正出版社,2003年,第53-56页。

② 塞缪尔·P.亨廷顿:《变化社会中的政治秩序》,生活·读书·新知三联书店,1989年,第54-65页。

③ F. Larrian and J. Tavares. *Can Openness Deter Corruption* [J]. *Manuscript*, 2000.

个现代化的过程,这个阶段腐败的盛行很容易与现代化联系在一起,这与亨廷顿提出的理论假说恰好暗合。然而如果用这一理论来解释东欧和苏联国家转轨过程中腐败蔓延的原因,则会遇到困难。因为它们在转轨过程中经济严重衰退,不属于现代化过程。亨廷顿的理论得到了其他许多作家的支持。即使是 C. J. 弗里德利克教授这样一位强硬的道德支持者,在他的《政治病理学》一书中,也对这一腐败理论表示了相当的推崇。J. S. 内伊教授更是将亨廷顿的理论往前推进一步,并且认为"19 世纪的数百万移民的民族融合"部分地也是以腐败为基础的。内伊分析了发展中国家腐败的代价与利益的问题,并得出结论认为代价要超过利益,"除非高层次的腐败含有现代的诱导动机和边际性的偏离,除非出现腐败是解除发展的重要障碍的唯一途径的情况。"

詹姆斯·C. 斯科特教授开拓了亨廷顿理论的另一个方面:即同时运用于美国和发展中国家。他得出的结论认为,发展中国家的政治机器和美国政治中的政治机器运行部分必须具有获得支持的动机,而不是政党忠诚的传统形式:"常常会发展出一种三角关系,在这一关系中,政治机器的政客可以被看作是一位掮客,他为了报答从有钱的精英那里得到的财政资助,在担任公职时就会促进精英们的政策利益,并同时为一些特殊的选民挣得部分利益,因为从这些选民那里他'租用'了他的权威。"

腐败是随着迅速的社会和经济的组织化而产生的这一命题对于 19 世纪的美国的某些方面来说可能是正确的,正如斯科特教授和内伊教授所指出的,这时的美国经济迅速发展,城市也在发展,新的移民群体不断地涌入美国社会。尽管这一理论论述得很精彩,但很多的证据看来是在否定它能适用于美国。在 19 世纪的大部分时间里,许多美国城市、州、有时是全国政府都变得非常腐败。美国政府要的是商业的发展而不是阻止它的发展。腐败几乎总是阻碍了而不是帮助了许多公共事业的发展,这一点正如林肯·斯特芬斯在《城市的耻辱》一书中列举的许多贿赂和反贿赂的例子后所指出的。纽约立法机关的"黑马"是微诈商业,而不是帮助它的发展。正如亨廷顿所指出的(可能他所讨论的只是发展中国家的情况)"现代化"可能会也可能不会产生新的规范,但是却存在着新形式的财富和权力。

三、制度预防腐败理论

制度预防腐败理论的基础主要是行为科学理论和新制度经济学。行为科学理论是管理学理论中的一个分支,始于20世纪20年代末30年代初的"霍桑试验"。行为科学理论的主要代表人物有乔治·埃尔顿·梅奥(George Elton Mayo)、亚伯拉罕·马斯洛(Abraham Maslow)等。制度预防理论主要借鉴了行为科学理论中三个方面的内容:(1)关于行为主体的界定。在行为科学看来,行为主体有三个,即个体、群体和组织,在制度预防理论框架中,腐败行为主体也是这三种主体,但是为了简化分析,将腐败行为主体划分为个人和组织。这就是说,腐败的行为主体既可以是人,也可以是组织。(2)关于人的需要、动机和行为之间的解释。行为科学认为,需要、动机、行为之间形成了循环反馈,动机既是需要的结果,又是行为的原因。(3)马斯洛的需要层次理论。马斯洛认为,人类的需要存在多层次性,由低到高包括生理需要、安全需要、社会需要、自尊需要和自我实现的需要。这些需要种类中,后面一种需要的出现往往以前面一种需要得到满足为条件。从各种腐败行为的案例中可以看出,官员接受的不同贿赂,从性贿赂到现金购物卡再到名字画,显示出腐败行为满足的可能是受贿人不同层次的需要。

新制度经济学产生于20世纪60年代前后,主要是用主流经济学的方法来分析制度的经济学。主要代表人物包括科斯(Ronald Harry Coase)、斯蒂格勒(George Joseph Stigler)、阿罗(Kenneth Arrow)、诺思(Doglas North)、威廉姆森(Oliver E. Williamson)等。新制度经济学的核心概念是交易费用(Transaction Cost)和产权(Property)。这一学派认为,交易是经济分析的基本单位,而交易是通过契约进行的。在交易过程中,人们为了完成交易就会产生交易费用:包括起草、谈判、保证落实某种契约的成本,也包括契约签订之后监督和确保契约执行的各种成本。新制度经济学认为,制度就是社会中个人遵循的一套行为规则或博弈规则。制度通常又被分为正式制度和非正式制度。正式制度通常是成文的,包括宪法、法律、产权制度、组织结构与治理等。非正式制度通常是非成文的,但对人们的行为影响深刻,如道德、习俗、传统文化等。无论是正式制度还是非正式制度,都是人的行为选择的约束条件。新制度经济学提出一个选择理论的框架,即每个人都是在限制条件下或约束条件下使其实际收益达到最大化。现实世界中的个人或组织的任何行为都是在具体制度约束下的最大化选择。从这个意义上说,选择框架的核心假设也就是经济分析的中心假设,即人都是理性的。根据选择假设,腐败和廉洁两种行为,都是人在特定制度安排下做出的理性最大化选择。

制度预防理论既借鉴了新制度经济学的基本思想,也借鉴了具体的分析方法。按照新制度经济学的基本思想,治理腐败的根本途径就是要从制度着手,并主要采取预防的方法去抑制腐败。寻找腐败的原因也应当着眼于制度而不是人,制度比人更具有根本性。

制度预防理论框架主要是由清华大学廉政与治理研究中心任建明教授创立的。该理论框架侧重于腐败的预防问题,但同时它又是一个高度综合的理论框架,并由此将腐败与反腐败两大方面很好地结合在一起。制度预防理论认为,现有的腐败和反腐败理论往往依托于单一的学科背景,对于反腐败的问题研究不足,且存在着解释力的局限。制度预防腐败理论则试图依托多个学科的支撑,对腐败和反腐败问题予以同等重视的程度,以此提升理论的解释力。

制度预防理论的总体框架如下图3-3所示。

制度预防腐败理论关于反腐败的解释和建议主要反映在图的上半部分,关于腐败的解释主要反映在框架图的下半部分。这一理论认为腐败的原因是复杂和综合的,分为主观的腐败动机和客观的腐败机会两方面。个人主观方面是理性人的利益最大化动机驱使;客观方面包括,制度漏洞,制度不被执行或执行中被扭曲,制度缺乏激励,甚至制度本身包含腐败机会或对腐败行为产生激励都是可能的情况。制度预防腐败理论主张把打击、预防、教育三种反腐对策都纳入到反腐败政策体系之中,并形成一个互补的、系统的对策框架。①

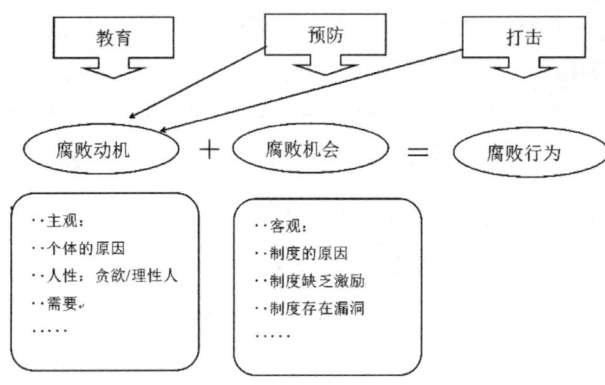

图 3-3 制度预防腐败理论的总体框架

基于制度预防腐败的理论框架,腐败可以被定义为:个人或组织处于自利动机,利用制度上的机会而达成的谋取不正当利益的行为。该定义不包括以往腐败定义中的"公共权力"或"委托权力"等要素,因此,对腐败主体不做特定的限制。关于腐败行为的分类,制度预防腐败理论认为,应当基于导致腐败的制度的特点进行分类。有的腐败利用现有的制度,而有的腐败则可能是为了腐败而创设出来的新制度。关于腐败的后果,该理论认同一切关于腐败有害的观点,认为腐败不仅造成经济损失、导致不公、损害道德、降低政治合法性、危害社会稳定,还有一个严重的危害就是对制度造成破坏,最极端的情况就是把腐败制度化、合法化。

制度预防腐败理论最重要的贡献就是关于腐败原因的分析。该框架认为,腐败的原因不是单一的,而是复杂的或组合的。具体地说,腐败原因可以分为两类:一类是腐败动机,一类是腐败机会。所

---

① 任建明、杜治洲:《腐败与反腐败:理论、模型与方法》,清华大学出版社,2009 年,第 108 – 114 页。

谓腐败动机,主要是个人(或组织)的主观方面的因素,即经济学中的理性人的最大化动机;所谓腐败机会,主要是客观的制度、体制或机制方面的因素。近年来有关腐败案例的一些心理研究表明,腐败动机也是比较复杂的,心理不平衡、投机心理、腐败环境的影响也会演变为或强化腐败动机。腐败机会就更复杂。它并非人们通常所说的制度上存在漏洞那么简单。制度上存在漏洞,制度不被执行或在执行中被扭曲,制度缺乏激励,甚至制度本身就包含腐败机会或对腐败行为本身产生激励都是可能的情况。这个对腐败原因的解释说明,腐败有两类成因,腐败行为的发生要有两类必要条件,即腐败机会或腐败动机。

腐败动机与腐败机会这两类原因是不同的,它们处于不同的层次,腐败动机是腐败行为的深层原因,而腐败机会则是腐败行为的直接原因。其含义是说,如果没有腐败动机,不论制度怎样安排,都绝对不会有腐败行为的发生。但是,腐败动机根植于人类的根本动机之中,在人类进化的漫长过程中是长期存在的。因此,对于任何现实的社会来说,腐败存在的程度怎样,主要取决于腐败的直接原因,即制度上的腐败机会的多少。这也就是制度腐败预防理论在治理腐败方面强调制度预防的原因之所在。此外,作为深层次、持久性的腐败原因的腐败动机则说明,为什么人类社会在相当长的时期内不可能彻底消灭或铲除腐败。

四、机制设计理论

机制设计理论是当代微观经济学的一个热门领域,在实际经济发展中,机制设计理论有着广阔的应用空间,它影响了欧美各国的社会经济组织的发展变迁。有学者认为,机制设计理论可以被看作是博弈论和社会选择理论的综合运用,假设人们的行为是按照博弈论行动,并且按照社会选择理论对各种行动都设定一个社会目标,那么机制设计就是考虑构造什么样的博弈形式,使得这个博弈的解最接近那个社会目标。

简而言之,机制设计理论所讨论的问题是,对于任意给定的一个经济或社会目标,在自由选择、自愿交换的分散化决策条件下,能否并且怎样设计一个经济机制(即制订什么样的法律、法则、政策条令、资源配置等规则),使经济活动参与者的个人利益和设计者既定的目标一致。设计者可以大到整个经济社会的制度设计者,他的目标是社会目标,也可以小到只具有两个参与者的经济组织管理的委托人,他的目标是自己的利益最优化。这里的机制,就是一种信息系统,参与者相互或向信息中心传递的信息。机制就是某种具体的制度安排。一般来说,实现某个既定目标可以有不止一个的制度安排,机制设计理论的目的就是要寻找实现该目标的最优制度安排。

机制设计理论起源于利奥·赫尔维茨(Leonid Hurwicz)1960年的开创性工作,它所讨论的一般问题是,对于任意给定的一个经济或社会目标,在自由选择、自愿交换、信息不完全等分散化决策条件下,能否设计以及怎样设计出一个经济机制,使经济活动参与者的个人利益和设计者既定的目标一致。机制设计理论后来由埃瑞克·马斯金(Eic S. Miskin)和罗格·迈尔森(Roger B. Myerson)深化发展运用。2007年诺贝尔经济学奖就因为机制设计理论而颁给了以上三位经济学教授。他们有重要贡献的论文是:赫尔维茨的《资源配置过程中的信息效率和最优化》《论信息分散系统》,马斯金的《纳什均衡与福利最优化》,迈尔森的《最优拍卖设计》。

从研究路径和方法来看,机制设计理论与传统经济学理论的基本路向不同。传统经济学在研究方法上把市场机制("看不见的手")作为已知,研究它能导致什么样的资源配置不同;而机制设计理论则把社会目标作为已知,试图寻找实现既定社会目标的经济机制。也就是说,机制设计理论是通过设计博弈的具体形式,在满足参与者各自条件约束的情况下,使参与者在自利行为下选择的策略的相互作用能够让配置结果与预期目标相一致。

机制设计理论的两个核心概念是信息效率(Informational Efficiency)和激励相容(Incentive Compatibility)。

所谓信息效率,是关于经济机制实现既定社会目标所要求的信息量多少的问题,即机制运行的成本问题,它要求所设计的机制只需要较少的关于消费者、生产者以及其他经济活动参与者的信息和较低的信息成本。任何一个经济机制的设计和执行都需要信息传递,而信息传递是需要花费成本的,因此对于制度设计者来说,自然是信息空间的维数越小越好。

激励相容是赫尔维茨1972年在"真实显示偏好"不可能性定理基础上提出的一个核心概念。现代经济学的一个基本假定是每个人在主观上都追求个人利益,按照主观私利行事。机制设计理论在信息不完全的情况下将该假定进一步深化,认为除非得到好处,否则参与者一般不会真实地显示有关个人经济特征方面的信息。赫尔维茨给出了著名的"真实显示偏好"不可能性定理,他证明了即使对于纯私人商品的经济社会,只要这个经济社会中的成员的个数是有限的,在参与约束条件下(即导致的配置应是个人理性的),就不可能存在任何分散化的经济机制(包括竞争市场机制)能够在新古典类经济环境下导致帕累托最优配置并使每个人有激励去真实报告自己的经济特征。即在很多情况下,讲真话不满足激励相容约束,在别人都讲真话的时候,必然会有一个人,他可以通过说谎而得到好处。在机制设计中,要想得到能够产生帕累托最优配置的机制,很多时候必须放弃占优均衡假设,即放弃每个人都讲真话办真事的假定。因此,任何机制设计,都不得不考虑激励问题。因此,我们要实现某一个目标,首先要使这个目标是在技术可行性范围内;其次,我们要使它满足个人理性,即参与性,如果一个人不参与你提供的博弈形式,因为他有更好的选择,那么你的机制设计就是虚设的;第三,它要满足激励相容约束,要使个人自利行为自愿实现制度的目标。这就是机制设计理论的激励相容问题,即假定机制设计者(委托人)有某个社会目标,设计者制定什么样的机制(法律、法则、政策条令、资源配置等规则)能保证在满足个人自利行为假定的前提下,激励所有经济活动参与者(包括企业、家庭、基层机构等)实现这个目标。

机制设计理论包括信息理论和激励理论,并用经济模型给出了令人信服的说明。机制设计理论的模型由四部分组成:(1)经济环境;(2)自利行为描述;(3)想要得到的社会目标;(4)配置机制(包括信息空间和配置规则)。机制设计理论主要解决两个问题:一是信息成本问题;二是激励相容问题。

可以列举七个和尚如何公平分粥的例子来说明机制设计理论。假定有七个和尚分配粥,粥不够每个人都吃很饱,只能维持生活,因此公平分配很重要,被定为分粥的主要目标。假定按照完全平均的标准来分配,可供选择的分配办法(即机制)有:①轮流坐庄机制,每天由不同和尚分粥,机会均等,每个人都有机会掌握分粥大权;②权威分配机制,在七个和尚中选择一个处事公道或道德高尚的人来分配;③民主机制,成立分粥委员会分粥和监督委员会来监督;④先分后取机制,在七个和尚中任意选择一个人来分配,但他必须最后拿粥。

机制①机会均等,但不能保证结果公平,因为和尚们发现只有轮到自己分粥那天才能吃饱。机制②刚开始运行良好,但后来发现那个处事公道的和尚开始给自己关系好的和尚多分粥,有些和尚开始拍马屁想要多分粥,结果很快出现了不正之风和腐败。机制③看似公平,但每次分粥程序烦琐,时效性差,每次等和尚们吃粥时发现粥早就凉了,有几个和尚因为吃凉粥甚至生病拉肚子。机制④中那个分粥的和尚为了自己能喝到不比别人少的粥,会尽量公平地分粥,因为他自己最后才能取粥。结果,每次分粥都是又快又公平。因此,先分后取机制是能实现公平分配目标的最优机制。

使用运行机制设计理论的核心概念来分析和尚分粥机制,是比较清楚的。机制①存在激励不相容问题,每次都只有一个和尚能吃饱。机制②、③要能很好执行,需要较多分配方法和分配过程信息,而且对于各类主体的激励是不一致,甚至是冲突的。因为,分粥的人自己拿多了,其他人可以分享的份额就减少了。出于自利动机,分配者都想给自己或其他利益关系人多分一些。而机制④几乎不需要任何分配分法及分配过程信息,另外,对于各类主体来说,激励是相容的,即分配者只有尽可能公平地分粥,他得到的才是最优的。

机制设计理论不仅让研究者能够在相对不严格的假定下系统地分析和比较多种制度,而且可以将很多现有的研究,如拍卖理论、规制理论、社会选择理论等纳入统一的现代分析框架中。机制设计理论将制度定义为非合作博弈,根据这些博弈形式的均衡结果,比较不同的制度,从而使经济学家能够相对于某个最优标准来评价不同制度的表现。可以说,机制设计理论借助博弈论和信息经济学,为分析各种形式的组织或配置机制提供统一框架,着重解决与激励、私有信息相关的问题。同时,机制设计理论对现实问题具有很强的解释力和应用价值。如对于实践中一些出发点很好的规章制度却得不到有效贯彻执行,甚至参与者还利用既有政策来最大化个人利益,从而造成巨大效率损失的问题,机制设计理论认为这不仅仅是因为物质和技术等的约束,最主要的还是设计的制度不满足激励相容,因而无法保证个人理性与集体理性的同时实现。

机制设计理论对于治理腐败,特别是预防腐败制度的政策含义是清晰的:①把实现廉洁确定为政府、社会或组织的目标;②设计那些信息效率高同时廉洁又对各主体都具有激励的机制。这两项还要考虑治理的政治生态环境,重视官员的自利行为。根据机制设计的4个部分理论模型,设计出腐败治理的机制是不难的。

第四章 反腐败总体战略

怎样反腐败？如何才能有效地反腐败？如何才能取得反腐败的成功呢？回答这个问题要比回答什么是腐败以及为什么要反腐败困难得多。在这点上，腐败社会病和人肌体的疾病又一次惊人地相似。人肌体的疾病由来已久，并处于不断的动态变化之中，人们已经同疾病进行了长期的斗争，尽管随着近现代医学知识、医疗科技的迅速发展，人们已经在同疾病斗争中取得了长足的进步，已经可以对不少的疾病进行有效控制，已经大幅度地提高了人类的健康水平，但离消灭所有疾病的目标还相当遥远，甚至消灭所有疾病根本就是不可能的。同样，腐败在人类社会由来已久，腐败行为处于不断的动态变化之中，人们已经同腐败进行了长期的斗争，随着人类道德进步以及制度文明的发展，在同腐败斗争中取得了长足的进步，已经有少数国家和地区在治理腐败方面取得了巨大的成功，但是大多数国家和地区还处于腐败的深渊之中，即使是做得相当好的少数国家和地区，也还没有达到消灭所有腐败的程度。

第一节 反腐败战略概述

反腐败战略是对反腐败理论的实践表现，是指导反腐败斗争的重要依据。

一、反腐败战略

腐败是寄生在现代国家肌体上的一种痼疾。在人类社会的发展过程中，腐败一直存在，人类对于腐败的认识有一个长久的过程。

从战略维度讨论反腐败是一种策略性的选择。在长期的反腐败过程中，人类社会建立起来的反腐败系统日益复杂化。就反腐败的法律规则和组织机构来看，就相当复杂。反腐败战略是反腐败所有议题中最重要的内容之一。理由是战略的重要性和反腐败活动的特征。

"战略"最早源于战争或军事行动，本意是指导战争全局的方略，即战争谋略。战争或军事行动是一种人类社会现象，是人与人的博弈，是一种复杂性高、对抗激烈、后果分明又十分严重的行动。因此，需要一种策略来指导战争或军事行动以达到制胜的目标。源于战争或军事行动的战略本身包含了谋划、谋略、计划、策略、战术等多重含义。《孙子兵法》是中国古代最著名的兵书，是春秋时期孙武所著。全书共十三篇，分为计、作战、谋攻、形、势、虚实、军争、九变、行军、地形、九地、火攻、用间。总结了春秋末期及其以前的战争经验，揭示战争的一些一般规律以及具有普遍意义的作战和治军原则，如"知彼知己，百战不殆""避实而击虚"等。《孙子兵法》在世界军事史上占有突出的地位。据说，1991年的海湾战争期间，美国总统布什的办公桌上就摆放着一本《孙子兵法》，以备不时翻阅。

20世纪中叶以来，战略已经远远超越了战争领域，被人类的多种行动所采用。例如，商业经营、公共管理都大量地引入了战略，甚至还形成了有关战略思维、战略管理的知识和理论体系。但是，从战略的本义来看，主要是用于一种复杂性、困难性的任务，并为这一任务的完成提出一个策略性、系统性的计划。战略思维或战略管理理论要点包括目标导向（注重结果、设定或定位目标）、重视环境（关注组织或任务所处的环境，通过环境扫描、环境监测来考察组织或任务）、关注长远、重视策略和对策。

反腐败和战争有很多相似之处，战争和反腐败都是人和人的直接对抗，具有极高程度的复杂性。因此可以说，战略对于战争有多重要，对于反腐败行动来说就有多重要。

反腐败斗争有几个显著的特征：①复杂性特征。腐败行为是一种人的行为选择，一般来说，凡是能够找到漏洞、甚至创造机会实施腐败的人，都是高智商的。②困难性和艰巨性特征。这源于腐败行为的强隐蔽性和顽固性。③长期性特征。人类反腐败的历史已经相当久远,未来也不可能在短期内彻底战胜或消灭腐败。从当今世界来看,大多数国家和地区都面临着严峻的腐败挑战。①

因此,反腐败战略要具有与之匹配的三大特征:第一,反腐败战略要具有整体性。整体性意味着系统性和全局性。从反腐败的复杂性、艰巨性和长期性特点来看,没有一套反腐败战略是不行的。如果仅仅依靠支离破碎的对策,甚至完全局限在单个个体之间的智力对抗,那就不大可能使反腐败在和腐败的竞争中取得优势。第二,反腐败战略要具有方向性。战略反映一个国家、地区或集团的反腐败目标,具有方针、路线和方向性。一个明确合适的目标对反腐败斗争的胜利具有重要意义。第三,反腐败战略具有谋略性。从某个腐败个案或一个领域的腐败来看,反腐败和腐败之间的较量是矛盾双方的一种智力竞争,是一种"道高一尺,魔高一丈"的博弈。谋略,即计谋策略,是矛盾双方最大限度地运用精神力量和物质力量以实现各自预期目的与效果的艺术。谋略帮助人们克服困难,有效地解决矛盾。如《孙子兵法》之上兵伐谋、善战者,不战而屈人之兵、知己知彼,百战不殆就是谋略。反腐败战略就是关于反腐败目标设定和反腐败主要对策的组合。不论是反腐败目标设定还是反腐败对策取舍,都要基于科学、合理的原则。

二、反腐败战略的目标定位

反腐败战略目标,是对反腐败斗争预期取得的主要成果的期望值和规划设想。反腐败战略目标的设定,是国家、地区或集团结合自身经济、政治和社会发展具体情况,所制定的反腐败斗争宗旨的展开和具体化,也是反腐败在既定的领域展开战略活动所要达到的水平的具体规定。战略目标决定着战略重点的选择、战略阶段的划分和

---

① 任建明、杜治洲:《腐败与反腐败:理论、模型与方法》,清华大学出版社,2009年,第118页。

战略对策的制定。设定一个真正的合适的目标对战略体系至关重要。

清华大学的任建明教授从时空观角度分析了反腐败目标定位。他认为,"自从人类步入文明社会以来,从历史的视角以及一个国家或地区的角度来看,反腐败的状况主要包括四种状态,反腐败目标可以有三个不同层次的选择。四种状态取决于两个维度,即腐败程度和这种程度是否可以持续"。① 具体见图 4-1。

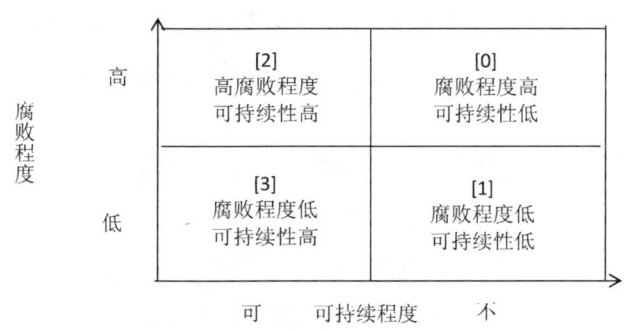

图 4-1　反腐败状况及战略目标的不同定位

图 4-1 中的第一个状态[0]是腐败程度高且不可维持。显然,不能作为反腐败的战略目标,因为这个目标没有任何意义,或者说根本就没有目标,是一种对腐败持放任甚至完全放任的态度。但这种状态确实是一种实际存在,而且在人类历史上有很大的代表性。在人类漫长的古代社会,几乎所有专制王朝在其中后期,以及在当今世界一些因腐败严重而导致政府垮台、经济停滞的国家和地区,都处于这种状态。

图 4-1 中的第二个状态[1]是腐败程度低但不可持续。虽然从其低腐败程度来看有实际意义,但这种低腐败程度不可持续也是一种无奈。从反腐败战略的成功目标来看,它是一种不彻底的、有局限性的状态。从时间维度来看,这种状态也有较大的代表性。古代社

---

① 任建明、杜治洲:《腐败与反腐败:理论、模型与方法》,清华大学出版社,2009 年,第 118 页。

会,不论中外,几乎所有专制王朝在其刚刚兴起的初期都有一个时期处于这个状态。

图 4-1 中的第三个状态[2]是高腐败程度但可以维持。具体地说,战后亚洲"四小龙",改革开放之后的中国,都在一定时期内处于这种状态。尽管这时期社会腐败严重,但政局是稳定的、经济是快速发展的,其腐败并没有发展到失控的状态。

图 4-1 中的第四个状态[3]是低腐败程度且可持续。这是人类社会发展到现代,在反腐败方面所能达到的最高的成功状态。

图 4-1 中的腐败程度仅讨论了两种情况:腐败程度高或低。事实上,彻底消灭腐败一直是人类的一个理想,尽管短期内没有实现的可能。因此,从理想角度来看,腐败程度应当包括高、低和无三种情况。

综上所述,反腐败成功的目标可以划分为以下三个层次:第一层次是能够使腐败得到一定程度的控制,这种控制的程度或者是高腐败下不失控,或者是低腐败下不可持续;第二层次是能够实现低腐败状态下可持续;第三层次是把腐败彻底消灭并不再复发。

综观反腐败成功目标从低到高的提升,尤其是从第一层次到第二层次的提升,其背后的关键因素是人类制度文明程度的显著提高。在人类漫长的古代和近代,制度文明程度比较低。仅从宏观的政治和经济制度文明来看,在政治上主要是专制或集权体制,在经济上,还没有现代的、发达的市场经济制度。在这种制度文明程度较低的情况下,腐败程度高低主要取决于人类动机,这就是为什么低腐败水平的状态往往出现在一个专制王朝兴起的初期,而在其中后期,则腐败严重爆发、失控最终导致该王朝的灭亡。通常夺取政权的一代知道创业艰难,有较强的自律,腐败动机比较低。而到了第三、第四代,自律逐渐丧失,腐败动机迅速增长,腐败随之爆发。

第二层次是人类在未来相当长历史阶段内既可以实现又十分鼓舞人心的目标。如果把反腐败成功目标定位到彻底消灭腐败,即第三个层次,那显然是空想、是不可能实现的。而如果仅仅把反腐败成功目标定位到低腐败状态,似乎也并不令人神往。因为这种状态在人类历史的很长时期,都在或多或少的国家或地区出现过。要成功达到第二个层次,一个具有挑战性的指标是能否做到低腐败水平的可持续。

总之,科学的反腐败战略的目标定位应当是第二个层次,即做到低腐败水平的可持续。如果一个国家或地区反腐败的起点就是低腐败水平状态,战略目标则是保持这种状态,并使其可持续。如果一个国家或地区反腐败的起点是高腐败水平的状态,则第一步首先就是要成功控制腐败,并使其打到低腐败水平状态;其次才是实现这种低腐败状态的可持续。当然,也可以做到两个目的同时实现。应当说,两种反腐败起点状况都是客观存在的。例如,北欧的一些国家腐败水平历来就比较低,其反腐败成功的起点属于第一种情况。而新加坡和中国香港的起点则都是高腐败状态。起点不同,反腐败战略的实施就应有不同。

三、反腐败战略的规划原则

在长期的反腐败过程中,人们创造了大量的反腐败对策。例如,把腐败行为作为一种犯罪行为,通过相关立法和执法予以惩处;通过制约和监督公共权力以减少腐败;通过制度改革和创新的办法预防腐败等。随着反腐败的发展,反腐败对策还会不断创新。因此,在反腐败战略的规划中,需要根据实际情况进行取舍,要考虑遵循以下原则。

首先,反腐败战略规划要遵循腐败和反腐败的客观规律。如果腐败是政治机体的疾病,不要奢望存在"包治百病"的灵丹妙药,没有一个完美的一成不变的反腐败战略,没有适用于所有国家和地区的反腐败战略。那些清廉指数较高国家和地区成功的反腐败策略,不能简单照搬到另一个国家和地区实施,战略需要根据具体的环境制定不同的目标和对策。

其次,反腐败战略规划要注意发挥整体优势。多数反腐败对策既有其独特的作用也有其固有的局限性,因此,不同的反腐败对策之间应当是一种取长补短、优势互补的关系。它们之间既不能简单替代,也不应相互排斥。就像中医开药方,要考虑各种药的药性,只有合理的药物组合才能达到最大的治疗效果,同时把药物的毒副作用减到最小。任何一个反腐败对策,如果把它推广到极致都会产生负效果。例如,重刑主义必然演变到腐败"查不胜查"的恶性循环,不仅不能使反腐败成功,还要付出巨大的社会代价。明洪武朝就是典型的例子。

最后反腐败战略规划要归纳整理对策体系。人类已经创设出来的所有反腐败对策都有或大或小的功能或作用,不应当简单地予以否定。很多争议往往源于把一种反腐败对策绝对化。因此,反腐败战略的对策组合应当科学归纳整理这些对策体系,将众多反腐败对策优化组合形成一个清晰明确的科学战略。

事实上,对于人类已经创设的众多反腐败对策,都可以归到三大类型中去。这三大类型就是香港在反腐败期间中最早提出来的"三管齐下"战略框架:预防、惩治和教育。科学的反腐败战略正是这三大对策的合理组合以及相互之间紧密的支撑,不能有所偏废。

四、我国的反腐败战略及其演进

我国的反腐败战略演变,大概经历了五个阶段:第一阶段是党的十五大以前,"标本兼治、侧重遏制";第二阶段是十五大以后到十六大之间,"标本兼治、综合治理、逐步加大治本力度";第三阶段是十六大到十八大之间,"标本兼治、综合治理、惩防并举、注重预防";第四段是十八大到十九大之间,"标本兼治、遏制腐败增量";第五阶段是十九大之后,"夺取反腐败斗争压倒性胜利"战略。这四个阶段的战略演变中我国反腐败斗争思路从运动反腐向制度反腐转变,体现了从简单到复杂,从侧重惩治到侧重预防的特点,战略目标也从遏制腐败增量转变为夺取胜利。下面对中国改革开放以来反腐败战略演进做一个简单的梳理。

在改革开放之初,邓小平就认识到,反对腐败是一个长期的斗争,在整个改革开放过程中和各个领域都要反对腐败。中国政府正式的反腐败行动是从1989年开始的,标志是邓小平同志关于反腐败的连续几次讲话和8月份最高人民法院、最高人民检察院联合发布的《关于贪污、受贿、投机倒把等犯罪分子必须在限期内自首坦白的通告》(以下简称《通告》)。①

邓小平同志关于反腐败工作重要讲话:"我们一手抓改革开放,一手抓惩治腐败,这两件事结合起来,对照起来,就可以使我们的政策更加明朗,更能获得人心。"②"我们要反对腐败,搞廉洁政治。不是搞一天两天、一月两月,整个改革开放过程都要反对腐败。"③

1989年8月15日,最高人民法院、最高人民检察院联合发布了《关于贪污、受贿、投机倒把等犯罪分子必须在限期内自首坦白的通告》。8月19日,国家监察部也发出了《关于有贪污贿赂行为的国家行政机关工作人员必须在限期内主动交代问题的通告》。自1989年反腐败行动正式展开以来,中国反腐败战略的演进经历了四个阶段。

第一个阶段(1989—1997):"标本兼治、侧重遏制"战略。这个阶段从1989年到1997年(十五大),反腐败战略主要是惩治战略,处在初级简单的战略阶段。本阶段我国反腐败战略的基本特征是"标本兼治",实践中坚持"两手抓",一手抓思想政治教育,一手抓法制建设,依靠法律手段调查和惩治腐败分子。1993年8月召开的中央纪委二次全会提出了反腐败的"三项格局",即领导干部廉洁自律、查办大要案、纠正部门和行业不正之风(简称自律、查案和纠风)。在三项格局中,领导干部廉洁自律对策属于教育对策,查办大要案是

---

① 任建明、杜治洲:《腐败与反腐败:理论、模型与方法》,清华大学出版社,2009年,第124页。
② 邓小平:《第三代领导集体的当务之急》(1989年6月16日),《邓小平文选》(第3卷),人民出版社,1993年,第313页。
③ 邓小平:《我们有信心把中国的事情做得更好》(1989年6月16日),《邓小平文选》(第3卷),人民出版社,1993年,第327页。

惩治战略,纠风属于带有惩治性质的对策。虽然有教育和惩治两个部分,但在实际执行中,突出的还是惩治。这个阶段只是提出了反腐败的具体任务和措施,但还没有明确的战略目标表述。

第二个阶段(1997—2002):"标本兼治、综合治理、逐步加大治本力度"战略。这个阶段是从1997年(十五大)到2002年(十六大)。这个阶段战略的变化是从侧重惩治转变为综合治理,认识到预防腐败的重要性,本着从源头上预防和治理腐败的思路,提出逐步加大治本力度的要求。这个阶段的预防战略还处于初级阶段。首先是提出了预防的理念,其次是在工作层面上提出了一系列的预防对策。但科学的预防概念并未正式产生,使用的仍是"治本""源头治理"这样一些中国式的提法。

1997年党的十五大在总结前几年反腐败工作经验的基础上,明确提出反腐败应"坚持标本兼治,教育是基础,法制是保证,监督是关键。通过深化改革,不断铲除腐败现象滋生蔓延的土壤"。1998年1月召开的中纪委二次全会明确提出:"反腐败既要治标,又要加大治本的力度,从源头上预防和治理腐败。"本次会议之后,每次中央纪委工作会议除了部署反腐败三项工作(自律、查案和纠风)以外,都对"深化改革,从源头上预防和治理腐败工作"作出专门的、具体的部署。但是在实践中来看,这个阶段的战略仍然是以惩治为主,预防为辅。

第三个阶段(2002—2012):"标本兼治、综合治理、惩防并举、注重预防"战略。这个阶段是2002年(十六大)到2012年(十八大),特点是形成了比较科学的反腐败战略体系,反腐败战略体现了"综合治理、惩防并举"的思路。2003年党的十六届三中全会第一次明确提出要"建立健全与社会主义市场经济体制相适应的教育、制度、监督并重的惩治和预防腐败体系"。2003年12月,中国政府签署了《联合国反腐败公约》,这标志着在经济全球化和"腐败全球化"的条件下,我国的反腐败工作实现了从关门反腐败到开放反腐败的重要转变。新的反腐败战略体系在2005年1月中共中央颁布的《建立健全教育、制度、监督并重的惩治和预防腐败体系实施纲要》(以下简称《纲要》)中有完整表述。提出要用发展的思路和改革的方法防止腐败,加快反腐败专门法规的立法和明确规范公务员的从政道德。这个阶段首次提出了反腐败战略目标,即"到 2010 年,建成惩治和预防腐败体系基本框架。再经过一段时间的努力,建立起思想道德教育的长效机制、反腐倡廉的制度体系、权力运行的监控机制,建成完善的惩治和预防腐败体系。"相比于之前的反腐败战略,该战略是一个长期战略计划,内容也更加系统。但是,其战略目标却是错位的,把手段当成了目标。①

第四个阶段(2012—2017):"标本兼治、遏制腐败增量"战略。2013 年,党的十八大后,面对党风廉政建设和反腐败斗争的严峻形势,中央提出:坚持标本兼治,当前要以治标为主,为治本赢得时间。② 这个阶段的战略还是"惩防体系"。中央于 2013 年年底印发了《建立健全惩治和预防腐败体系 2013—2017 年工作规划》(简称"工作规划")。在《工作规划》的第一部分,为该战略设定的 5 年阶段性目标是:"坚决遏制腐败蔓延势头"。用十八大之后开始使用的腐败增量和存量术语来表述,该目标就是要能够成功地"遏制"住腐败增量。这个阶段,我国反腐败战略第一次有了一个真正的战略目标。

第五阶段(2017 年以后):"夺取反腐败斗争压倒性胜利"战略。在十八大以来反腐败实现"历史性变革"的基础上,2017 年党的十九大报告提出了"夺取反腐败斗争压倒性胜利"的新战略。③ 这个阶段战略依然是"惩防体系",但与第四阶段不同的是,新的目标再也不

---

① 任建明、陈晔:《夺取反腐败斗争压倒性胜利的新战略》,《理论视野》,2018 年第 3 期。

② 参见:2013 年 1 月王岐山在中纪委委员学习贯彻党的十八大精神研讨班上的讲话。

③ 习近平:《在中国共产党第十九次全国代表大会上的报告》。http://news.xinhuanet.com/politics/19cpcnc/2017-10/27/c_1121867529.htm。

是阶段性的,而是一步到位的、终极性的,即夺取胜利。这个阶段战略的最大亮点就是"胜利"。关于胜利目标的具体标准或指标,十九大只给出了定性的描述。一是,继续沿用十八大报告中提出的三"清"标准,即"干部清正、政府清廉、政治清明"。二是,使用十八大以来的三"不"标准,即"不敢腐、不能腐、不想腐"。①

回顾改革开放以来我国反腐败战略的演进历史可以看出,演进过程的方向是正确的,中间尽管经历了挫折,但结果还是比较理想的。

"不敢腐、不能腐、不想腐"的标准反映到战略层面对应着惩治、预防和教育三大战略。惩治造成威慑作用使人不敢腐败,预防战略制定制度让人不能腐败,教育战略形成思想意识让人不想腐败。

第二节 预防战略

预防是反腐败的重要战略,也是人们在反腐败斗争中发展出来的新战略。治理腐败如同医治疾病,在疾病初期还未造成严重后果时,成本最低,疗效也最好。

这个道理早在春秋时期,名医扁鹊就已经传于世人,其三兄弟的故事中就说明了预防胜于治疗的道理。我国历史上名医扁鹊,因能治危重病情而闻名天下。但是当魏文王问及其三兄弟谁的医术最高时,扁鹊说,长兄最好,中兄次之,我最差。因为长兄治病,是治于病情未发作之前,事先就能铲除病因。中兄治病,是治于病情初起之时,把病情控制在早期。扁鹊治病,是治于病情严重之时,在经脉上穿针管来放血,在皮肤上敷药。反腐败应全面借鉴扁鹊三兄弟的治病办法:像扁鹊长兄一样,"以预防为主",治病于未发之前;像扁鹊中兄一样,"小病及时早治",治病于初起之时;像扁鹊那样,对发案

---

① 任建明、陈晔:《夺取反腐败斗争压倒性胜利的新战略》,《理论视野》,2018年第3期。

的腐败分子"动手术""下猛药",手到病除。由此我们需制定由教育、预防和惩治三大策略组成的科学的反腐败战略框架。从医术上来说,事后控制不如事中控制,事中控制不如事前控制。在治理腐败上,也是同样道理。

一、预防战略的功能定位及其有效性模型

预防腐败战略主要是预先进行制度设计、权力监督和体制机制改革等措施来消除或减少腐败产生的各种条件,从源头消除或减少腐败行为发生。预防腐败战略的关键是解决腐败的源头问题,腐败源头问题解决了,腐败行为就是无源之水无本之木。因此,预防腐败战略往往比惩治战略更为根本。

预防战略在反腐败中主要在两个层面发挥作用:一是在制度层面上消除腐败原因,减少腐败机会,使人不能腐败;二是在人的动机层面上,激励廉洁动机,弱化腐败动机,使人不想腐败。无论是制度层面,还是人的动机层面的预防措施,最终都要通过制度的形式体现出来。制度,由"制"和"度"两个字组成,制意味节制、和限制,度表示尺度和标准,因此组合起来制度就是限制人们行为的标准。制度预防使人不能腐败,可以减少腐败机会,改变腐败行为和动机。

制度的有效性是制度制定、安排和实施的核心问题,因此,对制度有效性进行评估,就是对制度实施效果进行衡量。衡量一项预防腐败制度是否产生了应有的效果,主要就是看该预防制度所涉及领域的腐败有没有明显的下降。因此从制度的视角提出预防战略的有效性模型具有重要意义。

任建明和杜建洲认为,制度的有效性如果从单独一个制度视角来说,决定因素有很多个。从制度创新或制度建设流程上来讲,一个制度,至少涉及以下一些环节:制度制定、制度实体、制度执行和制度评估与反馈,见图 4-2 所示。制度制定(P)是指制度制定的过程或程序方面的因素,包括是否开放,是否有广泛的民主参与,是否有充分的专家参与等等。制度实体(In)是指制度本身的科学性、可操作性

(及程度)、可执行性(成本高低及收益大小),等等。制度执行(Im)是指该制度是否被执行、在多大程度上得到执行、是否被扭曲及扭曲的程度大小等。制度评估(Ev)是指对任何一项制度是否有评估机制设计,是否进行过定期评估,评估的结果怎么样,如果有效性差有没有反馈和改进机制等。

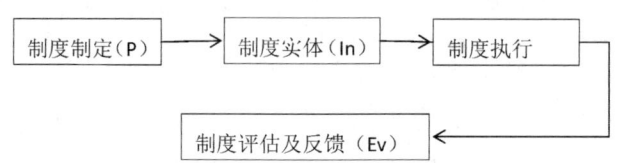

图 4-2 单个制度的有效性模型

事实上,制度是一个错综复杂的集合体,制度之间存在相互的支撑关系。新制度主义政治学理论认为,"制度有效性实质上是制度与制度相关人的行为在特定环境下的契合关系"。"所谓制度有效性指的是在特定环境下,制度因获得了制度相关人的认知和遵守而实现了其预期效果的制度状态。"①这里的制度环境相当于制度经济学家所说的非正式制度,而上面所说的制度都是指正式制度。因此,制度的有效性如何,还取决于图 4-3 中的一些因素,包括制度集合体(B)之间的匹配性或配套程度,以及制度环境(En)是否有利两大因素。

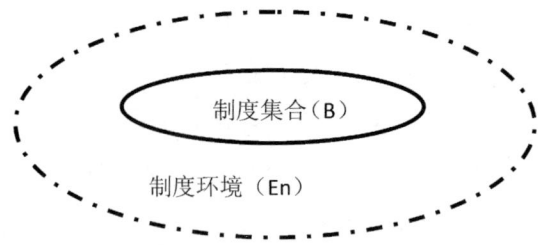

图 4-3 制度集合体的有效性模型

基于上述分析,制度有效性(Ef)模型主要取决于六个方面的因素。单个制度有四个因素,作为集合体的制度有两个因素。如果表

---

① 霍春龙、包国宪:《新制度主义政治学视角下的制度有效性》,《内蒙古社会科学(汉文版)》,2010 年第 1 期。

达成一个公式,就是:

$$Ef = f(P, In, Im, Ev; B, En) \qquad 公式4\text{-}1$$

显然,这六个因素对于制度有效性的影响力是不同的。从单个制度有效性四因素来看,它们之间存在一定的因果关系。从时间维度上看,越靠前,影响作用就越大些。在制度集合体的两个因素中,制度环境可能比制度间的配套程度有更大的影响力。①

二、预防制度的类型及其机理

根据预防腐败制度的功能不同,可以将之划分为四种类型:约束性预防腐败制度、激励性预防腐败制度、直接减少腐败机会的制度、和间接减少腐败机会的制度。②

(一) 约束性预防腐败制度

约束就是该制度通过控制、监督、制约和强制的方式,对人的行为选择进行限制,从而预防腐败。约束性制度预防腐败的机理是减少腐败行为的机会,因为腐败一般都是秘密交易,一旦施加约束就会打破其秘密条件,从而预防腐败发生。约束性预防腐败制度主要有权力监督制度、公开透明制度、媒体监督和科技监督。

权力监督制度是最古老的约束性预防制度。在一些国家,分权制衡的政府机构设计本身就是一种宏观的权力监督制度。此外,很多国家还设立了诸如审计机构、专门反腐败机构等专门监督机关。

公开透明制度实际上也是一种约束性的预防制度或监督制度。通过公开信息,一方面克服了信息不对称;另一方面引入了大量的免费的监督主体,监督的成本—效益很高。因此,透明公开历来被当做预防腐败的法宝。公开是手段,透明是结果。

---

① 任建明、杜治洲:《腐败与反腐败:理论、模型与方法》,清华大学出版社,2009年,第161-162页。

② 观点参见任建明、杜治洲:《腐败与反腐败:理论、模型和方法》,清华大学出版社,2009年,第164-171页。

媒体作为一种专门的信息生产或供给机构,其监督作用日益重要。在当今这个信息时代,媒体的监督作用已经变得日益不可替代。

随着信息技术、互联网和大数据的飞速发展,技术监督也日益广泛地得到使用,并被引入到腐败预防领域。技术监督载体或手段包括:①管理信息系统或办公信息系统;②电子政务、电子商务;③行政审批电子监察系统,有形建筑市场电子监督系统,交通管理信息系统等。

约束性预防制度使用最广泛,有重要的预防作用,但是它也有局限性,不能过度依赖。首先,监督都是有成本的,在一些情况下成本还十分高昂,例如权力监督。在特定情况下,监督不仅需要经济成本,还可能让监督者付出生命代价。权力监督制度设计不合理,将使监督成本成为无谓损失。另外,即使没有成本的约束,监督的范围和程度也不能无限扩展,因为监督还要和保护个人隐私之间进行某种权衡。

(二)激励性预防腐败制度

激励就是通过特定的制度安排对良好的行为给予物质和精神上的奖励,从而强化好的行为,但不好的行为就得不到这样的奖励。激励性制度从人的心理需要出发,具有内在合理性。激励性预防腐败制度是成本—收益最好的预防制度,关键点是要树立并强化制度思维。新制度经济学有一个基本假定:任何理性人的行为都是在现有制度约束条件下利益最大化的选择。但腐败成为一种普遍行为时,其背后肯定有制度性的原因,也就是结构性的腐败。由于激励性制度安排具有内在的合理性,符合人性,因此一般来说,激励性制度的成本—效益要大大优于约束性制度安排。

(三)直接减少腐败机会的预防制度

直接减少腐败机会的制度是根据腐败行为方式的客观条件而制定的,可以分为两种,一是直接取消权力(主要指公共权力);二是将权力制度化。

权力被直接取消或转移在中国有大大小小的案例:①在我国改革开放期间,伴随着经济体制的市场化改革和政府职能的转变,全能政府逐渐演变为有限政府,一些公共权力彻底消失了;②中国政府的行政审批制度改革。据统计,经过几年改革全国各级政府都有半数左右的行政审批事项被取消。寄生在其中的腐败也伴随着那些被取消的行政审批事项而销声匿迹了;③价格、政策"双轨制"时期的寻租型腐败也随着并轨完成而消失。

把权力交给制度是指那些权力依然要保留在政府,但从过去由人掌控的状态调整为由制度行使。典型的就是把竞争性市场制度大量地引入政府,如政府采购制度。

(四) 间接减少腐败机会的预防制度

间接减少腐败机会的预防制度是指防止利益冲突制度。"所谓利益冲突是指公私部门职员个人利益和所服务机构的利益并存的状态。作为理性人,职员会把个人利益置于机构利益之上,以机构利益为掩护或通过损害机构利益而谋取个人利益"。① 防止利益冲突制度的本质是在公共利益和私人利益之间设置"防火墙"或"隔离带",使公职人员明确认识两者之间的冲突及严重后果,合理处理权力与利益的关系,并按照规定处理两者之间的冲突,在维护公共利益的同时,也保护自己的私人利益并避免腐败行为的发生。腐败是一种隐蔽行为,大多数隐蔽型贿赂就是通过利益冲突途径实现的,因此,防止利益冲突是预防腐败制度安排的逻辑起点,如何管理利益冲突是一个重要的预防腐败的课题。

三、预防战略的特点与实施策略

(一) 预防战略的基本特点

预防战略有三个主要的特性:战略上的重要性、制度技术上的复

---

① 任建明、杜治洲:《腐败与反腐败:理论、模型和方法》,清华大学出版社,2009年,第171页。

杂性和克服政治阻力上的艰巨性。

1. 预防战略的重要性

与惩治战略和教育战略相比,制度预防战略具有低成本和长效性优势,能从制度和动机两个层面减少和清除腐败行为和机会,从根本上降低腐败发生率。因此具有重要意义。

2. 预防战略的复杂性

制度设计需要考虑信息成本和激励相容,这两个因素都和社会复杂情况相关。预防制度的科学性、系统性和有效性都会影响反腐败的实际效果。同时,制度本身也有内在的逻辑体系,如何根据本国的政治和文化设计适合本国情况的制度,在很大程度上还要通过大量借鉴外国先进经验,总结自己的实践,通过反复的试点甚至试错来进行。

3. 预防战略的艰巨性

预防战略遇到的阻力要比惩治战略大。因为惩治主要是对单个的腐败分子或者说一定数量的人,阻力有一定的限度,但预防制度不是针对某个人,而是具有普遍的约束作用,作用发挥越广,阻力就越大。同时,预防阻力的另一个特性是具有一定的抽象性或隐蔽性的特点。因为潜在的腐败分子没有暴露,即使是那些仍没有发生腐败的干部,他们也不愿意限制自己的自由和权力,所以会找各种理由来抵制预防制度的推行。预防战略的艰巨性要求国家必须要通过法律或其他方式授予预防机关足够的权威资源,以使其能够克服可能遇到的巨大阻力。

(二)实施预防战略的一些策略

预防战略的实施,不仅是一个制度技术和科学问题,还是一个艺术和策略问题。针对预防战略重要性问题,我国目前已经认识到预防制度的重要性,1997年十五大以后,我国就开始制度预防战略实践,2005年1月中共中央颁布了《建立健全教育、制度、监督并重的惩治和预防腐败体系实施纲要》,标志我国预防战略探索完成。

1. 针对制度技术复杂性的策略

（1）预防制度创新是一项高复杂劳动,腐败与反腐败都有内在的普遍规律。因此,在进行制度设计时,要注重借鉴外国或先进地区的成果经验,避免制度创新成本过大。

（2）即使是针对单个领域的预防,往往也需要较为复杂的预防制度体系的相互支撑,因此,推行预防制度要坚持试点的策略,先试验后推广,减少试错成本。

（3）对借鉴来的预防制度,不但要分析其制度内在的设计机理,还要考虑制度设计和具体实施的政治和文化传统,避免淮南之橘淮北之枳的结果。

2. 针对预防阻力的策略

（1）给予预防机构足够的权力资源。要克服预防的巨大阻力,预防机构必须要有相应的权力资源。可以通过预防立法、体制改革、争取授权等办法,为预防机构赢得更多的权力资源。

（2）争取支持。需要争取的支持包括两个方面,一是政治方面,二是舆论方面。在中国现行体制下,争取党委主要领导成员的支持,对一项预防改革方案的成功推行是至关重要的;扩大反腐败宣传,扩大惩治腐败行动宣传,增强大众对于反腐败制度改革的共识,有利于获得舆论支持。

（3）采用渐进的策略。任何预防制度的彻底实施,都可能会遇到很大的阻力,分步实施是减少阻力的一个重要策略。采用渐进策略,循序渐进,稳扎稳打。预防方案要有整体设计、系统设计,分步实施只是一个实施策略。

第三节　惩治战略

惩治战略是反腐败战略的核心组成部分。惩治腐败主要是通过法律强制手段打击处理已经发生的腐败行为,并对潜在的腐败行为产生震慑作用。惩治战略是一种事后措施,是在腐败行为发生后,通过一系列法律手段对已腐败行为进行惩罚,对意欲腐败者形成警戒,通过提高腐败行为成本降低腐败行为意愿和腐败行为发生概率的治理腐败战略。

惩治战略主要有两个基本功能:一是对已经发生了的腐败行为进行遏制处罚,借以实现法律及社会的公平正义,即惩处功能;二是通过惩处对那些潜在的、意欲腐败的人产生威慑或阻吓作用,即威慑功能。惩治战略的有效性是决定反腐败效果的核心要素,学者任建明对惩治战略有效性做了系统的探究。

一、惩治战略有效性的理论框架模型

从惩治战略的惩处和威慑两个功能出发,衡量惩治有效性的指标就有两类:惩处有效性,威慑有效性。第一类指标对应于惩治的第一个功能,第二类指标则对应于惩治的第二个功能。本节共有三个有效性概念:惩治有效性(E)、惩处有效性(P_E)、威慑有效性(D_E)。惩治有效性指的是整个惩治战略总体有效性,它由惩处有效性和威慑有效性组成。惩处有效性的对象是已经发生腐败行为的腐败分子,探讨的是法律制度对他们的惩处结果是否适当有效。威慑有效性的对象是那些意欲腐败的潜在行为人,探讨的是对已有腐败分子的惩处是否对他们产生了足够的威慑。

惩治战略有效性背后的实质是惩治制度的有效性问题。关于制度有效性问题本教材在制度预防腐败一节中已有论及。本节中的惩治有效性模型由4个子模型构成,其中前三个有效性模型对应的都是惩处有效性,且前两个模型是第三个模型的基础;而最后一个模型对应的是威慑有效性。用于实证分析或研究的模型是最后两个模型。这两个模型共同构成惩治有效性模型,以下是四个理论模型概述。

(一)单个腐败案件的惩处有效性模型

单个腐败案件的惩处有效性理论模型,是基于经济学的理性经济人假设和法律制度的公平正义原则建立的模型,单个腐败案件惩处有效性模型也是后续三个模型的重要基础。

单个腐败案件的惩处有效性理论模型是建立在理性经济人假设基础上的,因此腐败成本——效益分析是关键。如果腐败分子通过腐败行为所得收益远大于付出的成本,腐败动机就会受到刺激,腐败行为就可能大量发生;反之,如果由于惩处让腐败分子的腐败成本和代价大于收益,腐败动机就会受到抑制,腐败行为就将得到控制。

因此,单个腐败案件的惩处有效性模型是:

$$P_{E'} = P/B \qquad [1]$$

模型[1]中,B 代表腐败个案中所有参与主体所获得的全部好处。P 是法规制度对该腐败案件相关主体所施加的惩处量。值得注意的是,单个腐败案件中,即使所有参与主体都获得好处,腐败行为对国家、社会和他人所造成的损害都是多方面的。也就是说,腐败行为后果具有和环境污染相类似的特性,即具有负的外部性。但是这种负的外部性很难量化。从这个意义上讲,尽管惩处的方式多种多样,可以包括刑事的、行政的或民事的,但最终施加给腐败主体的成本或代价也都可以用一个变量来表示。

$P_{E'}$ 是惩处有效性,等于 P/B,是相对惩处力度,惩处量 P 是成本,好处 B 是收益。理论上,$P_{E'}$ 的取值范围可以是 0 到 ∞。

当 $P_{E'} < 1$,说明收益大于成本,即对腐败行为的惩处小于从腐败行为中获得的好处,对腐败动机和行为就起不到控制作用,因此是无效的。

当 $P_{E'} \geq 1$ 时,说明腐败成本大于收益,对腐败行为的惩处让腐败行为得不偿失,这样就对腐败动机和行为起到控制效应,是有效的。

从控制腐败的目的来看,$P_{E'}$ 越大控制效果越好。但 $P_{E'}$ 也不是可以无限扩大的,类似杀鸡不用牛刀的道理。$P_{E'}$ 的大小还受到法律制度的公平正义原则——"罪罚相当原则"的限制。理想的状态应该是 $P_{E'} = 1$。当 $P_{E'}$ 大于等于 1 且不能大于 1 过多时才是有效的,才能够对单个腐败案件的行为主体产生足够的控制效应。

(二) 多个腐败案件的惩处有效性模型

多个腐败案件惩处有效性模型的一个关键点是惩处概率 K 的客观存在。这个模型建立在腐败犯罪具有强隐蔽性的特点之上。腐败行为本身都是秘密进行,腐败行为主体一般都是闷声发大财,会刻意掩盖自己的不法行为。因此,任何时代和任何国家都不可能惩治一切腐败行为,只能惩治其中一部分。这就存在一个可能性或概率 K 的问题。在不同国家或社会,由于法律制度以及执法水平的差异,k 的具体水平是不一样的,甚至相差巨大。一个意欲腐败的人不但会考虑腐败收益问题,还考虑腐败被惩处的可能性。反腐败中有一个"坐飞机理论",即人人都知道如果飞机失事,死亡率几乎是 100%,但为什么还是有很多人选择坐飞机出行?因为和汽车、火车等其他交通工具比起来,飞机失事率是很低的,所以很多人还是会选择坐飞机出行。惩处概率 K 就是这样的概率。

如果把惩处概率 K 定义为实际受到查处的官员数量与客观真实的腐败官员数量的比值,即 k 的取值界于 0-1。从社会总体角度或统计角度来看,惩处有效性模型显然就不同于单个腐败案件的惩处有效性模型。因此,多个腐败案件的惩处有效性模型是:

$$P_{E''} = P_{E'} \times k = (P/B) \times k = PK/B \qquad [2]$$

模型[2]在模型[1]的基础上新引入惩处概率 k。P 是惩处量,B 是腐败收益。PK 就是社会总体意义上或统计意义上的期望惩处水平。和单个腐败案件惩处有效性模型分析类似,只有 $P_{E''}$ 的值大于等于 1 且不能过多大于 1 时,这个国家或社会惩处腐败的结果也才能是有效的。

和单个腐败案件惩处有效性模型[1]相比,多个腐败案件惩处模型[2]对人的行为选择具有更大的解释力。人们究竟会不会去腐败,他们除了会考虑单个腐败行为会受到多大的惩处以外,还一定会考虑腐败行为在多大可能性上受到惩处。比如,k = 0.1,即只有 10% 的腐败案件会受到查处,即使在单个腐败行为的惩处上是有效的,统计意义的或期望惩处力度就显然不足,人们的腐败动机就会被助长。

从模型[2]来看,当一个社会的 k 比较小时,相应地提高 p 的水平是必须的,也是合理和正义的。例如,当 k 只有 0.5 时,惩处水平也要提高一倍才能达到有效水平。从单个腐败案件来看,似乎是违背"罪罚相当"原则,但从统计意义上来看,由于每个人都面临同样的可能性,因此,这并不违背法律公平正义的原则,除非一个国家法律本身或执法结果必然导致不同主体之间存在惩治概率以及惩处力度上的显著差异。

(三) 综合腐败案件惩处有效性模型

综合腐败案件惩处有效性模型是建立在多个腐败案件有效性基础上的,由于模型[2]比较笼统,考虑到实践中惩治腐败犯罪的过程及环境制度的影响,需要对第二个模型进行操作细化。主要加入两个因素:一是对惩治概率进行细化分解;另一个是引入法治要素。

第一个因素是对惩治概率的细化分解。从惩治制度执行过程来看,要成功惩治一个腐败行为,一般要经过三个主要程序:发现、调查和判处。显然,我们不可能百分之百发现哪些隐藏的腐败行为,也不可能百分之百调查和判处腐败行为。而且从概率上说,发现、调查和判处这三个阶段有前后串联的关系,因此,总的惩处概率 k 就是发现、调查和判处三个概率 k_1、k_2、k_3 的乘积。用数学公式表示就是:

$$K = k_1 k_2 k_3 \tag{1}$$

从串联关系上来看,任何一个环节上的损失都会影响总惩处概率,且有累积效应。比如,如果发现概率为 0.6,调查概率为 0.7,判处概率为 0.8,那么惩处概率就只有 0.34 了。从前后制约效应来看,越是靠前的环节,影响效应越大。假定发现概率只有 0.5,那么无论怎样提高调查率和判处率,最后的惩处概率都不会超过 0.5,

0.5 的发现概率就会成为制约惩治概率的"瓶颈因素"。①

第二个因素是法治。法治对惩处的影响主要表现在对惩处概率 K 和惩处力度 P 两个大方面。首先是对惩处概率的影响。在理想的法治状况下,无论惩处概率大或是小,所有人都是平等的,即惩处风险概率一样。也就是说无论腐败行为人的身份和地位差异多大,只要违法犯罪,都会以相同的可能性被查处。但是在法治虚弱的情况下,不同的人面临的腐败风险水平就可能有显著的差异。法治对惩处概率的影响最明显表现在增加了制度执行的不确定性。不同的人,可能因为职位、社会关系、工作部门或单位的不同,在被查处腐败行为上风险不一样。一些人风险变小了甚至完全没有风险,而另一些人的风险则增大了。这种执法不确定性对社会影响非常大:一方面会增加人们的机会主义倾向,增强腐败动机,另一方面会损害惩处的公平感,降低惩处的威慑力。

其次,法治对于惩处力度 P 也会产生影响,影响的机理类似于惩处概率。我们可以把法治因素看作一个风险因素,分别用 α 和 β 代表法治对惩处概率和程度力度概率系数,假定法治因素只影响发现和判处环节,那么综合腐败案件惩处有效性模型就可以如下表达:

$$P_E = [(\alpha P)/B] \cdot (\beta k_1) k_2 k_3 \qquad [3]$$

模型[3]中,α、β 是法治对于惩处力度 p 和惩处概率 k 的影响系数,α、β 的数值范围也是 0 – 1。

(四) 威慑有效性模型

威慑有效性模型与惩处有效性模型比起来,加入了一个传导系数。前面三个有效性模型都是从惩治已经发生的腐败行为的角度去构建的,只涉及惩治战略的第一个功能,而没有涉及第二个功能——威慑效应。威慑有效性是一个独立的现象或概念,它有独立的作用对象,即潜在的腐败行为人。只有潜在腐败行为人感到压力,才能形

---

① 任建明、杜治洲:《腐败与反腐败:理论、模型和方法》,清华大学出版社,2009 年,第 132 页。

成震慑。因此存在一个压力传导过程和机制。如果加入传导系数 r,则威慑有效性模型(D_E)就可以用公示[4]表示为:

$$D_E = rP_E = r[(\alpha P)/B] \cdot (\beta k_1)k_2 k_3 \quad [4]$$

模型[4]中,D_E是威慑有效性;r 是从惩处有效性到威慑有效性的传递系数。作为一个传递损失因子,r 的取值范围也是 0 - 1。影响传导系数 r 的因素比较复杂,例如包括政府打击腐败的政策宣传因素等。这里主要根据模型[4]来讨论传递系数 r。

首先,只有 P_E 有效 D_E 才可能有效。其次,在 P_E 有效的情况下,影响 r 的因素主要有两个,一是惩治概率 k,二是法治因素。k 越趋近于 1,接近于"莫伸手,伸手必被捉"状态,传递效应越好。反之,如果 k 比较低,那么人们的机会主义倾向就会大增。如果法治程度低,概率水平和惩处力度对不同的人有显著差异,人们的侥幸心理会增强,威慑有效性也会降低。

基于模型[4],威慑有效性不仅要求 P_E 达到有效水平,惩处概率 k 要趋近于 1,而且法制化程度要高。

总的惩治有效性 E 分解为惩处有效性 P_E 和威慑有效性 D_E,因此,惩治有效性模型为:

$$E = f(P_E, D_E) \quad (2)$$

由于模型[4]是基于模型[3]建立的,这已经把 D_E 和 P_E 整合在一起,因此没有必要继续建模。

二、实施惩治战略的策略问题

要有效地实施惩治腐败的战略,就必须要重视策略问题。基于上述惩治战略的有效性模型和腐败的本质特征,下面提出了一些基于腐败的策略。这些策略按照惩治腐败的发现、调查和判处三个阶段划分为三类。

(一) 如何发现腐败策略

腐败是隐蔽性很强的违法犯罪行为,因而发现腐败非常不容易。

根据惩处有效性模型可知,发现概率 K_1 的大小最可能成为制约惩治有效性的"瓶颈"因素,因此,发现腐败策略的核心是如何降低发现腐败的信息成本,提高发现腐败概率。而降低信息成本的一个有效方法就是保护和奖励举报行为。保护和奖励举报行为可以较低成本引入大量发现腐败行为的主体,"群众的眼睛是雪亮的",可以提供发现腐败的概率,从而解决制约惩治有效性的瓶颈因素。

首先,保护举报是第一个最重要的策略。因为腐败具有极大的负外部性,对社会的公平正义伦理规范都会造成很大的损害。从某种意义上说,如果国家很腐败,没有人能逃脱过腐败的侵害,大众就是腐败的直接受害者。所以,一般来说,公民大众都会根据社会责任感、正义感去举报腐败行为。但是,当举报行为要付出很大的代价时,他们也可能会选择忍气吞声。所以,政府的反腐败机构或其他执法机构能够为公民大众举报腐败提供有效的保护,为他们免除遭受打击报复之风险,是提高发现腐败效率的策略。

其次,奖励举报也是一个合理的、必要的策略。公民个人要举报腐败肯定要付出一些必要的成本,比如时间和收集信息的费用等。从理性经济人角度来看,如果没有激励和必要的补偿,完全依靠公民大众的社会责任感,举报腐败的积极性也可能不足,可能造成腐败信息的流失。

最后,扩大腐败信息源还可以采用以案挖案和系统性分析方法。比如,当腐败比较严重时,腐败通常是一张联结多人的腐败网,这是可以通过以案挖案的办法,通过查办一些案件发现另一些案件的线索,从而把反腐败行动连续地延伸下去。系统性分析方法是对已发案件进行系统性分析,以发现其共同点和特征,从而判断案件发生原因是个案还是制度因素,如果是制度因素,就可以判断原先发生腐败行为的领域很可能存在较多腐败行为,这样就可以连续扩大腐败信息源。

(二)克服调查阻力以及获取腐败证据的策略

案件调查是打击腐败的重要环节,获取腐败证据是提高惩处概率的关键环节。由于腐败案件的审查与普通犯罪案件审查不同,腐败案件中行为主体都会费尽心思隐藏证据,而且通常腐败背后的利益集团都有广泛的资源和影响,想要获得腐败案件的关键证据并不容易。因此,在腐败案件调查中需要采取多种策略保障突破困境。

策略之一是抓住腐败网的薄弱环节。链条往往会从薄弱处断开,通过打开腐败网络的一个薄弱环节,就可以获得其他处在该网络中的其他腐败的关键证据。

策略之二是"迂回包抄"。先清理周围障碍物,等关键证据出现便可合围而歼。腐败案件调查就像战争,得学会运用兵法战术。

策略之三是异地办案以排除干扰。异地办案可以排除人情关系干扰,也可以防止节外生枝,是我国在办理腐败案件时使用的常规策略。

策略之四是保守调查秘密。战争时代作战方案都是绝对保密的,敌我方通常会用尽各种方法刺探对方情报。反腐败案件调查也是如此,一旦信息泄露,腐败行为人就可能会提前销毁证据,隐匿腐败所得,给调查带来很多阻碍。

策略之五是巧用"囚徒困境"或信息不对称策略,对腐败行为人各个击破。

策略之六是灵活地使用从宽政策进行政策攻心。采取攻心策略从腐败利益同盟的薄弱处下手,争取"污点证人"的助力。

最后一个策略就是要不断提高调查人员的专业能力。不管腐败案件多么复杂,调查人员的专业能力都是核心关键。

(三) 起诉与审判环节的策略

由于腐败的强隐蔽性特性,打击腐败的成本是很高的。所以,获得最少的可以给腐败行为定罪的最可靠证据是一个重要的策略原则。这个策略原则在调查阶段和起诉、审判阶段都需要坚持。中国香港廉政公署在成立之初办理总警司葛柏(Peter Godber)腐败案件时就运用了这个策略。在该案中,葛柏受贿总额达到420万港币,但是当初将葛柏从英国引渡回来的依据仅是一笔2.5万港币的贿赂证据。①

第四节 教育战略

一、廉洁教育战略的功能和定位

教育战略从严格意义上讲,应该属于预防战略,单独列出来强调教育战略具有比制度预防更为重要的意义。如果说惩治战略使人"不敢腐",预防战略使人"不能腐",教育战略就具有让人"不想腐"的作用,这是比前两个战略成本都低效果又好的战略。

2003年,《联合国反腐败公约》第二章第十三条明确将廉洁教育作为明确要求:"各缔约国均应根据本国法律的基本原则在其力所能及的范围内采取适当措施,推动公共部门以外的个人和团体,例如民间团体、非政府组织和社区组织等,积极参与预防和打击腐败,并提高公众对腐败的存在、根源、严重性及其所构成的威胁的认识。""这种参与一般通过下列措施予以加强……开展有助于不容忍腐败的公众宣传活动,以及包括中小学和大学课程在内的公共教育方案。"② 2005年中共中央颁布的《建立健全教育、制度、监督并重的惩治和预防腐败体系实施纲要》标志着中国将教育战略提升到了重要地位。

所谓廉洁教育,是通过对公民进行廉洁方面的教化和培育,使其形成公正守法、恪尽职守、诚实清白的人生理想和道德追求,自觉形成廉洁的心理基础、行为观念,从而营造廉洁奉公、诚实守信的社会氛围和文化。廉洁教育有广义和狭义两种,广义的廉洁教育一般包括两个方面,即对公务员的内部教育和对社会外部的宣传教育,其中

---

① 任建明、杜治洲:《腐败与反腐败:理论、模型和方法》,清华大学出版社,2009年,第138—139页。

② 任建明、杜治洲:《腐败与反腐败:理论、模型和方法》,清华大学出版社,2009年,第181页。

对社会的教育又包括对社会大众的廉洁教育和对大、中、小学生的廉洁教育两个部分。狭义的廉洁教育是针对掌握公共权力资源的人尤其是公务员所做的廉洁教育。

廉洁教育作为一种改变社会价值观的反腐败战略,在反腐败战略体系中处于基础性的地位。如果人们能普遍认识到腐败的危害,认识到廉洁的重要性,都能自律,自觉地抵制腐败、保持廉洁的话,腐败将会大大减少。但是,我们也必须意识到,试图通过教育达到理想的廉洁状态是十分困难的。在人类漫长的历史中,教育的效果都具有不稳定的特点,教育所形成的正确价值观在面临现实利益诱惑时不太可靠。因此,我们既不能过度依赖教育以达到防治腐败的目的,也不能完全轻视教育,而要把教育作为反腐败的一个长期战略加以坚持。

二、廉洁教育基本要素

教育是培养人的社会实践活动,具有三个基本要素:教育者、受教育者和教育影响。其中,教育者就是施加教育影响的人,受教育者就是教育对象,教育影响是教育活动中教育者和受教育者之间实现沟通的中介,既包括沟通的内容也包括沟通的形式。沟通的内容就是教育内容,沟通形式就是教育方法、教育手段和组织形式。其中教育内容是核心,教育方法、手段和组织形式都要围绕内容设计,同时顺应受教育者身心发展规律。在教育活动中,任何一个要素的变化,都会带来整个教育系统的变化。① 因此,廉洁教育也包括三个基本要素:廉洁教育者、受教育者和廉洁教育影响。

(一) 廉洁教育者

廉洁教育者就是实施廉洁教育的主体,既可以是个人,也可以是集团、政府机关和社会组织,但主要是社会公共权力的管理者。因为反腐败是一项国家职能,廉洁教育作为反腐败战略之一,应当由国家

---

① 蔡亚平主编《教育学》,浙江大学出版社,2015年,第1-3页。

主导实施,但是事实上也有企业、社会组织主导进行廉洁教育活动。

(二) 廉洁教育对象

根据廉洁教育内涵的广义和狭义分析,廉洁教育对象可以分为三类。

首先是掌握社会公共权力资源的组织和人员。公共权力具有权威性和分配性,可以对社会价值物进行权威性分配,对社会物质交换影响巨大。公共权力由国家机关及其公职人员垄断行使。公共权力的特性决定了公职人员可能会利用公共权力和资源谋取私利和滥用公共权力,发生腐败行为。公职人员由于掌握了社会公共权力和资源,其思想观念和行为对普通社会公众具有表率和导向作用,如果公职人员腐败行为多发,就会影响社会公众对腐败的看法,甚至会加入腐败利益链中。如果公职人员廉洁奉公、诚实守信,自然会在社会起到模范带头作用。

其次是在校学生。"致天下之治者在人材,成天下之材者在教化,职教化者在师儒,弘教化而致之民者在郡邑之任,而教化之所本者在学校。"(胡瑗《松滋县学记》)这句话是宋代胡瑗先生在《松滋县学记》里谈到学校教育重要性时的著名观点。意思是:能够使国家繁荣稳定的在人才,而能够培育成国家人才的在教化。同时他指出,从事教化职业的是老师,而教化的基础是学校的教育。在校学生从小学、中学到大学,涵盖了人的一生,在校期间是每个人的人生观、价值观和世界观的形成时期,这个时期的教育对一个人的成长具有至关重要的影响。因此,廉洁、正直、诚实和守信等道德品质作为人的基本行为准则,应当融入学校的廉洁教育课程中,使其内化为学生的价值信念,以便在日后的社会生活中自觉自律。

最后是社会公众。社会公众是社会成员的主要构成成分,是社会财富的主要创造者,也是社会风气的缔造者、道德观念的实践者。社会公众对腐败的认识、观念对国家的反腐败斗争有着重要的影响。据有关研究表明,社会公众对腐败的态度,尤其是腐败容忍度,是政治文化的重要内容。腐败容忍度的差异,不仅与腐败的水平密切相关,而且还会对反腐败施政和政府治理改革产生深刻影响。如果社会公众腐败容忍度很高,侧面说明这个社会可能腐败盛行,政府治理腐败的难度会很大。如果社会公众腐败容忍度低,那么政府反腐败的难度就会小一些。社会公众会更愿意参与反腐败斗争,积极举报身边的腐败行为。而降低社会公众腐败容忍度,就需要加强对腐败危害性的认识,优化社会环境,这些都需要靠廉洁教育来进行。

(三) 廉洁教育影响

廉洁教育影响,也就是廉洁教育的内容和形式。要讨论廉洁教育内容,就离不开廉洁文化。因为教育是廉政文化传播的最有效载体,廉政文化影响着廉洁教育的形式和内容。对于什么是廉政文化？廉政文化和腐败文化有何联系,与廉洁文化有什么区别？具体内容将在第八章中讲解。这里仅简单介绍一下廉洁文化与教育的关系。本节中的文化专指与腐败和廉洁有关的文化,即廉洁文化。就其内涵而言,廉洁文化在狭义上是指"以建立廉洁政府、廉洁政治或规范公职人员从政行为为目的所形成的各种思想、理论、规范、制度、价值理念、道德、法治传统以及行为方式、价值评价等的总和"。广义的廉洁文化包括精神文化、制度文化和物质文化。具体而言,精神层面包括尚廉耻贪的基本理念和价值观;制度层面包括廉洁先进典型的宣传表彰制度、腐败典型及其危害的警示教育制度以及官员廉洁宣誓制度等;物质层面包括廉政广告、廉政书画、廉政标语口号、廉政教育场所等。

1. 廉洁教育的内容

廉洁教育是要围绕着腐败和廉洁的主题来开展。

首先,要进行廉政心理教育。廉政心理主要表现为一种心理的感受和心理的反映以及长期形成的习惯和风俗等心理变化。廉政心理在文化上表现为两个基本特征,一个是潜意识性特征,另一个是多样性特征。廉政心理往往隐藏在人们意识深处,常常表现为潜意识或无意识,只有当人们处理某一具体事情时,才会通过某种方式(语言或行为)暴露出来,另外,廉政心理在社会中则呈现出一种多样化趋向。社会中个体的多样性决定了廉政心理的多样化。社会人分为不同的阶段、阶层和利益群体,每个人又具有不同的职业、身份,具有不同的生存文化背景,所受的教育也不同,因此,在处理问题时每个人所持有的廉政心理也就有所不同。廉政心理教育主要是从人的思想认知、道德情感、意志品质和心理健康的调节等方面来提升人的廉政心理素质,在廉政教育实践过程中,要将提高人的思想认识水平,培养高尚的道德情感和增进意志品质的锻炼有机结合起来,使人的认知、情感、意志在教育过程中互相融合、相互促进,从而培养党员领导干部健康的心理和健全的人格。

其次,要进行廉政规范教育。规范既是群体所确立的行为准则,也是评价群体行为的价值标准。廉洁从政规范意识,就是价值主体对党和国家有关反腐倡廉制度法规的认同以及自觉贯彻的意识,因而能够使自身行为与廉政规范要求趋于一致,自觉遵守廉政行为规范并以此作为判断政治行为的价值标准。制度意识是廉政规范意识的核心,也是廉政制度建设的基础。在新的历史时期加强党风廉政建设,深入开展反腐败斗争,既要靠对领导干部思想的教育和行为的严惩,更要靠廉政制度和法治的约束,归根到底必须从廉政制度的建设与完善做起,从强化全体党员尤其是各级领导干部的制度意识做起。党员领导干部的制度意识主要包括制度权威意识、制度平等意识、制度约权意识、制度改革意识。

最后,最重要的就是要侧重于对腐败的危害、原因,以及治理、防治腐败的知识、理论。要用理论和知识来深化人们对于腐败和廉洁的认识。同时,一些普世的、重要的社会价值也需要作为教育内容予以重点普及,包括公平、公开、透明、廉洁、法治、民主、竞争、问责、责任等。

2. 廉洁教育的形式

廉洁教育的形式主要有两种,一种是他律式的规范约束,一种是自律式的道德自觉。他律式的教育形式和方法包括：①国家与社会的高度重视；②廉洁制度的完善；③廉洁理论的发展和完善；④行政组织、政策和法制的具体管理；⑥社会利益导向；⑦社会舆论导向。①

自律式的教育是廉洁教育的关键与核心。他律式教育都是外在于教育对象的，只有将他律转化成自律，将廉洁内化为受教育者的自觉行为，才是廉洁教育的真正目的。为此可以采用软件和硬件相结合的教育形式。不同的受众可以选择不同的形式。比如，针对处于受教阶段的青少年，可以是学校的课程教育、专题培训。针对政府公务人员，可以是专题培训、参观看展览。针对企业人员，可以有培训、参观等。针对社会大众，可以是电影、电视片、网络教育以及廉政广告等。

三、香港廉洁教育的实践

我国香港是最早把廉洁教育作为反腐败战略并进行系统实施的地区。经过持续几十余年的廉洁教育，不仅为香港的反腐败做了贡献，也创造了十分丰富的经验。主要包括以下几个部分。

（一）将廉洁教育纳入正式反腐败战略并由专门机构负责实施

1974年2月15日，香港廉政公署成立。香港在廉政公署成立之时就制定了打击、教育、预防"三管齐下"的反腐败综合战略体系。在该战略体系中，首次把教育作为反腐败的正式战略。

香港的廉洁教育战略由廉政公署社区关系处负责实施。社区关系处是廉政公署三个职能部门之一，在廉政公署中独立运作，全面负责实施教育战略。根据《廉政公署条例》，"社区关系处负责倡廉及防贪教育工作"。专门机构负责是落实反腐败教育战略以及不断提升廉洁教育专业水准的组织保证。

（二）政府有专门的财政预算以及财政扶持政策落实廉洁教育

有数据显示，香港政府每年给予廉政公署的财政预算是7亿多

---

① 胡杨：《反腐败导论》，中共中央党校出版社，2011年，第171－172页。

港币,其中约9%用于社区关系处的廉洁教育工作。

(三) 不断提升廉洁教育的专业水准

香港廉洁教育的专业性表现在人员和项目两个方面。社区关系处的雇员大多都是从事廉洁教育的专业人员。此外,社区关系处还主动寻求同其他各类专业人员的合作。社区关系处支持拍摄的电影、电视剧、广告、动漫作品、幼儿以及中小学廉洁教育教材都达到了相当的专业水准。

(四) 廉洁教育的方式和载体灵活多样

香港廉政公署的社区关系处通过多种形式和载体开展廉洁教育,包括:专业网站,幼儿、中小学生的动漫作品,教材,图书,电影,电视剧,广播电台广告,培训讲座以及社区演出等。有些廉政影视现在已经成了经典。

(五) 重视教育的实际效果

廉政公署委托专业调查研究公司逐年连续对教育效果进行跟踪调查评估。调查中的相关指标都是从结果的角度来评价教育效果。这说明,廉政公署在开展廉洁教育上坚持结果导向。另外,调查由专业研究公司承担,既保证了调查评估的中立性,又保证了调查的专业性。[①]

[①] 任建明、杜治洲:《腐败与反腐败:理论、模型和方法》,清华大学出版社,2009年,第189-193页。

第五章 反腐败体制和机构

反腐败体制和机构是反腐败战略具体实施的组织结构和形式，是反腐败工作中带有根本性、全局性的重大举措。工欲善其事必先利其器。由于腐败在世界范围内是一种普遍现象，反腐败是世界公认的难题。面对这一难题，各个国家在进行反腐败斗争时形成了各具特色的反腐败机构与体制。对反腐败体制和机构内在逻辑和结构形式的分析，对先进国家反腐败体制和机构设置模式的经验借鉴，对于我国的反腐败斗争具有十分重要的意义。

第一节 反腐败体制和机构概述

反腐败体制从静态上指反腐败组织结构设置和人员的配置，从动态上是指反腐败管理权限的划分以及反腐败组织结构之间的相互关系及其运行规则。

"反腐败机构是一系列具有常设性质的公共机构的统称，它的使命在于通过采取预防性的和惩罚性的措施来打击腐败，减少腐败机会的产生。"[1]虽然不同国家和地区的反腐败机构存在差异，但它们通常都承担下述职能中的至少一种："首先，调查和处置职能。反腐败机构负责调查腐败案件、收集相关证据和线索，在对腐败主体作出惩罚后将其移交司法机关。其次，预防腐败职能。反腐败机构为权力机关提供改革其权力结构和工作程序的建议，以减少腐败机会的产生。最后，提高关于腐败的公共认知的职能。反腐败机构通过媒

---

[1] Luis De Sousa. *Anti-Corruption Agencies*: *Between Empowerment and Irrelevance*, *Crime Law and Social Change*, 2010, Iss. 1, pp. 5 – 22.

体宣传和公众教育等途径,宣传腐败的危害,普及反腐败的知识。"①

反腐败体制和机构紧密相关,反腐败体制决定了反腐败机构设置,而反腐败机构体现了反腐败体制的内在逻辑。

一、反腐败体制的类型

反腐败体制作为政治制度的重要组成部分,与各国政治体制具有极大关系。考虑到世界各国的反腐败体制大都属于多元化的体系,因此按照反腐败机构所起的主导作用与专业程度来划分反腐败体制类型无疑更具有可操作性。

(一)依据反腐败主导机构的归属来划分

依据反腐败主导机构的归属来划分,全球的反腐败体制可以分为议会主导型反腐败体制、行政主导型反腐败体制和执政党主导型反腐败体制。②

1. 议会主导型反腐败体制

所谓议会主导型反腐败体制,是指议会在反腐败体制中处于主要地位,在反腐败进程中发挥主导性作用,该国的主要反腐败机构由议会产生,受议会监督,对议会负责。在实行议会主导型反腐败体制的国家中,议会之所以能够在反腐败进程中发挥主导作用,主要是因为这些国家的议会享有很大的权威和较高的地位,能够在政治中掌握主导权。一般认为,实行议会主导型反腐败体制的国家主要有英国、瑞典、挪威、芬兰、加拿大、新西兰等。这些国家在透明国家清廉指数排行榜上一般排名都比较靠前,芬兰曾几次排在第一名,是世界上最清廉的国家。

以英国为例,从政权组织形式来看,英国是比较典型的议会内阁制。议会作为最高权力机关,是英国政治的中心舞台。议会有权否

---

① Robert Williams, Alan Doig. *A Good Idea Gone Wrong? Anti-corruption Commissions in the Twenty-first Century*, The Christian Michelesen Institute, 2004.
② 朱立恒:《反腐败体制的三种基本类型》,《理论视野》,2015年第6期。

决和修正内阁政府提出的议案,也有权质询任何内阁成员,对于议员的质询,内阁成员必须做出回答,且一般都要公之于众。除了设立独立的专门监督议员、部长和政府高官的公共生活标准委员会之外,英国议会还设有由议员组成的专门委员会,专门监督内阁机构。如行政监察专员就是一个非常有权威的、独立性很强的反腐败机构。由议会产生的行政监察专员独立于政府机构,其任免和任期都不受政府机构的影响。绝大多数行政专员享有对腐败案件直接起诉的权利,因而有利于其开展工作,并对公职人员形成巨大的威慑效应。

2. 行政主导型反腐败体制

行政主导型反腐败体制是指行政部门在反腐败体制中处于主要地位,在反腐败进程中发挥主要作用,该国主要的反腐败机构由行政首脑或行政部门产生,受行政首脑或行政部门监督,对行政首脑或行政部门负责。在采用行政主导型反腐败体制的国家中,行政部门往往享有很高的地位和较大权力。美国、法国、俄罗斯、韩国、印度、新加坡、泰国、菲律宾等被认为是行政主导型反腐败体制的代表性的国家。比如美国的联邦调查局、俄罗斯的总统反腐委员会、韩国由总统设立的反腐败委员会、印度中央政府设立的中央调查局、泰国的反贪污委员会、菲律宾的独立调查处等。

比如美国的反腐败体制就是典型的行政主导型。美国联邦调查局起源1908年罗斯福总统授权司法部长成立的一个小型侦探机构。1909年5月,该侦探机构被改名为调查局(简称BOI)。直到1935年7月,该调查局才被正式改为美国联邦调查局(简称FBI)。尽管美国联邦调查局隶属于美国联邦司法部,但是联邦调查局局长却由总统直接任命,并经参议院批准。联邦调查局是美国侦查腐败案件最重要的反腐败机构。联邦调查局在调查犯罪时享有较为广泛的权力,尤其是在反暴行、毒品犯罪、有组织犯罪、外国反间谍活动、暴力犯罪和白领阶层犯罪等方面。

3. 执政党主导型的反腐败体制

执政党主导型的反腐败体制是指执政党在反腐败体制中处于主

要地位,由执政党设置的反腐败机构在反腐败进程中发挥主导性作用。从理论上讲,为了充分发挥自己的政治功能或者能够获得及巩固执政的政治地位,无论是在朝党还是在野党,通常都会比较重视党员纪律或者执政党内部的反腐败问题。但是,在实行两党制或多党制的国家中,某一个政党内部的反腐败往往局限于党内,而很难长期、固定地转化为全国性的反腐败政策或制度。因此,政党主导型的反腐败体制往往是社会主义国家推行的一种反腐败体制,比如中国、越南、朝鲜、古巴等。

越南属于执政党主导型反腐败体制,腐败被越南共产党第八次全国代表大会列为越南面临的四大危机之一。因而越南共产党主要从两大方面推进反腐败斗争。一方面,加快反腐败法律建设步伐。改变以往反腐败法规制度中存在着政策、文件较多,国家立法偏少的现象,逐渐把党的反腐败政策上升为国家法律制度。在1998年越南国会先后颁布了《反腐败法令》《干部、公务员法令》,2005年通过《反贪污腐败法》,2012又对《反贪污腐败法》进行大规模修改。另一方面,除了坚持原有的共产党监察委员会、政府监察机构、检察机关之外,越南共产党还增加了一些专门的反腐败机构。如2006年越南设立由政府总理任主任,副总理、党中央内政部部长专门负责的中央反腐败指导委员会。2007年,越南由人民警察总局和公安部共同组建了专门调查贪污腐败案件的反腐败警察局。2012年,在越共中央十一届五中全会上,决定成立由中央总书记任主任、由中央政治局直接领导的中央防治腐败指导委员会。这次中央防治腐败指导委员会直接由越共中央总书记挂帅,体现越共中央新一届领导班子的反腐决心和力度。

(二) 依据反腐败机构的专业化程度划分

依据反腐败机构的专业化程度划分,全球各国的反腐败体制可以分为有专门反腐败机构的体制和无专门反腐败机构的体制。

1. 有专门反腐败机构体制的优势与劣势

有专门的反腐败机构的国家,其反腐败工作的专业性较强,有专门反腐败机构的国家主要包括:新加坡、韩国、中国等。

(1) 有专门反腐败机构体制的优势。

第一,行政上通常具有较大的独立性。专门的反腐败机构一般都独立于行政之外,只对立法机构负责,其调查工作不受任何行政干预。而独立性是保障反腐败机构有效发挥其反腐功能的重要前提,这是有专门反腐败机构体制的最大优势。

第二,具有较大权威。一般来说,专门的反腐败机构管辖范围比较广,所以拥有较大的权威。

第三,工作人员专业素质较高,能力较为全面。专门机构中的人员通常学习过反腐败的相关专业或者是经过培训,因此专业素质相对较高,有利于反腐败工作的开展。

(2) 有专门反腐败机构体制的劣势。

第一,不能高效地治理各专业领域的腐败问题。专门反腐败机构的管理范围和权限很大,由此导致了它不能对某个领域的腐败问题进行深入的预防惩治。

第二,对专门反腐败机构的权力制约和监督的难度较大。专门的反腐败机构具有独立性和权威性,也因此导致了没有其他机构能够对其进行监督。

2. 无专门反腐败机构体制的优势与劣势

无专门反腐败机构的国家,通常将反腐败功能分散在立法机构、司法机构和政党机构。无专门反腐败机构的国家比较多,世界上大多数国家都没有建立专门的反腐败机构。

(1) 无专门反腐败机构体制的优势。

第一,可以实现对相应部门或领域腐败问题的有效治理。由于反腐败职能分散在各个部门或领域,这些履行反腐败职能的机构长期专注于某一类型或某一领域的腐败问题,所以专业性较强,能够较为有效地治理某类腐败现象。

第二,容易实现对履行反腐败职能机构的反腐权力制约。由于这些机构只负责了一部分反腐败工作,没有很大的权限,所以对其权力的制约和监督比较容易实现。

(2)无专门反腐败机构体制的劣势。

第一,缺乏必要的独立性。由于没有独立的反腐败机构,那些分散在各个部门中的反腐权力会受到来自本部门的牵制,还会受到其他部门的干预。

第二,缺乏比较的权威性。由于反腐权限较小,且较分散,不能协调其他部门或领域的反腐败工作,所以,在反腐败工作中这种体制的权威性被大打折扣。

第三,缺乏全局性和战略性。反腐败工作需要进行全盘的考虑,但各个部门分开来行使权力,使得反腐败工作缺乏全局性和战略性。

第四,反腐败工作协调困难。在没有一个权威反腐败机构的条件下,对腐败案件的处理权不明晰。在调查和处理腐败案件的过程中,难免出现不同部门对同一案件在权限上的争夺或推诿,从而影响反腐败工作顺利开展。

二、反腐败机构设置模式

(一)反腐败机构

由于国情、区情存在差异,不同国家和地区的反腐败机构往往有不同的名称、组织形式甚至种类。一般来说,反腐败机构主要有立法机关、行政机关、司法机关和政党反腐败机构。

1. 立法机关

一般来说,代议机关最主要的职权有三项:立法权、财政权、监督权。西方代议机关的监督具有最高权威,对政府和司法系统具有控制监督的职权。而其行使监督权的主要形式是质询、调查、弹劾。

质询是非总统国家制中议员在议会会议期间,就政府的施政方针、行政措施以及其他事项,向政府首脑或高级官员提出质疑或询问并要求答复的活动。质询一般表现为议会开会期间质询者与被质询者之间的唇枪舌剑。质询在一定程度上可以纠正政府的错误,但是政府也会以损害公共利益为代价拒绝回答议会的质询。因此,质询作为议会监督政府的权力具有一定的局限性。

调查是指议会对政府行为进行调查并有权得到证言和有关记录的权力。调查可分为一般性调查或特别调查两种。议会的调查主要涉及对政府及其行政人员的违法行为的调查以及国家权力机关侵犯公民权利问题的调查。调查的方法主要是由议会成立委员会进行听证,许多国家往往会在议会下院建立各种委员会来具体行使调查权。

弹劾一般指西方国家的议会对政府高级官员犯罪或严重失职行为进行控告和制裁的一种制度。[①] 弹劾的对象范围广泛,上至总统,下至公务员。各国议会的弹劾做法不同。在美国,弹劾案由众议院提出,参议院审判。虽然在实践中,弹劾的启动往往很慎重,需要特定的程序和条件,但弹劾权的存在对行政机关和司法机关的官员往往具有震慑作用,使他们不敢滥用权力。

2. 行政机关

为了保证行政管理人员的廉洁和效能,很多国家往往在行政系统内部设置专门的检查监督机构,监视、调查和纠正政府部门中公务员存在的违法违纪行为。例如,在美国,反腐败机构设置,涉及各个系统和部门,立法、司法、行政部门都设有专门机构负责本系统的反腐败工作。在司法阶段,有从侦查到审判一以贯之的联邦调查局、检察官、独立检察官与各级法院,实现了有序合作且良好运行。法国成立了政府督察团,由专门的人员履行检察职能。除此之外还有行政审计监督,其实质是财政监督。很多国家成立了独立的审计机构。例如,英国在1983年成立国家审计署,独立于行政部门,代表议会对政府进行监督,向议会报告工作。审计署的经费由议会拨付,审计长由议会提名,由国王任命,且终身任职。只有经议会两院共同提议,国王才能罢免其职务。在法国,审计法院是国家最高政府审计机构,审计法院的院长由总统任命,实行终身制。审计法院的裁决为终审

---

① 唐晓、王为、王春英:《当代西方国家政治制度》,世界知识出版社,1996年,第164页。

判决,具有法律效力。

3. 司法机关

司法机关是指行使司法权的国家机关。例如美国的法院(含地区法院、上诉法院、专门法院和联邦最高法院)通过案件的审理来审查实施中的法律是否合宪以及行政机关的行政行为是否合宪合法的活动。其监督的目的在于限制公共权力(特别是其中的行政权力),维护和发展公民的尊严和权利。很多国家成立宪法法院对法律和国家最高权力机构活动的合宪性进行审查,对选举违宪进行必要的审查等。普通法院或者专门的行政法院承担行政诉讼和行政裁决的重任。

4. 政党反腐败机构

不同类型政党的组织机构和组织体系各有其不同的特点。世界各国政体、选举制度、政党制度、历史文化传统存在一定的差异,各国的政党有较大区别。但总体上看,西方国家政党机构反腐败的形式主要是执政党通过议会党团执掌行政权来对公共权力的运作予以监控;反映不同地域人民的意见以"影子内阁"等形式对执政党进行监视和抨击;在野党(反对党)常以执政预备军的身份提出和执政党竞争的政策在野党有监督在朝执政党的责任,可避免执政党一意孤行,以一种潜在的威胁迫使执政党不敢腐败。政党监督主要体现在三个方面:第一是监督选举。在选举的过程中,执政党往往利用执政的优势打压在野党的生存空间,谋取连任。在野党为达到上台执政目的,在选举活动中,都极力鼓吹和宣传自己的施政纲领和政策主张,并竭力攻击执政党的施政纲领和内政外交的错误。第二是监控议会立法。政党通过本党在议会中的政党领袖和议会党团的作用,影响议会全体会议和各委员会的表决活动。第三是监督政府决策。主要体现为在野党对政府的监督。

(二)反腐败机构设置模式

帕特里克·马尔(Patrick Meagher)根据反腐败机构的数量和职

能、反腐败机构与原有权力机关之间的关系,将反腐败机构划分为单一机构模式和多机构模式两种主要类型。①

1. 单一机构模式

单一机构模式就是在传统的权力机关之外建立一个独立、强大、集中、统一的反腐败机构,由其全面承担教育、预防、调查等反腐败职能;该模式所创设的反腐败机构强调集中统一,采取垂直领导模式,在指挥和行动方面具有较强的统一性,实际运转的实效性较强。该模式的应用在新加坡贪污调查局、中国香港廉政公署和毛里求斯廉政公署等方面都有着鲜明的体现,适用于经济发达且民众支持度高的地区。

单一机构模式的优势:第一,在单一机构模式中,由于反腐败机构的数量较少,所以反腐败的权力与责任比较集中。单一机构模式能够更好地解决各反腐败机构之间的协调困难和权责分工不清晰的问题。第二,在单一机构模式中,职业化的反腐败机构所掌握的权力较大、资源比较丰富,在其协调和组织下,有关权力机关能够在较短时间内开展大规模的反腐败行动,反腐败行动的短期效率较高。

单一机构模式的劣势:第一,在单一机构模式中,由于职业化的反腐败机构掌握强大的反腐败权力,难以受到来自其他权力机关的有效监督和制约,所以要警惕无人监督监督者的问题发生。第二,在单一机构模式中,职业化的反腐败机构在整个腐败治理体系中处于领导者、协调者的地位,在缺乏有效的监督和制约的情况下,它容易受利益和权力驱使而干涉其他权力机关行使职权的独立性与自主性,尤其是干涉司法机关行使司法权的独立性。

2. 多机构模式

多机构模式是在保留原有行政机关和司法机关的反腐败能力的同时,成立新的职业化的反腐败机构,两者分别承担一定的反腐败职

---

① Patrick Meagher. *Anti-Corruption Agencies: Rhetoric Versus Reality*, The *Journal of Policy Reform*, 2005, Iss. 1, pp. 69 – 103.

能,反腐败行动的有效性依赖于两者的协调和配合。

多机构模式的优势:第一,多机构模式通常内嵌于分权制衡的宏观政治格局中,各反腐败机构既相互协调又彼此制约。这有助于防止反腐败机构滥用权力。第二,在多机构模式中,行政伦理教育、预防和惩治腐败的职能分别由不同权力机关独立行使,各反腐败机构具有职能上的聚焦性和工作上的专业性。

多机构模式的缺陷:第一,多机构模式中的反腐败机构数量较多,法律对各反腐败机构之间权责界限的规定比较模糊、抽象,因此,在法治尚不健全的国家,多机构模式容易产生各反腐败机构相互推诿责任及其利益相互冲突、难以协调等问题。第二,在多机构模式中,各反腐败机构只承担一部分反腐败职能,反腐败行动的有效性依赖于各反腐败机构之间的协调与配合,而各反腐败机构往往隶属于不同的组织序列和系统,进行信息交流、工作协调的时间成本和经济成本较高。这种情况容易影响反腐败行动的效率。

该模式的应用对于法律法规的健全化存在较高要求,并且对于腐败始终坚持零容忍,资本主义发达国家在反腐败方面构建了完善的网络体系,为反腐败机构的建立创造了条件,但在最高反腐败机构的设立方面仍存在一定不足。在美国存在两套反腐败体系并行的情况,联邦调查局来对腐败案件进行调查,政府道德署则主要负责对高级官员财产申报信息进行审查,但调查和执法工作者由其他方面负责。

三、卓越有效反腐败机构的四大特征

一个反腐败机构卓越有效运作需具备哪些特征或条件?很多研究者都强调了反腐败机构的独立性和权威性,也有学者提到反腐败机构的廉洁性和专业性。如陈建新和郭剑认为有效的反腐败机构的基本特征是机构独立、至高权威、广泛赋权、廉洁奉公。其中,除了独立和权威以外,还强调了廉洁的重要。① 还有学者认为专业性是卓越反腐败机构的重要特征。腐败行为隐蔽性强、复杂性高,丰富的调查经验、优良的专业技能是保证高效反腐败的重要条件。应逐步推进中国反腐败机构的专业化建设。② 还有学者认为独立性、专业性、职权的充分性和廉洁性构成了有效的反腐败机构的四大标准。③ 根据以上观点,任建明总结了卓越反腐败机构应同时具备四大特征:独立、权威、廉洁、专业。④ 这四大特征应同时具备,不能缺少任何一个。以前独立、权威两大特征被关注度比较高。但是,仅有独立和权威是不行的,任何权力都需要被监督。监督权力同样有被滥用的可能。理论和实践都说明,反腐败机构的廉洁是其可以胜任反腐败职责的一个重要条件。

(一) 独立性

独立性是相对而言的,指反腐败机构免于受到来自政治领导人或其他权力机关的不当的政治干涉。《联合国反腐败公约》规定,反腐败机构应有必要的独立性,能免受任何不当影响,有效行使职能。联合国毒品与犯罪事务办公室明确了反腐败机构保持独立性的十二条标准,认为机构独立、人事独立、经费独立、职权独立是有效开展反腐败工作的基础,其中,职权独立是核心,机构独立、人事独立、经费独立是保障。

因此,任建明认为,一个反腐败机构要能称得上是独立或具备独立性条件,至少需要三个方面的独立并获得相应的制度支撑。第一,

---

① 陈建新、郭剑:《论中国反腐败机构设置的改革与完善》,《廉政文化研究》,2012 年第 5 期。

② 任建明、孟庆莉:《何以战胜腐败:由十八大精神谈起》,《理论视野》,2013 年第 2 期,第 44 - 48 页。

③ 吕永祥、王立峰:《反腐败机构的模式比较及其启示》,《中州学刊》,2018 年第 9 期。

④ 任建明、张君翼:《中国反腐败机构改革研究——基于中国香港和中国内地间的比较》,《北京航空航天大学学报(社会科学版)》,2016 年第 1 期。

职权独立。反腐败机构和其他权力机构在权力架构或结构上是独立的,不应当存在任何的隶属、领导与被领导、管理与被管理的关系。第二,人事独立。反腐败机构应当拥有独立的人事权力,可独立决定其人员的聘用、使用、管理和晋升。必要的外部审查或许是必要的,但绝不能实质性地干预反腐败机构独立的人事权。第三,经费独立。反腐败机构应当拥有独立的经费预算保障。经费预算几乎是和人力资源同等重要的资源。反腐败机构的经费预算保障必须是独立的。一旦其他权力机构可以控制反腐败机构的经费预算,反腐败机构就难以做到独立,至少这种独立是不彻底的。独立性对于反腐败机构有效运行的价值在于:保障反腐败机构自主调查任何腐败主体和腐败事件,减小反腐败机构沦为权力斗争工具的风险。

(二)权威性

权威性是指具有令人信服的力量和威望。权威性肯定和独立性相关,且应当是正相关关系。一个反腐败机构的独立性越高,其权威性也就越高。但是,权威性不仅受独立性一个方面的影响,还取决于对反腐败机构授权的多少。重要的授权包括腐败案件的立案权、调查权等。调查权可以派生出搜查权、拒捕权、涉嫌犯罪资金账户的审查权、犯罪资金的扣押权等。在调查权中,由于腐败犯罪的隐蔽性特征,为保证高效率克服腐败犯罪上的信息不对称,提高打击腐败犯罪的效率,秘密调查权就尤为重要。所谓秘密调查权,就是反腐败机构可以在不公开的情况下,跟踪、监视、监听、拍摄腐败犯罪嫌疑人以获得腐败犯罪证据。因此有人总结说,不论是在东方国家,还是在西方国家,反腐败成功经验都有一个共同特点:国家权力核心在哪里,反腐败机构就直接从属于哪里。

(三)廉洁性

廉洁性是指反腐败机构在行使反腐败职权的同时,还必须解决内部人员滥用权力的问题,通过接受来自内部和外部的全方位监督,确保公正、清廉地行使反腐败职权。① 任何不受到监督的权力都可能被滥用,反之,要确保任何权力的廉洁,有效的监督都是必备的条件或要求。反腐败机构要具备廉洁特征,同样离不开监督。而且,外部和内部的监督都是必要的。可靠的外部监督是有效监督的保障。由于打击腐败犯罪的需要,反腐败机构的权力可能很特殊,难以做到公开透明,如反腐败机构秘密调查权的行使过程同样是高度保密的。因此,仅有外部监督可能不足以确保反腐败机构的廉洁性,还必须有内部监督制度的设计。

(四) 专业性

反腐败机构的专业性特征主要体现在反腐败机构工作人员个人的专业技能和素质上。反腐败机构工作人员应当具备腐败及其规律的专业知识、国家反腐败法规知识以及与反腐败工作相关的诸多专业知识和技能,如财务会计、金融证券、信息网络、腐败犯罪调查、跨国腐败犯罪调查等专业知识和技能。纪检监察人员的专业化,不仅仅是掌握一些纪检监察学的专业理论,也不仅仅是掌握一些调查、侦查、起诉等专业技能,还包括要掌握其具体工作所对应的相关领域的专业知识。虽然这种专业性主要是个人性质的,但却和相关的制度安排密切相关。例如:反腐败机构要有较大的规模,内部组织机构设计应坚持职能分工导向并尽可能精简,人事管理制度要有利于职业化,培训制度要有利于专业化等。专业性对于反腐败机构有效运行的价值在于:腐败是一种非常复杂的政治现象,反腐败机构的有效运行要求其工作人员掌握关于腐败成因和反腐败方法的专业知识。

---

① 吕永祥、王立峰:《反腐败机构的模式比较及其启示》,《中州学刊》,2018 年第 9 期。

第二节 反腐败体制与机构案例

一、中国香港廉政公署

香港特别行政区在世界上享有"廉洁之都"的美誉,以清正廉明的社会风气和高效廉洁的政务环境著称。香港廉政公署是香港政府为惩治社会腐败行为而专门设置的反腐倡廉机构,于1974年2月15日正式成立。香港回归前,其全称为"总督特派廉政专员公署",简称"ICAC"。香港回归后,特区政府以法律方式确立了廉政公署的地位,并将廉政公署更名为"香港特别行政区廉政公署",保留并继续发挥其反腐治贪的作用。"香港,胜在有你和ICAC"这句话已经深入人心。香港廉政公署为创建高效廉洁的政务环境和公正清明的社会环境发挥了至关重要的作用。

香港在反腐败的实践中逐步探索出了一条依靠专门机构反腐败的体制。这种反腐败体制的特点是:专门机构发挥主导作用,与其他行政机构(律政司)和司法机构(法院)合作,共同履行预防和打击腐败的职能。

(一) 廉政公署设立的背景

香港在早期也没有专门机构,而是依靠警察部门的反贪污部来反腐败。1974年以前,负责香港反贪的机构是"反贪污室",隶属于香港警队,而当时的香港警队是贪污情况最严重的部门之一,由警队下属机构负责反贪,其成效可想而知。1973年香港总警司葛柏被发现拥有逾430多万港元财富,是其22年警察工资总和之6倍,怀疑是从贪污中得来。律政司要求葛柏在一星期内解释其财富来源。然而,在此期间葛柏竟轻易逃离香港到英国。葛柏潜逃令积聚已久的民怨立即爆发。学生们走上街头示威宣泄不满,抗议政府未能恰当处理贪污问题,集会获得众多民众的响应。他们手持写着反贪污、捉葛柏的横幅游行于街上,要求政府缉拿潜逃的葛柏归案。这一事件促使当局决定设立一个新的机构,以取代警署侦查贪污案件,打击贪污犯罪行为。1973年10月17日,香港总督麦理浩爵士正式宣布成立一个独立的廉政公署,全力打击贪污。1974年2月,香港立法通过了《总督特派廉政专员公署条例》。据此,总督特派廉政专员公署作为打击贪污行为的一个独立机构,正式成立并获得法律赋予的权力。香港廉政公署以致力打击贪污而闻名。香港廉政公署是根据《廉政公署条例》而成立的,并不隶属于政府公务员架构,廉政专员只向过去的港督或现在的香港特区行政长官负责。香港回归之后,根据《香港特别行政区基本法》,廉政公署继续全权独立处理香港一切反贪污的工作。

(二) 香港廉政公署组织架构及职能

香港廉政公署有着一套完整且独立的组织架构,其存在于政府之外,直接对行政长官负责,最高负责人廉政专员也直接由香港最高行政长官任命,领导廉政公署展开各项工作,廉政专员之外设副廉政专员1名,也由行政长官直接任命,主要对廉政专员的工作进行协助。

廉政公署的工作主要分为3个部分,即调查、预防和教育,而这3项任务又分别由3个专责部门负责执行,即执行处、防止贪污处和社会关系处。

香港廉政公署其内部机构分为4个层级,即:廉政专员,处级业务部门,科级机构,科以下的工作组。在廉政专员下面,廉政公署分设了执行处、防止贪污处、社会关系处和行政总部。执行处下设4个调查科,防治贪污处下设2个审查科,社区关系处下设传播及教育科、联络科。

行政总部是负责廉政公署行政事务的部门,职责包括管理联署的人力、物力、财力以及职员培训和作业部门的后勤服务等。该总部下设1名总行政主任,5个组。总行政主任协助助理处长管理辖下的编制组和财政及总务组,其他职员关系组、训练及发展组、社区研究组等3个组由助理处长直接领导。在财政及总务组下,分设了财务、物料供应、总务、办公设备事务等4个小组,其中总务小组内部又分设了机密档案室、总务室、接待处,负责统筹辅助服务工作,例如办公地方设备、办事处租赁和物料补充、电话安装等。行政总部负责廉政公署的行政事务,职责包括管理廉署的人力、物力、财力,以及职员的培训和作业部门的后勤服务等。

廉政公署的组织架构简图如图5-1所示:①

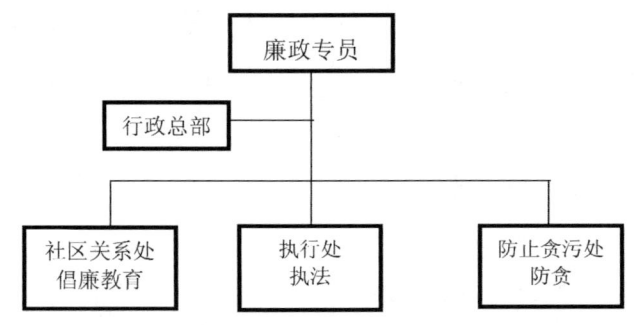

图5-1　香港廉政公署组织架构简图

1. 执行处

执行处是廉政公署最重要的部门,也是最大的部门,职责在于调查所有有关涉及触犯《防止贿赂条例》《廉政公署条例》以及《舞弊及非法行为条例》等罪行的指控工作。对于触犯上述三项条例的罪行,调查员有权搜查楼宇,全权行使拘捕权力而无须拘捕令。

该处在全港各区设立办事处,接受市民举报,而后调查案件、搜集证据。执行处处长职位由廉署副专员兼任。在执行处处长下设有两位执行处处长,分别主管调查业务和情报及支援事务。执行处下有4个职能科室,分别由1名助理处长负责。执行处以下共有16个小组,每个小组由1名高级廉政主任管理。执行处接获市民举报后进行调查,它拥有广泛的调查权力。《防止贿赂条例》第10条赋予其

---

① 图5-1来自于中国香港廉政公署网站,网址为http://www.Icac.org.hk/tc/about_icac/bh/index.html。

特别权力,可对个人财富或生活水平与公职收入不相称的在职或前政府人员展开调查,然后由律政司根据调查证据作出检控决定。

2. 防止贪污处

防止贪污处是廉政公署内专门负责审查的部门,主要负责研究政府部门、公共机构和私营机构的工作方式和程序,找出容易产生贪污的漏洞,涵盖的范围包括公共采购、人事管理、执法、合约管理、发牌及管理调控等多个方面,就防贪问题作出建议,设计出最佳的解决方案,以便减轻贪污舞弊行为可能出现的机会,并且加以改善从而有效地堵塞贪污的机会和漏洞。如果说执行处的目的旨在使人们"不敢贪污",那么防止贪污处旨在使人们"不能贪污"。

相比执行处,防止贪污处的规模在3个部门中最小。除了对公共机构提供审查服务之外,防止贪污处最大的特色在于,它还可以为公共机构之外的私营机构及普通个人提供所需的审查服务,帮助这些非公共机构及个人解决贪污腐败问题,发现及堵塞贪污漏洞,并为其提出改进意见。防止贪污处辖设2个审查科。这两个审查科内,共设6个组,其中第1至第3组隶属第一审查科,第4至第6组隶属第二审查科。各组负责的审查对象不尽相同。除以上6个组以外,还另设有1个管理组和1个顾问咨询组,隶属处长管理。其中管理组负责为防止贪污处6个审查组的审查事务及防止贪污咨询委员会的行政、文书事务等提供辅助服务;顾问咨询组则向私人机构、公共机构、政府部门等提供有关防止贪污事宜的咨询服务。防贪处拥有1队经验丰富的专业人员,尽心为公共及私营机构提供有效的防贪建议,他们包括:资深的前政府人员、工程师、测量师、会计师及核数师、资讯科技专业人员。

3. 社区关系处

社区关系处是除了执行处之外的第二大部门,主要负责对贪污腐败行为的危害进行宣传,让广大市民认识到贪污腐败行为对个人对社会的危害,倡导市民为反腐倡廉建设奉献自己的一分力量,同时,引导市民树立清正廉洁的良好意识和惩治贪污腐败的社会责任感。只有切实改变民众的态度,才能在反贪污工作中收到长期的效果。

香港的成功有赖于诚信不阿的公务员队伍。社区关系处定期为公务员举行防贪培训,并与公务员事务局联手推行"公务员廉洁守正计划"。社区关系处一方面加强与市民联络,掌握民情;另一方面通过互联网、报纸、讲座、书籍、海报、电视片等大众传媒的宣传和学校教育,使民众认识贪污的危害性以及贪污受贿的严重后果,旨在使人们"不想贪污"。

该处辖下设立两个科,即联络科和传播及教育科。联络科辖下有联络统筹组和各廉署分区办事处(分处)。联络统筹组主要负责联络政府各部门、《防止贿赂条例》附表所列的公共机关、宗教及志愿团体的总部、专业学校、专业协会、同业公会及其他全港性的组织;廉署分区办事处(分处)主要负责辖区内市民举报贪污事件的转递,并处理有关贪污问题的咨询。目前全港共设有11个廉署分区办事处(分处)。传播及教育科辖下设有宣传、新闻、社会教育3个组。其中宣传组下设节目小组、创作小组和设计小组,负责统筹廉政宣传节目的设计、制作,以便在电视台及电台播放,并提供美术设计服务。新闻组下设活动推广小组和新闻编发小组,为新闻界提供全日咨询服务。新闻组是廉政公署的发言人。社会教育组内再划分小组,其任务主要是负责协助学校品德教育、提高学生的道德标准。

(三) 对廉政公署的监督与制衡机制

廉政公署在香港被誉为社会的监察机构。而对廉政公署的制约与监督,主要来自以下8个方面。

1. 行政长官(以前为总督)及行政会议(以前为行政局)

廉政公署执行法定职务,廉政专员是由行政长官委任,并直接向行政长官负责,也要定期向行政会议汇报重要的政策事宜,例如贪污情况、执行处的工作、防贪措施、社区关系及教育工作等。

2. 律政司司长

廉政公署的职责是调查和搜集证据,并无检控与《防止贿赂条例》有关的罪行的权力。一切调查所得的资料均交由律政司司长研究及决定是否检控有关人士。此程序是保障廉政公署不会滥用权力的重要一环。

3. 司法机构

香港司法独立,只有法院可对案件作出判决。廉政公署在行使某种权力前,如扣留涉嫌人士的旅行证件,须先获得法院许可。在作出宣判之前,法官也可能顾及调查所用的方法。对于法官提出的意见和批语,廉政公署也会认真研究并对执行程序作出检讨,以确保权力不会被滥用。

4. 立法会(以前为立法局)

立法会在监察廉政公署的工作中扮演关键性角色。廉政专员及处长级人员须出席立法会会议,就廉政公署的政策大纲及申请拨款事宜回答议员的提问,参与立法会保安事务委员会定期举行的会议,就议员关注的问题作出解释。

5. 咨询委员会

行政长官委任各界知名人士,组成独立的咨询委员会,专门审查廉政公署各方面的运作。为确保运作独立和公正,各咨询委员会的主席均由非官方人士担任。廉政公署目前共有4个咨询委员会:(1)贪污问题咨询委员会;(2)审查贪污举报咨询委员会;(3)防止贪污咨询委员会;(4)社区关系市民咨询委员会。这4个咨询委员会每年均向行政长官(以前为总督)提交工作报告,有关报告书也会公开,使市民可以监督各委员会的运作。

6. 廉政公署事宜投诉委员会

该委员会由一名非官方人士担任主席,专门监察及探讨任何对廉政公署的工作程序或廉政公署工作人员所作的投诉。

7. 廉署内部调查及监察组

廉政公署自成立以来,便设立了一个内部调查及监察部门,称为L组,直接由主管私营机构调查的执行处处长管辖。对于廉政公署工作人员被指称涉及贪污及相关的刑事罪行,L组会进行调查,而律政司司长会就每宗个案给予法律意见。已完成调查的个案全部提交审查贪污举报咨询委员会进行审议。

8. 新闻传媒

香港享有高度的新闻自由,报刊报道各政府部门的工作时绝不偏袒也无须担心。而廉政公署的工作也一向受大众传媒监督,透过传媒,广大市民对廉政公署的工作都十分了解,并进行监督。

(四) 廉政公署的主要特点

香港廉政公署具有以下几个主要特点。

1. 独立性

第一,人员的独立。在人员的配置上,廉政专员由最高行政长官委任,廉政专员只对最高行政长官一人负责,负责指挥和管理廉政公署。在编制上,廉政公署从专员到各级职员都不属于公务员系列,不受有关公务员条例的约束。廉政公署除了正副廉政专员外,其他所有人员都是通过招聘、严格筛选而来的,并且他们在上岗前要经过严格的培训,再加上"解雇免释权"等廉署独特而又严厉的规定,保证了廉政公署人员比较高的素质。

第二,机构权力的独立。按照香港的法律,廉政公署只受特首的控制和指挥,不受其他任何政府机关、人员的命令与指挥。

第三,经费来源上的独立性。廉政公署虽不属于政府机构,但它的经费开支则由政府支付。廉政公署有自己的独立预算,它取得经费的方便性及经费的数额都远非其他政府部门可比。廉政公署工作人员的薪酬可以自定,普遍高于其他政府部门同级公务员的标准。

第四,权力运行的独立。在政策的制定和运用方面,廉政公署可以在特首同意下制定符合实际的反腐败政策。廉政公署独立地行使反贪权力,不必担心出现与其他部门扯皮、推诿的现象。在执行过程中也拥有很大权力,如可以限制犯罪嫌疑人的行动,检查他们的银行账户和保险箱,限制他们处理财产,并要求犯罪嫌疑人提供个人详细的经济状况,有权搜查疑犯的房屋。

2. 整合性

香港廉政公署由执行处、防止贪污处、社区关系处和负责署内行政工作的行政总部组成。它们在功能上互相配合,分别承担"依法惩治、积极防范、宣传教育"的任务,这种"三管齐下"的有效肃贪方式具有很大的整合性,惩治、预防和教育三种反腐途径有效地整合到一起,从而达到了"1+1+1>3"的效果。廉政公署下辖三个机构彼此相辅相成,每个部门都必须依赖其他两个部门的工作才能达到最高成效,这充分体现了廉政公署的整合性。

3. 制衡性

廉政公署有很大的权力,也有很高的独立性。但同时,廉政公署又有良好的内外监督制约机制,保障其自身的廉洁和高效。香港廉政公署受到五个方面的制约:

第一,廉政公署必须接受最高行政长官的直接监督和间接监督。一是廉署虽不受政府其他部门管辖,但廉政专员需向特区行政长官负责,且需定期向特区行政会议汇报工作。二是廉政公署必须接受5个委员会的监督。行政长官通过委任由行政议员、立法议员及贤达人士组成的"廉署事宜投诉委员会",监察针对廉署的职务投诉。行政长官还委任4个咨询委员会监督廉署日常工作。这4个委员会分别为贪污问题咨询委员会、审查贪污举报咨询委员会、防止贪污咨询委员会和社区关系市民咨询委员会。为了避免廉署工作受政府掣肘,上述四会委员多由特首委任的社会贤达和专业人士组成,主席均由非政府官员担任。三是尽管廉署有广泛的调查权,但没有检控权,必须由对行政长官负责的律政司司长决定廉署所调查案件是否提交法庭。

第二,廉政公署必须接受立法会监督。立法会有权赋予或撤销廉署的权力,也有权要求廉政专员就其政策及经费问题接受议员质询。

第三,廉政公署必须接受司法监督。廉署在行使某些调查权之前,须获得法庭准许;廉署的相关调查情况是否符合要求,亦受相关督查系统监管。

第四,廉政公署也有内部监督机制。廉政公署内部设有秘密的"L组",专门负责就廉署工作人员的职业操守与纪律问题进行调查与监察,以确保自身清廉高效。

第五,廉政公署还要接受公众的广泛监督。香港的新闻媒体是公众监督廉署的重要途径。

二、法国的反腐败体制与机构

作为欧洲的发达国家,法国相对来说是腐败问题较为严重的一个国家。十多年来政治家腐败丑闻和大案频频曝光。但是在透明国际发布的全球"清廉指数"排行榜上,法国属于廉洁度较高的国家之一。法国的反腐败机构属于多机构模式,分散在行政、司法部门,虽然没有独立的反腐败机构,但是法国"注重预防"腐败理念,建立了一整套具体的廉政制度,加强了对权力的监督制约,提高了行政行为的透明度,形成了全社会反腐败的合力,有效地减少了腐败。

(一) 具有反腐功能的机构概况

法国是实行三权分立的国家,但它与典型的三权分立国家却不太相同,属于半总统制共和制政体。议会行使立法权,政府行使行政权;但司法权不仅属于司法机关的法院,也归属于行政机关的行政法院。除此之外设最高司法委员会,归总统领导。法国检察机关隶属于司法部,其性质上是行政机关。总检察长对司法部长负责,领导全国的检察工作。检察机关仍履行重要的司法职能,是重要的司法机关。法国具有反腐功能的机构很多,总的来说可以分为惩治腐败和预防腐败两个类别机构。

1. 惩治腐败的机构

法国惩治腐败的机构有:享有初步调查权和起诉权的检察院、享有预审权的预审法院、享有审判权的实体审法院和配合司法官工作的司法警察局。

(1) 检察院。

法国检察院是独立于法院的司法机构。检察官对查实受到的控告有权采取录音、调查、询问等措施,检察官还有权进行搜查和扣押,有权拘留嫌疑人,签发拘传令,命令司法警察将犯罪嫌疑人带至其面前。检察院享有的侦查权是预先调查权,检察官在初步调查之后,如果案件属于重案罪,应当向预审法官提交侦查意见书,由预审法官对案件进行侦查;如果案件属于轻罪案,则检察官可以根据案情决定是否交预审法官办理。腐败案件基本上都属于轻罪案件,理论上检察官可以自行决定是否移交给预审法官。但是,由于腐败案件属于无受害人的犯罪,隐蔽性较高,潜伏期很长,这就增加了侦查的难度。预审法官属于法官序列,其独立性高于检察官,相对于需要接受上级领导的检察官,预审法官更加不会受到政治力量的干扰。鉴于此,检察官通常愿意将腐败案件移交给预审法官来侦查。

(2) 预审法院。

预审是法国特有的刑事诉讼阶段,对严重犯罪案件,在案件被正式审理之前,应首先经过庭前准备程序,也就是预审程序。预审阶段的主要工作是搜集充分的证据。预审法院由预审法官和羁押法官组成。除了调查的范围受到一定的限制之外,法律对预审法官几乎没有任何其他限制。预审法官所进行的预审活动不受任何行政单位或其他司法官员的影响。不仅如此,为了应付复杂的刑事案件,法国刑事诉讼法赋予了预审法官惊人的权力,预审法官拥有调查权和司法权。预审法官有权进行对质、询问、出差取证、扣押、鉴定,还有权签发传票、拘传票、逮捕证和追捕证。

(3) 实体审法院。

实体审法院是审理刑事案件并作出一审判决的机关。腐败案件可能属于轻罪,也可能属于重罪,因此,检察官有可能向轻罪或重罪法院提起公诉,但是二者的审判方式相去甚远。

(4) 司法警察局。

法国有两类行使警察职权的机构,一个是警察,另一个是宪兵。

其中警察向内务部负责,宪兵向国防部负责。司法警察局下设国家经济调查处,专门负责经济案件的侦查,该处有若干小组负责税务欺诈和腐败案件。宪兵也有专门从事警察活动的机构负责司法调查。宪兵具有军队性质,因此,他们在纪律、忠诚和等级制度上有较为特殊的规定,这对于办理一些特殊案件有非常大的帮助。

2. 预防腐败的机构

法国预防腐败的机构主要包括行政机构、行政机构内设部门和司法机构三大类。

(1) 行政机构。

法国从事腐败预防的行政机构是一个在中央预防腐败局领导下的专业化程度很高的腐败犯罪防控网。

中央预防腐败局是全国预防腐败工作的领导机构,也是反腐败工作的协调机构。作为一个跨部门的行政机构,中央预防腐败局由来自司法、税务、警察、海关、正当竞争、消费和打击欺诈部门的成员组成。预防腐败局的宗旨是系统运用集中的信息对腐败犯罪进行有效的侦查,提高预防和打击腐败的效果。预防腐败局的总任务是集中公职人员和其他人员受贿、贪污、获得非法利益等方面的重要信息。在收集这些信息的基础上,预防腐败局每年都发布一份年度报告,详细阐述腐败与反腐败的总体状况,揭露腐败高领域和高危人群,指导反腐败工作。

在中央预防腐败局的协调下,打击非法金融活动和情报处理中心,司法部刑事案件与赦免局下属经济犯罪案件分局,公共建设、供货合同和公共服务授权合同部际调查组,政治生活透明委员会等4个专门化程度很高的预防腐败机构也发挥着重要作用。

打击非法金融活动和情报处理中心有两大职能:一是收集、处理和输出有关秘密资金通道、洗钱的情报以及配合国家经济部和预算部于该领域所开展的工作;二是接受和调查设计金融机构、资产公司、保险公司,甚至赌场的举报,收集整理能证明合理资金来源的情报。如果发现有关犯罪的行为超出其职权范围,例如涉及腐败犯罪或有组织犯罪非法收入的洗钱行为,中心必须向检察官报告其所发现的犯罪行为。

司法部刑事案件与赦免局下属经济犯罪案件分局的主要任务是研究检察官所提供的个案报告或在办理经济案件时所遇到的困难的报告,以及从其他预防腐败机构提供的信息中收集情报,委托专家组对有价值的信息进行多角度的专题研究,并以此对检察官追诉犯罪提供帮助,以此达到打击与预防经济犯罪统一的目的。

公共建设、供货合同和公共服务授权合同部际调查组,是一个针对涉及公共建设、供货合同和公共服务授权合同案件的线索初查机构,它的调查结束后,通常会启动正式司法程序。该调查组有六位固定成员,其中有三名司法官和三名行政官员,另外还有因不同案件而聘请的非固定成员。作为一个跨部门的协调机构,该调查组还经常给地方警察局、审计法院和其他机构提供专业建议。

政治生活透明委员会是负责落实公共人员财产申报制度的机构。政治生活透明委员会按照法律规定审查政府成员、议员和企业负责人的财产状况,对来历不明的财产进行调查。

(2) 行政机构内设部门。

法国大部分的中央部门都设有内部监督机构,对本部门工作人员执行公务时发生的腐败犯罪进行监督。下面主要介绍三个有代表性的机构。

一是中央经济监督处。中央经济监督处是 1816 年在整合了财政部和国库若干监督处的基础上形成的,其领导由处长、副处长和顾问三人组成,下属 30 名高级调查员和 30 名调查员。监督处对经济财政部长负责,主要是对公共资金的使用情况进行监督,在此过程中往往会发现腐败行为。在公务员执行本部门规章、条例和遵守职业道德的情况进行检查、调查和审计的过程中,如果发现有任何可能是犯罪的情况,中央经济监督处必须将其移交给司法机关,而不需要征得其上司经济财政部长的同意。

二是中央司法调查处。中央司法调查处是对司法部所述各部门进行调查的机构,处长由高级别的法官或其他司法官员担任,另设两位副总司法调查员和16名调查员。司法调查员的职权很广泛,包括监督法院和其他司法部所属部门的工作,根据司法部长的要求对法院和其他司法部所属部门进行调查,对公务员、法官和其他司法人员的个人行为或职业行为开展行政调查。

三是国家警察监督员。国家警察监督员对全国范围内的所有警察遵守法律、规章以及国家警察法和警察职业道德的情况进行监督,它根据行政或司法机关的委托从事其职权有关的调查,也为改善警察行使职权而开展相关调研。

(3) 司法机构。

法国预防腐败的司法机构包括审计法院和地方审计法庭。法国以多种形式实现对公共资金的非法使用进行监督,主要有审计监督、行政监督和议会监督,但是最终还是由审计法院和审计法庭来对上述情况进行司法监督。审计法院有7个法庭,每个法庭有30名法官、书记员和办事员。审计法院对国家机关、团体、国有企业和社会保险行使法定的强制监督,对接受公共资金的私有企业、建立在公共捐款基础上的慈善机构和接受欧盟经济援助的机构则进行选择性的监督。地方审计法庭成立于1982年,地方审计法庭法官对地方会计员做的账目进行审查,对地方国家机关、直接及间接向国家机关负责或由国家机关提供经济支持的机构的经济活动进行监督,并提出意见、建议和司法决定。

(二) 法国反腐败体制的特点

1. 注重预防

法国的反腐败重在预防,反腐败工作的指导思想是"预防为主、铲除犯罪资源"。为此,法国通过了若干行之有效的预防腐败法律和相关制度。

第一,《政治生活资金透明法》。1988年,法国制定了《政治生活资金透明法》(该法全文可在法国公共法律文献网站 http://www.

legifrance. gouv. fr/上免费全文下载——编者注），并在此基础上建立了"公职人员财产申报制度"，由政治生活资金透明委员会来负责此项制度的落实。这个法律主要是从源头上把关，试图规范公职人员的财产状况，对来历不明的财产进行调查。

第二，《预防腐败和经济生活与公共程序透明法》。法国于1993年制定了《预防腐败和经济生活与公共程序透明法》，即《反贪法》。《反贪法》对最容易滋生腐败现象的一些行业和部门活动的透明度做出了规定。法国有统一的预防腐败机构——中央预防腐败局，它是全国预防腐败工作的领导机构，也是反腐败工作的协调机构。

第三，国家稽查特派员制度。法国向国有企业派出的"国家稽查特派员"一般是在经济财政部门工作多年、具有丰富管理经验的资深官员。目的是在保证国企的自主权、使之在激烈的市场竞争中高效运作的同时，兼顾国家对国有资产的监督，防止国有资产的流失。稽查特派员对国有企业的主要职能除通报情况、监督开支以外，还有评价业绩、影响决策及预测风险、防止风险等职能。

2. 反腐败机构具有很强的独立性

在法国，司法独立的精神深入人心，法国理论界对司法独立的普遍理解是：无论在组织结构方面还是在法官行使司法权时，司法均不受来自外部力量的压迫。在此背景下，由司法机关组成的惩治腐败机构也就相应地具有较高的独立性。不仅如此，设立在司法机关之外的其他反腐败机构也具有较高的独立性。如打击非法金融活动和情报处理中心，司法部刑事案件与赦免局下属经济犯罪案件分局，公共建设、供货合同和公共服务授权合同部际调查组，政治生活透明委员会等都是包含许多政府职能部门的跨部门机构，它们一旦成立就脱离原隶属机构的控制，享有相对独立的地位。还有些预防机构如公共建设、供货合同部际调查组，政治生活透明委员会，尽管它们属于行政机关，但是都是在司法官或前任司法官的领导下开展工作，司法官的职业习惯在一定程度上使得这些机构具有相对独立性。

法国作为西方发达国家，在反腐倡廉方面积累了丰富的经验，但也存在一些问题,如在体制上,存在着零碎和散乱的问题,没有一个全国性的专门统一反腐机构;在机制上,各反腐败部门存在着协作不够、信息沟通不畅等问题,缺乏合力;在性质上,主要和各大政党的政治斗争交织在一起,带有明显的功利主义色彩。① 从总体讲,法国廉政建设瑕不掩瑜,至少在一个西方大国构建了一套行之有效的国家廉政体系。

三、中国的国家监察委员会

我国属于政党主导型反腐败体制,中国共产党作为核心在反腐败体制和机构设置中发挥了领导作用。改革开放以来,我国反腐体制机制不断完善,完成了从分散反腐到协同反腐的体制转型。

(一)我国反腐败机构改革的历史轨迹

改革开放以来,中国反腐败机构改革经历了一个逐步完善的过程。在这里,以纪检监察机构的变革为主线,以机构调整、结构变革、职责配置等为划分依据,把改革开放以来反腐败机构改革大致分成4个阶段。②

1. 机构重建阶段

党的十一届三中全会重新确立了思想路线、政治路线和组织路线。全会根据历史的经验教训,为了推进反腐败组织建设,重建中央纪律检查委员会。中央纪委、中央组织部共同下发《关于设立纪律检查委员有关问题的通知》《关于中央、国务院各部、委、局成立纪律检查机构问题的通知》《关于迅速建立健全各级纪律检查机构的通知》等,要求省和县各级党委都要设立纪律检查委员会;大部分部委局可以在党组和党委领导下成立纪律检查组,纪检机构力量和干部配备

---

① 邹洪凯、马莺:《法国廉政体系建设理念与实践》,《廉政文化研究》,2010年第1期。
② 庄德水:《改革开放以来反腐败机构改革的实践逻辑》,《探索》,2018年第5期。

得到实质性强化。国务院下发《关于在县以上地方各级人民政府设立行政监察机关的通知》，要求各级行政监察机关要一边筹建、一边工作。

随后，1979年下半年最高人民检察院设立经济检察厅，地方各级检察院也陆续设置经济检察机构开展对贪污贿赂及偷税漏税假冒商标等经济犯罪的检察工作。经济监察厅主要是针对经济犯罪，没有明确的政治反腐机关。十年后，原最高人民法院院长肖扬在其专著《反贪报告》中回忆道：1989年5月5日，与时任最高人民检察院检察长刘复之的谈话，刘老提到："现在要有一个专门机构搞反贪污、受贿，不然很难搞，要有专门手段、专门技术。"随后，根据这一设想，立即要求当时的研究室主任余万宁结合广东实际，抓紧时间，组织力量，研究设立惩治贪污贿赂专门机构的具体方案。同年8月18日，广东省人民检察院反贪污贿赂工作局正式成立，中国第一个反贪局在广东成立。随后，全国其他省市的反贪局也逐步成立。这标志着纪检体制的重新建立和纪检机构的恢复，这标志着行政监察正式进入国家反腐败体系。这一阶段既是反腐败机构政治地位重新确立的过程，也是反腐败机构各自开展工作和发挥职能的时期。

2. 机构复合阶段

党的十四大后，为了适应社会主义市场经济新条件下的反腐败要求，理顺党政反腐败机构关系，维护党纪政纪的严肃性，切实搞好党风政风建设，1993年2月中央决定实行党政纪检监察合署办公新体制，即纪检机构与监察机构实行一套工作机构、两个机关名称，但不允许纪检或监察机关同其他部门合署办公。其中，山西省和上海市的监察机关设置为监察委员会，与省、市纪委合署办公。作为试点，深圳市纪委与市监察局仍然实行两套工作机构的体制。1995年11月10日，最高人民检察院反贪污贿赂总局正式挂牌，标志着我国检察机关惩治贪污贿赂工作走向正轨。山西省的监察委员会于2007年恢复为监察厅。实行合署办公后，各级纪检监察机构履行党的纪律检查和政府行政监察两种职能，纪检、监察工作人员均具有双重身份,都有权根据承担的职责处理业务分工范围之内的问题。

纪检监察合署办公克服了纪检机构与监察机构分设格局所产生的重复核查、检查和设置办事机构等问题,避免纪检、监察工作的重复交叉,精简了机构和人员,提高了反腐败机构的整体反腐效能。

3. 机构外延阶段

进入21世纪,为了推进党风廉政建设和反腐败斗争,反腐败机构强化外延式改革,在"块块"体系实现派驻的垂直领导,在"条条"体系实现巡视的直接管理。特别是2003年11月中央颁布《中国共产党党内监督条例(试行)》,明确派驻监督和巡视监督是加强党内监督的两大抓手,形成了完整的党内监督体系。并且,反腐败机构改革与国际法规则的要求相适应。《联合国反腐败公约》第六条明确规定,各缔约国均应当根据本国法律制度的基本原则,确保设有一个或酌情设有多个机构以预防腐败,并赋予这些机构必要的独立性以及必要的物资和专职工作人员。根据公约要求,2007年9月国家预防腐败局正式成立。作为国务院直属机构,负责全国预防腐败工作的组织协调、综合规划、政策制定、检查指导、协调指导企事业单位、社会团体、中介机构和其他社会组织的预防腐败工作,负责预防腐败的国际合作和国际援助。

在这一阶段,反腐败机构的规模扩张,不仅实现对"条条""块块"的监督和制约,而且实现了对外开展反腐败交流合作。反腐败机构嵌入各个工作领域,日渐成为一个独立系统。①

4. 机构整合阶段

党的十八届三中全会提出反腐新思路,提出深化反腐败机构改革的机制创新和制度保障,要让权力在阳光下运行,把权力关进制度的笼子里。与时俱进地修订《中国共产党巡视工作条例》,改进中央和省市区巡视制度,做到对地方、部门、企事业单位全覆盖,独立开展

---

① 庄德水:《改革开放以来反腐败机构改革的实践逻辑》,《探索》,2018年第5期。

工作。经过20年的发展,一些影响办案成效的问题逐渐显现,不能完全适应反腐败的形势,急待改革。

2016年11月,中央办公厅印发《关于在北京市、山西省、浙江省开展国家监察体制改革试点方案》,国家监察体制改革试点渐次铺开。2017年10月,中共中央办公厅印发《关于在全国各地推开国家监察体制改革试点方案》,将试点工作在全国推开。为了深化国家监察体制改革,深入开展反腐败工作,推进国家治理体系和治理能力现代化,2018年3月第十三届全国人民代表大会第一次会议审议通过了宪法修正案和《中华人民共和国监察法》,确立监察委员会作为国家机构的法律地位,实现了党内监督和国家监察的有机统一。至此,中国形成了一个突出专门化、更加专业化的反腐败机构体系。我国反腐败体制也从分散反腐完成了协同治理的转型。

(二)国家监察委员会

1. 国家监察委员会的体制及组织架构

(1)监察委员会内涵。

监察委员会,是国家的监察机关,是行使国家监察职能的专责机关,依照《中华人民共和国监察法》对所有行使公权力的公职人员进行监察,调查职务违法和职务犯罪,开展廉政建设和反腐败工作,维护宪法和法律的尊严。国家监察委员会是一个拟定整合监察部、国家预防腐败局、最高人民检察院反贪污贿赂局、最高人民检察院反渎职侵权局等机关组建起来的国家监察机关。其独立于国家司法机关、国家行政机关和国家立法机关,与党的纪律检查委员会合署办公。

(2)提升监察权,构建统一反腐败机构。

国家监察体制改革思路清晰,问题导向鲜明。一是为了区别国家监察权不同于原来的行政监察权,彰显国家监察权的高规格和高权威,国家监察委员会由全国人民代表大会选举产生,作为专责机构行使监察权。根据《中华人民共和国监察法》规定:国家监察委员会由全国人民代表大会产生,地方各级监察委员会由同级人民代表大会产生。其中,监察委员会主任由同级人民代表大会选举产生,副主任、委员由主任提名并由同级人大任免。各级监察委员由同级人大产生,对其负责,受其监督。这就表明国家监察委员会与"一府两院"具有同等的宪法地位,监察权上升为与行政权、司法权同等的地位,改变了目前我国权力分配的格局,形成"一府一委两院"的新型权力格局,如图 5-2。

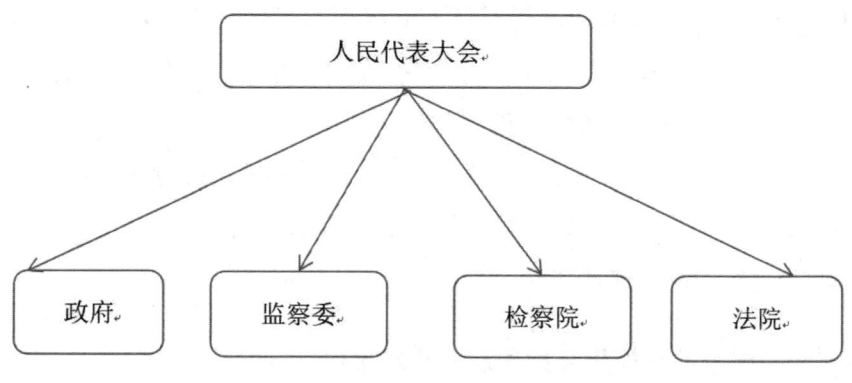

图 5-2 "一府一委两院"的新型权力格局

二是为了整合反腐败资源,构建一个统一权威高效的反腐败机构,需要改变现存有关部门的隶属关系,根据《方案》和《决定》的规定,"各级监察委员会将整合人民政府的监察厅(局)、预防腐败局及人民检察院查处贪污贿赂、失职渎职以及预防职务犯罪等部门的相关职能",行使国家监察权,将所有行使公权力的公职人员纳入监察范围。值得注意的是,此次改革并没有把审计机关及其审计职能整合进国家监察委员会,这表明就目前形势下,把审计职能合并至国家监察体制没有必要也不现实,国家没有选择盲目合并而是有选择地合并不同部门的反腐职能,显然是经过国家战略层面的考虑的,体现了党和国家全面深化改革的科学性。

(3)纪委监委合署办公,完善监察委员会组织架构。

中国共产党是中国特色社会主义事业的领导核心,党对国家发展起到领导的作用,我们要始终坚持党的领导,坚定不移地跟党走。

因此,在防治腐败工作上,也应加强党的领导作用。自1993年党的纪律检查委员会与监察部合署办公以来,监察工作就一直处在党的领导之下。这一举措精简了机构,裁撤了冗员,加强了两部门之间的有效沟通,降低了监督成本,对于惩治腐败起到了极大的作用,提高了党纪和政纪的执行效率。① 此次党的纪律委员会与国家监察委员会合署办公,是对原来纪委和监察部合署办公的继承和发展。合署办公后,由纪委副书记兼任监察委员会的主任,体现了"两块牌子,一套人马"的人事设定。从历史的角度看,此次合署办公是更为完善和彻底的。监察权从原先政府内部的一项职能上升到国家监察权,与行政权和司法权并列成为国家的"第四种权力",解决了原来"一条腿短一条腿长"的困境,有利于形成党统一领导各种力量协同反腐局势。纪检监察合署办公,统一行使监察权,将所有行使公权力的公职人员纳入监督范围,为实现党和国家长治久安走出一条中国特色监察道路。

2. 监察委员会的组成、产生、任期

监察委员会由下列人员组成:主任,副主任若干人,委员若干人。监察委员会主任每届任期同本级人民代表大会每届任期相同。国家监察委员会主任连续任职不得超过两届。国家监察委员会由主任、副主任若干人、委员若干人组成,主任由全国人民代表大会选举,副主任、委员由国家监察委员会主任提请全国人民代表大会常务委员会任免。地方各级监察委员会由主任、副主任若干人、委员若干人组成,主任由本级人民代表大会选举,副主任、委员由监察委员会主任提请本级人民代表大会常务委员会任免。地方各级监察委员会主任每届任期同本级人民代表大会每届任期相同。

---

① 任建明,杨梦婕:《国家监察体制改革:总体方案、分析评论与对策建议》,《河南社会科学》,2017年第6期。

3. 监察委员会的职能

(1) 监察范围。

以往行政监察的对象和范围仅限于行政机关及行政机关任命的公职人员,这是"狭义政府"公职人员的定义范围,对其他行使公权力的人员没有实行全覆盖,这就造成监督漏洞,让不法分子有机可乘。为了保证监督的有效性和全面性,根据《中华人民共和国监察法》规定,监察机关将所有行使公权力的公职人员纳入监察范围,包括"一是中国共产党机关、人民代表大会及其常务委员会机关、人民政府、监察委员会、人民法院、人民检察院、中国人民政治协商会议各级委员会机关、民主党派机关和工商业联合会机关的公务员,以及参照《中华人民共和国公务员法》管理的人员;二是法律、法规授权或者受国家机关依法委托管理公共事务的组织中从事公务的人员;三是国有企业管理人员;四是公办的教育、科研、文化、医疗卫生、体育等单位中从事管理的人员;五是基层群众性自治组织中从事管理的人员;六是其他依法履行公职的人员"①。国家监察法规定的监察范围覆盖所有公职人员,使监督不再留有空白。十八大以后,习近平总书记不断强调,反腐败只有全覆盖才能零容忍,才能"苍蝇""老虎"一起打,实现构筑"不敢腐、不能腐、不想腐"的反腐堤坝。

(2) 监督、调查、处置职责。

根据《中华人民共和国监察法》规定,监察委员会依法履行监督、调查、处置职责,所谓监督就是监督检查公职人员的依法履职、秉公用权、廉洁从政、道德操守情况;所谓调查就是调查涉嫌贪污贿赂、滥用职权、玩忽职守、权力寻租、利益输送、徇私舞弊及浪费国家钱财等职务违法职务犯罪。所谓处置就是对违法的公职人员依法作出政务处分决定。为了更好履行监督职责,法律规定监察机关被允许采取

---

① 李建国:《关于〈中华人民共和国监察法(草案)〉的说明——2018年3月13日在第十三届全国人民代表大会第一次会议上》,《中华人民共和国全国人民代表大会常务委员公报》,2018年4月15日。

谈话、讯问、留置等12项具体措施开展调查工作。其中,用"留置"取代"双规",是我国反腐工作新形势下的一种制度创新。"双规"措施在遏制腐败、加强党风廉政建设中起到举足轻重的作用,但总结几十年反腐败工作经验教训,在反腐败工作中,应逐步摒弃"双规"措施,取而代之以更为合理的"留置"措施,这正是党和国家准确把握反腐败新形式的突出表现。"留置"作为一项法律措施,相对于"两规"措施而言,更加规范、公正,蕴含着我国反腐败理念和模式变迁的基本逻辑,必将进一步推动新时代反腐败工作规范化、制度化、法治化。①

4. 国家监察委员会成立的意义

(1) 提高了监督机关的独立性和权威性,增强了协同反腐效力。

改革前的监察制度为"行政监察制度"。行政监察制度实行"双重领导体制",一方面接受本级政府领导,另一方面接受上级行政监察机关的领导。《行政监察法》赋予监察机关检查权、调查权、建议权和行政处分权等,但由于归属同级政府领导,实践中很大程度上难以落实。② 改革后的监察体制,是一种"新的双重领导体制",监察委由人大产生,对其负责并受其监督;另一方面也受到上级监察委的领导。虽然监察委对人大负责,但只需每年向人大汇报工作即可,在日常工作过程中,只接受上级监察委领导,这种制度构建就避免了同级政府部门对监察机构的制约和干预,使监察机构能够真正做到对国家公职人员实行无干扰、全覆盖的监督。同时,监察委员会整合了行政监察职能、预防腐败职能和检察院下设的三个部门的职能,成为一个独立的机构开展监察反腐工作,把原来分散的权力和程序整合成为一个机构连续地开展工作。监察委"既包括了前期的检查、调查权,也包括了后期的独立处分权;既可以开展事前、事中监督,也可以

---

① 吴建雄:《国家监察体制改革"试点工作在全国推开"的法理思考》,《中国党政干部论坛》,2017年第11期。

② 吴建雄:《论国家监察体制改革的价值基础与制度构建》,《中共中央党校学报》,2017年第2期。

进行事后追惩,能够独立完成监督流程"①。这是审计监督等其他专项监督权不具备的优势。

各级监察委员会由本级人民代表大会选举产生,人大对监察委进行人事任免。地方各级监察委员会的产生方式也是如此。改革前的监察体制属于行政监察,隶属于政府部门内部的一种监督体制。人大除了每年听取工作报告进行评审和建议之外,并没有有效的监督机构和监督方式对行政监察部门进行全程监督。改革后的监察委员会,直接接受人大的领导,由其产生、对其负责、受其监督。人大每年可以对监察委进行评议,对监察委工作不满意时,可以采取撤职调查、重新任免等严厉措施。这一制度机制有效改善了人大监督不足的局面。另一方面,监察权由原先的行政监察上升为国家监察,其政治地位的变动必然增强其独立性和权威性。改革前的监察部隶属于行政机关,是政府内部的一种监督机制,其人事权、财权、物权等都受到来自同一体制内的限制,导致监察流于形式,作用欠佳。改革后国家监察权和行政权并立,在政治上拥有同等地位,改"同体监督"为"异体监督",独立于政府机构之外。

(2) 有效整合了反腐败资源,为协同反腐提供了体制机制保障。

监察体制改革前我国反腐败治理是"五龙三江"治水,五龙是指反腐败的主体有五大部门机构,纪委、行政监察、审计、预防腐败局和反贪污贿赂局,其中纪委和行政监察是合署办公,有 4 个实体机构。"三江"是指这 5 个主体分属于 3 个不同的系统,即党的执法系统、行政系统和司法系统。这样安排虽然看起来是党政法协调合作,共同打击腐败行为,但在实际运行中往往出现力量分散、重复办案的情况。同时,从反腐败体制机制上说,缺乏专业独立的核心力量主导,反腐资源呈现碎片化状态。

新成立的监察委员会将以前分散于三个系统的五大反腐资源整

---

① 姚文胜:《论〈行政监察法〉立法缺陷与完善》,《深圳大学学报(人文社会科学版)》,2000 年第 12 期。

合为一个部门,构建了一体化的反腐体制。单一腐败机构的设立,在处理腐败信息消息和情报、减少各部门之间协调沟通等方面比多机构联合运作体现出巨大的优势,有效避免各部门难以协调、信息壁垒、部门保护等难题。设立专职反腐败的统一机构,一方面可以保证权责分明,"谁出问题谁负责",把责任精确到个人,这样可以有效避免个别官员为了保护本部门的利益,消极监督,对有些违法乱纪行为视而不见。另一方面,监察委把各个部门的反腐职能都整合至一个部门并上升到国家高度,一是合并同类项减少了机构设置,降低行政成本,增强协调沟通能力,提高了查办贪腐案件的质量和效率;二是由一个居于各反腐机构之上的机构进行反腐协调工作,很大程度上解决了反腐职能在各平行机构的分散性问题,为我国的反腐事业提供了机制和体制上的保障。

第六章　反腐败的国际合作

20世纪中叶以来,随着全球化进程的加速,跨国贿赂、贪官外逃、赃款外流等腐败犯罪国际化趋势越来越明显,腐败现象已经从一个国家内部问题逐渐演变为国际社会的公害,单独依靠各个国家的力量控制腐败犯罪几乎成为不可能。腐败问题的国际化,不仅严重破坏公平的国际贸易与投资环境,危害一个国家政治稳定和可持续发展,而且它还同其他有组织跨国犯罪和洗钱等经济犯罪之间存在着千丝万缕的联系。腐败问题的国际化呼唤腐败治理的国际合作,正如《联合国反腐败公约》在序言中所言:"腐败已经不再是局部问题,而是一种影响所有社会和经济的跨国现象,开展国际合作预防和控制腐败至关重要。"[①]

第一节　反腐败国际合作的组织体系

从国际社会来看,政府间组织和国际非政府组织在推动反腐败国际合作进程中发挥着重要作用。目前,全球反腐国际合作组织体系主要包括经济合作与发展组织、联合国、世界银行、透明国际、二十国集团等国际性组织。

一、经济合作与发展组织

国际反腐合作最早源于反海外商业贿赂领域,在法制进程上经历了美国的《反海外腐败法》推动跨国贿赂犯罪化和经济合作与发展组织的《反商业贿赂公约》促进反商业贿赂国际合作两个重要阶段。

---

① 宋寒松:加强预防职务犯罪的国际合作[EB/OL] http://news.sina.com.cn/o/2012-07-31/110124876752.shtml。

目前,经济合作与发展组织在反海外商业贿赂领域发挥着主导性作用。

(一) 美国的《反海外腐败法》推动跨国贿赂犯罪化

第二次世界大战后,随着经济全球化的不断深化,跨国公司在规模和数量上得到迅速发展,成为推动各国经济贸易发展的主要力量,深刻影响着国际经济秩序的形成和发展,跨国公司为获取商业机会也导致海外商业贿赂现象迅速滋生蔓延,严重扭曲国际商业竞争环境。早在1958年美国就已经宣布跨国贿赂为不道德行为,并废除了跨国贿赂的税收减免政策。

1976年2月6日,美国洛克希德公司总裁卡尔·科奇恩在美国参议院的听证会上承认,为了销售客机和战斗机产品,公司向日本政客及官员行贿超过5亿日元。洛克希德公司贿赂外国公职人员的行为引起同行强烈谴责,有鉴于此,美国证券交易委员会启动了对美国企业的海外贿赂调查。调查发现,为了促使外国公职人员履职尽责,或获得外国政府的特殊政策待遇,400余家美国企业为国外高官提供总计3亿余美元的不当支付。跨国公司的海外贿赂行为中引发了美国人对其产品在海外市场真正竞争力的质疑。要求上市公司会计信息披露跨国贿赂行为,已成为重塑和维护股东对美国企业制度的信心、进而维护美国商界声誉的必然手段。此后,为禁止美国企业的海外贿赂行为,重塑美国商业体系诚信,美国国会将海外反腐败法纳入立法议程。1977年12月19日,时任美国总统吉米·卡特签署《海外反腐败法》(Foreign Corruption Practices Act,FCPA)并立即生效。

《反海外腐败法》的颁布是全球反腐败运动历史上的革命性事件。跨国贿赂在历史上曾被视为享受税收减免的合法商业活动,该法案的颁布是人类历史上第一次将跨国贿赂行为定为刑事犯罪(Magnuson 2013:383)。

（二）经济合作与发展组织的《反商业贿赂公约》促进反腐败国际合作

20世纪80年代开始，《反海外腐败法》导致美国的跨国公司难以继续贿赂海外官员，而其他国家的跨国公司则可以继续行贿，这削弱了美国在腐败国家的市场份额。克林顿总统曾表示，美国单方面执行《反海外腐败法》导致每年损失估计300亿美元的国际合同（克林顿1998:2290）。为此，美国在颁布《反海外腐败法》以解决跨国贿赂问题的同时，也积极促成《反海外腐败法》多边化，与其他国家建立反贿赂合作关系，以减少单方面实施《反海外腐败法》对其海外业务的副作用。

在美国的积极推动下，政府间国际组织经济合作与发展组织（OECD）也积极响应反海外商业贿赂的倡议。1994年，经济合作与发展组织发表了关于国际商业交易中贿赂问题的理事会建议，正式要求会员国将跨国贿赂定为犯罪（经合发组织1994:8）。作为仅适用于经济合作与发展组织成员国的工作文件，该建议并没有法律约束力。

政府间国际组织经济合作与发展组织（OECD）于1997年12月17日签署了《关于打击国际商业交易中行贿外国公职人员行为的公约》（OECD Convention on Combating Bribery of Foreign Public Officials in International Business Transactions），简称《反商业贿赂公约》，并于1999年2月正式生效。该公约第1条明确要求，每一缔约国应采取必要措施以确定根据其法律下列行为属犯罪行为：任何人，无论直接还是通过中间方，故意向外国公职人员提供、承诺或给予金钱或其他利益，以使该官员在履行公务方面作为或不作为，从而在从事国际商业过程中获得或保留商业或其他不当利益。《反商业贿赂公约》的签署，标志着打击海外商业贿赂迈入国际合作阶段，在促进反腐国际合作、提高反腐成效方面具有里程碑意义。截至2018年9月，已有44个国家签署该公约，中国目前只是一个观察国，尚未签署该公约。

二、联合国

早在1975年,联合国大会就通过第3514号决议,谴责包括跨国贿赂在内的一切腐败行为。20世纪90年代以来,反腐败国际合作日益活跃,联合国先后出台一系列法律文件和宣言,打击腐败行为,推进反腐败国际合作。1996年12月12日,联合国大会通过《公职人员国际行为准则》,对公职人员的利益冲突和回避、资产公布以及接受礼品或其他惠赠等方面进行规范。1996年12月16日,联合国大会通过《反对国际商业交易中的贪污贿赂行为宣言》,敦促各成员国采取有效行动防止国际商业交易中一切形式的贪污、贿赂及有关违法行为,特别是致力于有效地执行禁止在国际商业交易中行贿的现行法律。1997年1月28日,联合国大会通过决议要求秘书长协助各成员国制定预防和控制腐败的政策策略。2000年11月15日,联合国大会通过《联合国打击跨国有组织犯罪公约》,旨在促进国际合作,以便更有效地预防和打击跨国有组织犯罪,包括腐败犯罪。

2000年,第55届联合国大会决定制定一项专门的反腐败国际公约,并决定成立专门委员会负责这项公约的起草和谈判。历经两年多艰苦谈判,在吸收国际社会反腐败成功经验基础上,联合国于2003年制定并通过了《联合国反腐败公约》。该公约以促进和加强预防与打击腐败的各项措施,便利和支持预防与打击腐败的国际合作和技术援助,提倡廉洁、问责制和对公共事务和公共财产的妥善管理为宗旨,建立了预防腐败、刑事执法与定罪、国际合作、资产追回和履约审议等反腐败机制。这是联合国历史上第一部规范和促进国际反腐败的法律文件,也是反腐败领域唯一的全球性公约。该公约为各国加强自身反腐败制度建设提出一整套全面的标准、措施和政策,并且为有效行动和反腐败国际合作提供新的法律框架,对签约国加强国内的反腐行动、促进反腐国际合作具有重要意义,它的诞生标志着反腐败国际合作成为国际社会的普遍性义务。目前,《联合国反腐败公约》的缔约国已达186个,随着反腐败逐渐成为全球治理的重点领域，合作反腐已成为国际社会的主流共识，《联合国反腐败公约》的作用将愈加突显。

除了通过制定宣言和公约等法律文件推动全球反腐败合作，联合国主要机构在履职中也采取了一系列措施打击腐败犯罪。联合国毒品和犯罪问题办公室的一项重要职能就是反腐败。毒品和犯罪问题办公室开发了一个被称之为反腐败知识工具和资源的反腐败门户网站（TRACK），其中包括《联合国反腐败公约》法律图书馆、由178个国家提供的关于立法、法律理论、反腐败战略与机构的电子数据，为各个国家、反腐败团体、公众以及私营部门提供由毒品和犯罪问题办公室及其伙伴组织生成的反腐败知识。毒品和犯罪问题办公室还支持各国评估其腐败的性质及其规模。例如，在阿富汗、伊拉克等国家，毒品和犯罪问题办公室协助其完成了公共部门廉政情况的评估。此外，毒品和犯罪问题办公室通过提供咨询意见、培训课程等方式为各国实施《联合国反腐败公约》提供技术援助。

联合国开发计划署一直致力于反腐败工作。开发计划署主要有如下四项反腐败举措：一是就国际社会关心的腐败议题举办论坛，推动反腐败国际对话与合作。如1998年联合国和荷兰联合发起的以"政府腐败"为主题的国际研讨班。二是提供技术支持，协助各国发展和完善反腐败政策。开发计划署通过反腐败提高发展成效全球专题方案、区域方案和国家层面的方案，向大约103个国家提供技术支持，成为反腐败技术支持的主要提供者。三是为实现对腐败的战略干预，在全球、地区、国家等各层次上加强合作。开发计划署于1998年在曼谷设立"诚信治理地区工作组"，该工作组以提高亚洲地区国家高层决策者、媒体和公众的反腐败意识为工作目标，并努力发掘和发展该地区各国家反腐败活动的实践经验。四是联合国开发署还通过支持落实《联合国反腐败公约》并审查落实情况、传播反腐败知识等措施减轻了腐败对发展的危害。

联合国公共行政和发展管理司协助各国建立公共部门道德规范。基于对腐败问题的分析，公共行政和发展管理司制定道德规范，提供廉洁从政的指导以及对行政违法失当行为的法律惩处。这些道德规范包括提高并维持公共部门的廉洁度，促进透明度和问责制，以及加强独立机构和社会公众的监督。

2018年5月，联合国秘书长古特雷斯表示，联合国当务之急是实现2030年可持续发展议程，其中刑事司法领域最重要的任务就是反腐败。《2030年可持续发展议程》要求，各成员国到2030年要大幅度减少非法资金流动，大幅度减少一切形式的腐败和贿赂。

三、世界银行

世界银行集团，简称世界银行，正式成立于1945年，并于1947年成为联合国的一个专门机构。世界银行设立的初衷是通过贷款以协助各国战后经济恢复，时至今天，世界银行的使命在于向发展中国家发放贷款和提供技术援助等方式消除极端贫困和促进共享繁荣①。目前世界银行是全球成员国最多、规模最大、影响最广的国际金融机构。

1996年，时任世界银行行长沃尔芬森在世界银行年会上倡议与阻碍发展的腐败做斗争，反腐败由此纳入世界银行的行动日程。迄今，世界银行的反腐败措施主要包括如下四个方面②。

（一）针对世行援助项目的反腐败

世界银行的主要职能是通过贷款和技术援助支持成员国减贫脱贫行动，援助项目的实施过程最容易滋生腐败。世界银行的反腐败措施主要包括：(1)贷款项目审批过程中的反腐败措施。1998年11月成立的世界银行制裁委员会，依据世界银行《获取资助指导大纲》第1款第15条规定，只要确认某一公司在竞争或执行世界银行资助的合同时有腐败或欺诈行为，就将在一定期限或不限定时间内取消

---

① 梁西：《国际组织法（总论）》，武汉大学出版社，2001年，第306页。
② 李广民、李进浩：《世界银行反腐败措施研究》，《长春师范学院学报（人文社会科学版）》，2008年第6期。

该公司获得世界银行资助合同的资格。(2)采购与贷款偿付过程中的反腐败措施。为确保贷款基金有效使用,自1996年起,世界银行制订了《采购指导方针》和《咨询顾问指导方针》,对欺诈、腐败、共谋、胁迫和妨碍行为作出了具体的定义,为世界银行制裁货物或服务采购、咨询顾问选择等合同执行中的欺诈或腐败行为提供了依据。

(二)建立健全反腐机构与腐败行为举报机制

1997年初,世界银行的稽核部就开始开展反腐败活动。1998年8月,世界银行设立了由世行常务副行长领导的反腐败委员会,主要负责调查世界银行资金运作以及内部职员违规行为。同年10月19日,世界银行又设立了举报腐败与欺诈的24小时免费热线电话。此外,世界银行还提供了传真、电子邮箱及网站等多种举报途径。2006年8月,执行董事会批准了在一项新的自愿披露计划中将采用的一整套措施,使之前具有不良行为的公司自愿参与反腐合作。受处罚的公司和个人的信息可在世界网站上公开查询。

(三)帮助受援国防控腐败

1997年9月,世界银行发表了"帮助各国与腐败做斗争"的政策声明,声明指出,各国政府的制度变革对减少腐败起着至关重要的作用。为了帮助受援国防控腐败,世界银行主要采取了如下措施:(1)世行对贷款国的政府提供贷款和技术援助,帮助他们改善治理,加强公共部门的制度建设。这有助于受援国建立有效的制度去减少腐败的动机和机会。此外,对于某些腐败现象特别严重的受援国,世界银行往往借助于其他力量对这些国家采取更为直接的干预手段。(2)通过举行一系列的专题讨论会、培训课程和其他由世界银行研究院开展的活动,不但对一些国家的腐败程度等进行诊断评估,还对政府官员及其他人员进行腐败的相关教育,让他们了解到腐败对社会发展的危害程度。

(四)腐败资产追回行动

2005年9月正式生效的《联合国反腐败公约》创设了腐败犯罪

所得资产追回机制。为推进资产追回机制的有效实施,世界银行于 2007 年 4 月 15 日发起了"被窃资产追讨行动"计划,劝说发达国家批准和履行《联合国反腐败公约》;为发展中国家提供资产追回法律援助;发展反腐败信息和经验共享的合作伙伴关系;世界银行遵循自愿原则,为资产追回提供专业建议,并监控追回资产的使用情况。该计划由世界银行、联合国毒品和犯罪问题办公室、国际货币基金组织、经济合作与发展组织、八国集团以及发展中国家合作实施。

四、透明国际

透明国际(Transparency International)成立于 1993 年 5 月,总部设在德国柏林,是国际上最有影响力的反腐败非政府组织之一。其宗旨是通过加强与有关国际组织和各国反腐机构之间的合作,提高公众的反腐败意识,制定并推行反腐败计划,推动国家廉政体系建设,预防和治理腐败。透明国际设理事会和顾问委员会,理事会主席由组织创始人之一的彼特·艾根长期担任。理事会下设执行委员会,负责透明国际的日常工作;透明国际顾问委员会聘请世界各国专业人士担任顾问,提供反腐败的专业意见。透明国际目前已在 100 多个国家设立了分支机构或联络机构。

自成立以来,透明国际所做的反腐倡廉工作主要包括如下五个方面:(1)通过透明国际网站发布反腐败信息,召开反腐败学术会议,编写《透明国际通讯》等刊物,采取年度报告等方式,开展反腐败宣传教育,强化各国反腐败意识。(2)定期发布廉洁指数(Corruption Perceptions Index,缩写为 CPI)和行贿指数(Bribe Payers Index),评估各国的腐败状况。(3)向参与国际贸易与投资、经济和社会发展的各方提供反腐败的技术援助和专门知识。(4)通过学术研究,不定期分析良好遵守和严重违反其反腐倡廉行为准则的案例,总结反腐经验。(5)通过与各国政府以及国际组织合作,将腐败议题推上国际议程,在《经济合作与发展组织反贿赂公约》和《联合国反腐败公约》等反腐败国际公约制定中发挥了重要的作用。

其中,从1995年起透明国际每年发布的腐败印象指数(Corruption Perception Index,CPI),又称为清廉指数,对全球约180多个国家的廉洁程度进行排名,反映出全球各个国家和地区的相对腐败程度。如今清廉指数已成为国际金融机构及发展援助机构评估各受援国投资风险的重要指标和参数,也广泛引起了世界各国对腐败问题的关注,并使人们认识到腐败的危害性。

全球清廉指数的数据来源是由一些专家学者从国际权威机构,如世界银行、世界经济论坛、政治与经济风险组织、瑞士洛桑管理学院、普华永道会计公司等,所作的调查报告中提取有关专家对各个国家腐败程度的评估,以及对居民和商业领袖进行调查加以综合评估,得出分数。清廉指数采用百分制,即100分表示最廉洁;0分则表示最腐败;80—100分之间表示比较廉洁;50—80分之间为轻微腐败;25—50分之间表示腐败比较严重;0—25分之间则表示极端腐败。

另外,透明国际还自筹资金,委托调查机构盖洛普对跨国公司在海外经商行贿情况调查并给予评分,零分代表经常行贿,10分代表没有行贿,并定期发布行贿指数(Bribe Payers Index,BPI)。行贿指数排名表示全球主要经济体的相对腐败程度。

五、二十国集团

二十国集团(G20)于1999年9月25日由八国集团的财长在德国柏林成立,由原八国集团以及其他12个重要经济体①组成,其成员国的GDP占全球经济的90%,贸易额占全球的80%,是一个国际经济合作的重要论坛。其旨在推动发达国家和新兴市场国家之间就实质性问题开展开放性和建设性的讨论和研究,以寻求合作并促进国际金融稳定和经济的持续增长。

---

① 二十国集团的成员包括:中国、阿根廷、澳大利亚、巴西、加拿大、法国、德国、印度、印度尼西亚、意大利、日本、韩国、墨西哥、沙特阿拉伯、南非、土耳其、英国、美国、俄罗斯以及欧盟。

二十国集团在2009年9月召开的匹兹堡峰会上首次将反腐败纳入议题,此后,逐渐在反腐败国际合作方面发挥重要作用。2010年6月,二十国集团领导人在多伦多峰会宣布成立反腐败工作组。反腐败工作组采用共同主席制,主席由当年轮值主席国和另外一个成员国担任,工作组每年举行三次会议。反腐败工作组会议除了各成员国反腐败机构参加之外,联合国、经合组织、世界银行等相关国际组织也派代表参加。历经10余年发展,二十国集团反腐败工作组业已成为当前国际反腐败领域最具影响力的合作机制之一。同年11月,二十国集团首尔峰会通过了《反腐败行动计划》,其内容涉及联合国反腐败公约的签署、批准、执行与审议,反国际商业贿赂,阻断腐败官员与全球金融体系的联系,拒绝为腐败官员提供安全庇护,追逃追赃,保护举报人,强化反腐败机构职能,提升公共部门廉洁度,以及促进私营部门参与反腐败国际合作领域。

2011年的二十国集团戛纳峰会主张加强反腐败合作,并发布了第一份反腐行动计划实施情况监测报告。2012年的二十国集团洛斯卡洛斯峰会积极促进腐败犯罪调查和起诉腐败的国际合作,通过了《G20司法互助指南》《G20司法管辖区内资产追踪国别资料》《官员财产披露高级别原则》以及《G20拒绝成为腐败人员避风港的共同行动原则》等一系列法律文件。2013年的二十国集团圣彼得堡峰会制定了《G20圣彼得堡反腐战略框架》《G20司法互助高级别原则》《境外行贿罪执行的指导原则》《打击索贿的指导原则》,以及《反腐败与经济增长专题报告》等一系列文件,并建立了拒绝腐败官员入境的信息共享及执法合作网络。2014年的二十国集团布里斯班峰会制定了《2015-2016年G20反腐行动计划》,并发布了《G20受益人所有权透明高级别原则》。2015年的二十国集团土耳其安塔利亚峰会再次倡议国际社会形成对腐败的零容忍环境,并通过了《G20私营部门廉洁透明高级别原则》《G20公共采购廉洁高级别原则》《G20

反腐公开数据原则》，以及《受益人所有权透明度落实计划》。①

2016年二十国集团杭州峰会不仅发布了《G20反腐败追逃追赃高级别原则》，旨在强化二十国集团国际追逃追赃的合作共识，制定追逃追赃国际合作相关规则。该原则首倡"零容忍、零漏洞、零障碍"概念，即对外逃腐败官员及其外流腐败资产零容忍，追逃追赃体系和机制零漏洞，追逃追赃国际合作零障碍。此外，峰会还发布了《G20 2017-2018年反腐行动计划》，要求在北京设立二十国集团反腐败追逃追赃研究中心。

2017年的二十国集团汉堡峰会通过了四项旨在促进公私部门廉洁的高级原则，即《腐败行为法人责任高级原则》《组织化反腐高级别原则》《海关反腐败高级别原则》，以及《野生动物及产品反腐败高级别原则》②。2018年，二十国集团布宜诺斯艾利斯峰会为促进公私部门的透明度与廉洁，核准了《国有企业预防腐败和确保廉洁高级原则》和《公共部门预防和管理利益冲突高级原则》。

此外，20世纪90年代以来，欧盟、美洲国家组织、非洲联盟以及亚太经合组织等区域性国际组织也纷纷把反腐败国际合作列为重要议题，把加强反腐败合作列为重要议程，写入国际条约和公约，如今反腐败已成为国家间首脑外交和对外战略的重要内容。

第二节 反腐败国际合作的主要机制

《联合国反腐败公约》专门在第四章规定了国际合作机制，包括引渡、被判刑人移管、司法协助、刑事诉讼移交、执法合作、侦查合作等方面，第五章则对腐败资产追回的国际合作做了详细规定。本节主要从刑事司法协助、引渡、资产追回和被判刑人移管四个方面介绍

---

① 全球反腐：进展与趋势[EB/OL] https://new.qq.com/omn/20180202/20180202A1HGVV.html。
② 二十国集团汉堡峰会公报[EB/OL] https://m.huanqiu.com/article/9CaKrnK4d1r。

反腐败国际合作机制。

一、刑事司法协助

（一）刑事司法协助的概念

刑事司法协助（mutual legal assistance），亦称刑事司法互助或刑事司法合作。①

刑事司法协助有广义和狭义之分。广义上的刑事司法协助，是指主权国家之间在刑事案件调查、侦查、起诉、审判和执行等活动中相互提供协助，包括送达文书，调查取证，安排证人作证或者协助调查，查封、扣押、冻结涉案财物，没收、返还违法所得及其他涉案财物，移管被判刑人以及其他协助②。狭义的刑事司法协助是指依据相关国际公约、条约，或者互惠原则等，一国的相关国家机关应另一国相关国家机关的请求，代为或者协助完成刑事犯罪的侦查、起诉、审判以及相关诉讼程序的司法行为。本节采用狭义的刑事司法协助概念。

（二）刑事司法协助的基本特征

刑事司法协助的基本特征体现在如下三个方面。

1. 刑事司法协助的主体

刑事司法协助的主体是主权国家，其执行主体是由主权国家指定或授权的有关司法机关或外交等行政机关，具体包括审判机关、检察机关、司法行政机关和外交部。此外，刑事司法管辖权是开展国际刑事司法协助的基础，根据《联合国反腐败公约》相关规定，刑事司法协助的请求国必须对所请求的事项具有刑事管辖权。

2. 刑事司法协助的法律依据

国家间开展刑事司法协助大致上有如下四种法律依据：（1）刑事司法协助公约，如1959年欧洲一些国家签署的《欧洲刑事司法协助

---

① 成文良：《刑事司法协助》，法律出版社，2003年，第7页。
② 《中华人民共和国国际刑事司法协助法》。

公约》。(2)刑事司法协助条约,如 2018 年中国与意大利、韩国签订的关于刑事司法协助的条约。(3)刑事司法协助的互惠协议,如 1990 年我国向日本国提出引渡劫机到日本的张振海,因两个国家没有签署刑事司法协助协定,我国在提出引渡请求时,承诺今后在类似案件中向日本提供类似司法协助。(4)国内相关法律。如我国《刑事诉讼法》第 17 条规定:"根据中华人民共和国缔结或者参加的国际条约,或者按照互惠原则,我国司法机关和外国司法机关可以相互请求刑事司法协助。"我国《国际刑事司法协助法》第三条第一款规定:"中华人民共和国和外国之间开展刑事司法协助,依照本法进行。"此外,刑事司法协助还要遵守有关的司法解释和行政法规,如最高人民法院于 1998 年公布的《关于执行〈中华人民共和国刑事诉讼法〉若干问题的解释》中关于"涉外刑事案件审理程序"的解释,最高人民检察院于 1998 年公布的《人民检察院刑事诉讼规则》中关于"刑事司法协助"的部分,公安部于 1998 年发布的《公安机关办理刑事案件程序规定》中关于"刑事司法协助和警务合作"的规定,都是有关司法机关进行刑事司法协助时的法律依据。

3. 刑事司法协助的内容

一般情况下,刑事司法协助的事项主要限于刑事诉讼文书的送达、协助调查取证、腐败犯罪款物的追缴与返还、腐败犯罪信息交流等。具体而言,依据《联合国反腐败公约》第 46 条第 3 款的规定,刑事司法协助的内容主要包括:(1)向个人获取证据或者陈述;(2)送达司法文书;(3)执行搜查和扣押并实行冻结;(4)检查物品和场所;(5)提供资料、物证以及鉴定结论;(6)提供有关文件和记录的原件或者经核证的副本,其中包括政府、银行、财务、公司或者商业记录;(7)为取证目的而辨认或者追查犯罪所得、财产、工具或者其他物品;(8)为有关人员自愿在请求缔约国出庭提供方便;(9)不违反被请求缔约国本国法律的任何其他形式的协助;(10)根据本公约第五章的规定辨认、冻结和追查犯罪所得;(11)根据本公约第五章的规定追回资产。

二、引渡

据有关文献记载,犯罪人引渡可溯源至公元前约1280年埃及与赫梯缔结的"和平条约",该条约有相互遣返逃犯的规定,被认为是历史上第一个引渡条约。① 这一时期的引渡对象主要是政治犯、军事犯和宗教犯,带有明显的政治性色彩。一般认为,现代引渡制度的理论基础来源于荷兰思想家格劳秀斯在《战争与和平法》中提出的"或惩罚或移交"原则。1794年美国和英国签订的《杰伊条约》是第一个现代意义上有关引渡的条约。该条约规定的引渡对象都是普通犯罪,且要求引渡人的审查必须遵循被请求国的刑事诉讼法,这些规定使引渡真正成为司法活动。1833年比利时《引渡法》和1870年英国《引渡法》的颁布,标志着现代引渡制度的诞生。

(一)引渡的概念

引渡(extradition)是国家间刑事司法合作的最基本形式,也是反腐败国际合作的主要方式。结合《联合国反腐败公约》和我国《引渡法》相关规定,引渡是指在符合双重犯罪原则或国际公约确立的国际犯罪的前提下,被请求国依法将其境内的犯罪嫌疑人移交给拥有刑事管辖权的请求国的刑事司法国际合作制度。②

(二)引渡的基本特征

引渡的基本特征体现在如下三个方面。

1. 引渡的主体

引渡的法律依据主要是国家间缔结的条约或国际公约,引渡的请求或批准是主权行为,因此引渡的主体是主权国家,但在国家授权的情况下,各国独立的司法区域也可以与其他国家或独立司法区域开展类似引渡实践的逃犯移交司法合作。根据相关公约和条约,有

---

① 马德才、唐彩声:《引渡制度溯源》,《求实》,2004年第11期。
② 陈雷:《反腐败国际合作理论与实务》,中国检察出版社,2012年,第95页。

权提出引渡请求的国家包括:(1)罪犯国籍所属国;(2)犯罪行为发生地国;(3)犯罪受害国。如果有几个国家针对某犯罪嫌疑人同时提出引渡请求时,原则上被请求国有权决定接受某一国家的请求。此外,是否接受和批准引渡请求,决定权在引渡被请求国。①

2. 引渡的法律依据

开展引渡司法合作的法律依据包括关于引渡的双边条约或国际公约、关于引渡的国内法以及互惠原则。现代国际上通行做法是当事国双方订立条约或参加引渡相关国际公约,双方为履行条约或公约义务而开展引渡司法合作;但也有一些当事国在尚未签署引渡条约或公约的情况下,依据国内法的相关规定,基于互惠原则开展引渡司法合作。此外,引渡的法律前提是引渡人必须符合"双重犯罪原则",即引渡人所实施的行为,无论在请求国还是被请求国,按照法律规定均属于犯罪并应承担刑事责任的行为。

3. 引渡的对象

依据相关公约和条约,引渡的对象只能是被指控犯罪或者被判刑而被请求引渡的人。财产或物品不能成为引渡的对象。一般情况下,引渡对象主要包括:(1)具有请求国国籍的犯罪嫌疑人逃往被请求国,请求国可以依据公约、条约或互惠原则请求引渡。(2)被请求国的公民在请求国犯罪后逃回本国,遵循本国国民不引渡原则,可能会发生拒绝引渡的情形;若被请求国拒绝引渡,依据或引渡或起诉原则,请求国可请求被请求国起诉该人。(3)第三国公民在请求国犯罪后逃往被请求国,请求国可以依据公约、条约或互惠原则请求引渡。②

---

① 毕武卿:《国际刑事司法协助的理论与实务》,《河北大学学报》,1996年第3期。
② 陈雷:《反腐败国际合作理论与实务》,中国检察出版社,2012年,第95页。

三、资产追回

在经济全球化的浪潮下,腐败官员将腐败资产转移出境已成为各国有效惩治腐败犯罪的障碍,因此资产追回的国际司法合作已成为反腐败国际合作的重要领域。21世纪以来,联合国在建立腐败资产追回机制方面发挥了重要作用。2000年12月20日,联合国大会通过了《防止和打击腐败行径及转移非法来源资金的活动并将这些资金退回来源国的决议》;2001年7月24日,联合国经济及社会理事会通过了《加强国际合作,预防和打击转移腐败行为所得非法来源的资金,包括洗钱,并返还这类资金的决议》,对建立资产追回国际合作机制、预防和打击腐败资产跨国转移发挥了重要作用。2003年10月31日,联合国通过了《联合国反腐败公约》,创建了较为完善的资产追回国际合作法律制度。

(一) 资产追回的概念和特征

资产追回(asset recovery),是指应请求国的请求,被请求国依法将其境内的犯罪资产归还请求国的司法协助制度。资产追回制度具有如下基本特征:(1)资产的外延具有广泛性。在国际司法合作实践中,追回的资产不仅包括犯罪所得、与犯罪有关的财产、资金以及作案工具等,也包括财产性利益、财产性权利和证明财产权利的法律文书;不仅包含动产和不动产,也包含有形资产和无形资产。(2)资产追回具有跨国性,即资产通过非法途径如洗钱等犯罪手段转移到国外,或者是犯罪嫌疑人在国外非法获得的财产。(3)资产追回具有国际合作性。资产来源国要追回被转移到国外的这些资产,必须依据有关国际公约、条约或互惠协议等,通过特定的刑事司法协助程序与资产流入国开展司法合作。

(二) 资产返还和处分的基本原则

《联合国反腐败公约》第57条是资产返还和处分原则的专门条

款。依据该条款规定,资产返还和处分要遵循如下基本原则。①

1. 依据被请求国法律、双方签署的条约或加入的公约,或者双方协商对没收财产进行返还和处分的原则

依据《联合国反腐败公约》相关规定:"缔约国依照本公约第 31 条或者第 55 条没收的财产,应当由该缔约国根据本公约的规定和本国法律予以处分,包括依照本条第 3 款返还其原合法所有人。""各缔约国均应当根据本国法律的基本原则,采取必要的立法和其他措施,使本国主管机关在另一缔约国请求采取行动时,能够在考虑到善意第三人权利的情况下,根据本公约返还所没收的财产。""在适当的情况下,缔约国还可以特别考虑就所没收财产的最后处分逐案订立协定或者可以共同接受的安排。"

2. 以移交或归还请求国为资产返还和处分的原则

依据《联合国反腐败公约》相关规定:(1)对于贪污公共资金或者对所贪污公共资金的洗钱行为,被请求缔约国应当在没收后基于请求缔约国的生效判决,将没收的财产返还请求缔约国,被请求缔约国也可以放弃对生效判决的要求。(2)对于本公约所涵盖的其他任何犯罪的所得,被请求缔约国应当在没收后基于请求缔约国的生效判决,在请求缔约国向被请求缔约国合理证明其原对没收的财产拥有所有权时,或者当被请求缔约国承认请求缔约国受到的损害是返还所没收财产的依据时,将没收的财产返还请求缔约国,被请求缔约国也可以放弃对生效判决的要求。

3. 应当优先考虑返还或赔偿合法所有人或被害人的原则

《联合国反腐败公约》第 57 条第 3 款第 3 项规定:"在其他所有情况下,优先考虑将没收的财产返还请求缔约国、返还其原合法所有人或者赔偿犯罪被害人。"

4. 不得损害善意第三人合法权利的原则

《联合国反腐败公约》第 57 条第 2 款规定:"各缔约国均应当根

---

① 陈雷:《反腐败国际合作理论与实务》,中国检察出版社,2012 年,第 204 页。

据本国法律的基本原则,采取必要的立法和其他措施,使本国主管机关在另一缔约国请求采取行动时,能够在考虑到善意第三人权利的情况下,根据本公约返还所没收的财产。"

(三) 资产追回的基本方式

在资产追回的基本方式上,《联合国反腐败公约》规定了资产追回的直接措施和间接措施。

1. 直接措施

直接措施即直接追回财产的措施,是指请求国通过本国民事诉讼程序主张外流资产的合法所有权或者被请求国通过司法程序确认犯罪人对请求国造成损害,通过司法协助的途径予以返还或偿还的方式。《联合国反腐败公约》第53条为直接追回财产条款,其中有三项规定:(1)允许另一缔约国在本国法院提起民事诉讼,以确认其对本公约确立的犯罪而获得的财产的产权或者所有权。(2)允许本国法院命令公约所确立的犯罪人向受到其犯罪损害的另一缔约国支付补偿或者损害赔偿。(3)允许本国法院或者主管机关在必须就没收作出决定时,承认另一缔约国对公约所确立的犯罪而获得的财产的所有权。

2. 间接措施

间接措施即通过没收事宜的国际合作追回资产的措施,是指当一缔约国依据本国法律或者执行另一缔约国法院发出的没收令,没收被转移到本国境内的腐败犯罪资产后,再返还给另一缔约国。《联合国反腐败公约》第54条为通过没收事宜的国际合作追回资产的条款,有两款规定:(1)没收事宜国际合作追回资产。所谓"没收",是指根据法院或者其他主管机关的命令对财产实行永久剥夺。(2)通过冻结或扣押等方式的国际合作追回资产。所谓"冻结"或者"扣押"系指依照法院或者其他主管机关的命令暂时禁止财产转移、转换、处分或者移动或者对财产实行暂时性扣留或者控制。

四、被判刑人移管

(一) 被判刑人移管的基本概念和特征

被判刑人移管(transfer of sentenced person),也称被判刑人移交、外籍囚犯移管等,是指一国将在本国国境内受到审判的被判刑人移交给另一国执行其所判刑罚的国际刑事司法合作制度。被判处自由刑的犯罪人移交给犯罪人国籍国或常住地国以便服刑,犯罪人的国籍国或常住地国接受移交并执行所判刑罚的活动。在被判刑人移管制度中,将本国被判刑的人移交给另一国的国家称为"判刑国",接受该被判刑人并对其执行刑罚的国家称为"执行国",根据判刑国发生法律效力的刑事判决被判处剥夺自由刑的人称为"被判刑人"。

被判刑人移管制度具有如下基本特征。

第一,被判刑人移管的主体是判刑国或执行国。也就是说,只能是由作出刑事判决的国家,或者由被判刑人的国籍国或常住地国可以提出被判刑人移管申请。第二,被移管人的罪行在执行国也构成犯罪。被判刑人的罪行依据执行国的刑罚也构成应受处罚的罪行,但这并不意味着这一罪行在双方刑法中规定的刑罚必须是相同的。第三,被判刑人移管的对象是被判处剥夺自由刑的执行国的国民或居住者。移交国或第三国国民不能作为移管的对象。第四,被判刑人移管的目的是使被判刑人回到其国籍国或常住地国,以便于其在熟悉的环境中并且在较易获得亲友帮助的条件下服刑,克服国外服刑的文化和语言以及生活习惯等方面的障碍,有利于其接受教育和改造并重返社会,也符合人道主义精神。第五,被判刑人移管以被判刑人同意为前提条件。被判刑人移管须尊重被判刑人个人意愿,只有被判刑人同意移交到执行国,方可启动被判刑人移管程序。第六,被判刑人移管的法律依据是判刑国和执行国签署的条约或共同加入的国际公约,以及双方国内刑法的相关规定。

(二) 被判刑人移管的基本原则

根据相关国际公约和条约,被判刑人移管的基本原则包括有利于被判刑人原则、不加重刑罚原则、一罪不再罚原则以及相互尊重主权和管辖权原则。

1. 有利于被判刑人原则

被判刑人移管的目的是有益于判刑人的教育和改造,使其在服刑期间能继续保持与家庭和社会的适当联系,以利于服刑期满能更快适应社会生活。因此涉及被判刑人移管的国际条约都要求缔约国在实施被判刑人移管时要充分考量被判刑人的利益。有利于被判刑人原则集中体现在有关国际条约和各国关于被判刑人移管相关法律中关于被判刑人移管必须以被判刑人同意为基础的立法规定方面。例如,联合国于1985年颁布的《关于移交外籍囚犯的模式协定》第5条明确规定,移管应当以囚犯的同意为基础。我国于2018年颁布的《国际刑事司法协助法》在第八章"移管被判刑人"第五十六条第四款明确规定:被判刑人书面同意移管,或者因被判刑人年龄、身体、精神等状况确有必要,经其代理人书面同意移管。①

此外,有利于被判刑人原则使被判刑人移管制度有别于被判刑人引渡制度,被判刑人引渡作为一种国际追逃措施,只要判刑国同意引渡请求,无须被判刑人同意即可实施引渡。

2. 不加重刑罚原则

不加重刑罚原则是指执行国在依据本国法律执行被判刑人的刑罚时不得加重判刑国的原判刑罚,旨在保障被判刑人权利,解除被判刑人的顾虑。因此,不加重刑罚原则某种意义上是有利于被判刑人原则的延伸。不加重处罚原则在现行移管被判刑人国际条约中主要体现以下两个方面:(1)执行国在执行监禁刑时不得超过判刑国法院所判处的刑期,被判刑人在判刑国已被羁押的时间应予折抵刑期。(2)若原判刑期超过执行国法律对同类犯罪判处的最高刑期时,执行国按其本国最高刑期执行。

---

① 《中华人民共和国国际刑事司法协助法》,法律出版社,2018年。

3. 一罪不再罚原则

在被判刑人移管中,一罪不再罚原则体现了国际司法合作双方对彼此刑事判决与执行效力的承认和尊重,也是刑法中罪刑相当原则的体现。一罪不再罚原则对于判刑国和执行国都具有约束力。一方面,判刑国应当承认执行国对被判刑人的刑罚执行与其本国的执行具有同等效力,不得以任何借口重新对被判刑人行刑。例如,1983年通过的《欧洲被判刑人移管公约》明确规定:(1)执行国对被判刑人的接管应具有在判刑国中止行刑的效果;(2)如果执行国认为刑罚已执行完毕,判刑国不得再次执行。

另一方面,执行国不得因同一罪行对被判刑人重新进行审判、羁押或量刑。例如,美国与加拿大刑事判决执行条约明确规定,根据本条约被移交行刑的罪犯不得因同一罪行在执行国受到关押和判刑。

4. 相互尊重主权和管辖权原则

各国相互尊重主权和管辖权是一切国际司法合作活动的基本原则。被判刑人移管属于国际刑事司法领域的深层次合作,相互尊重主权和管辖权问题就显得尤为突出。例如,在某些法定情节中双方都具有对被判刑人的赦免权,双方都可以对缓刑犯提出自己的要求,执行国有权依据本国的法律对判刑国判处的刑罚做出相应的转换或变更等。在这些情况下,被判刑人移管相关国际条约都强调了这一原则。比如联合国《关于移交外籍囚犯的模式协定》总则中明确规定,移交囚犯应在相互尊重国家主权和管辖权的基础上进行。

第三节 中国参与反腐败国际合作概述

一、中国参与反腐败国际合作的进程

20世纪80年代以来,随着改革开放的不断深化,国内腐败犯罪现象日益增多,并呈现出由国内向国外蔓延的趋势,参与反腐败国际合作已成为中国打击腐败犯罪的客观需要。在参与国际反腐败合作

的过程中,中国也不断吸取国际反腐相关条约的先进的立法经验来完善国内反腐败的立法以及执法与司法工作,借鉴国际反腐败机构的有益做法来提升反腐工作成效。

1984年,中国加入国际刑警组织,为我国与尚无引渡条约的国家警方合作,成功实现变通引渡、追捕押解潜逃国外的腐败犯罪分子提供了渠道。1995年,中国承办第七届国际反贪污大会,江泽民主席在会上阐述了我国反腐倡廉的方针政策,表达了惩治腐败的决心。与会各国代表交流了惩治和预防腐败的经验,探讨了反腐国际合作的途径与方法。伴随着国内反腐败浪潮的高涨,2000年12月13日,中国签署了《联合国打击跨国有组织犯罪公约》,表明中国愿与国际社会加强合作,为应对跨国有组织犯罪而共同努力。2003年12月10日,中国签署了《联合国反腐败公约》,表达了中国政府借助国际反腐网络在全球范围内追剿外逃贪官的决心,在反腐败国际合作进程中具有里程碑意义。

2012年中国共产党第十八次全国代表大会以后,在党中央反腐倡廉重大决策部署下,中国政府反腐国际合作步伐加快。2014年11月8日,亚太经济合作组织(APEC)第26届部长级会议在北京召开,会议通过了《北京反腐败宣言》,成立APEC反腐执法合作网络,拓宽了国际反腐合作领域,为亚太地区追逃追赃、携手打击跨境腐败提供了新的合作平台。

2014年,为统筹协调国际追逃工作,中央反腐败协调小组首次成立了国际追逃工作办公室,建立起集中统一、高效顺畅的追逃工作协调机制,有利于在海外开展反腐败工作。同年10月10日,最高人民法院、最高人民检察院、公安部、外交部等四部门联合发布《关于敦促在逃境外经济犯罪人员投案自首的通告》,此后中纪委网站开通了"反腐败国际追逃追赃"专栏,接受海内外对外逃官员及其涉嫌向境外转移违法违纪资产等线索的举报。

2016年9月5日,二十国集团(G20)领导人杭州峰会一致通过《二十国集团反腐败追逃追赃高级原则》,确定了以"零容忍的态度、零漏洞的制度、零障碍的执行"为框架的反腐败追逃追赃十条核心原则,并推动在北京设立二十国集团反腐败追逃追赃研究中心;此次峰会还通过了《二十国集团2017—2018年反腐败行动计划》。

2017年4月,中央追逃办发布了《关于部分外逃人员藏匿线索的公告》,向社会通报了22名未归案人员藏匿线索,对外逃人员形成强大震慑。习近平总书记在党的十九大报告中强调:"不管腐败分子逃到哪里,都要缉拿归案、绳之以法",体现了党中央对国际追逃追赃的坚定决心。2014年以来,我国针对外逃腐败分子先后开展了的"猎狐""天网"等专项行动,截至2019年11月,已追回外逃人员7042人,其中党员和国家工作人员1879人,追回赃款172.5亿元人民币,"百名红通人员"已到案60人。在"猎狐"行动中,许多国家和地区积极与中方合作,提供了有力的支持。中国在国际反腐败合作领域的不断进步,收获了丰硕成果。

2018年3月颁布实施的《监察法》,在整合政府的行政监察部门与检察院的反贪污贿赂局基础上,设立了国家监察委员会,并专章规定反腐败国际合作工作,赋予国家监察委员会在反腐败的国际交流,以及反腐败执法、引渡、司法协助、被判刑人的移管、资产追回和信息交流等领域的国际合作职责。国家监察委员会从此成为我国参与国际反腐合作的中央机关,为我国反腐败国际合作的持续深入发展提供了强有力的制度保障。

2019年10月17日,国家监察委员会与联合国签署反腐败合作谅解备忘录,双方将围绕预防和惩治腐败、资产追回、廉洁丝绸之路建设、信息分享和交流等开展务实合作。长期以来,中国以实际行动履行《联合国反腐败公约》,积极参与国际反腐败行动,为国际反腐合作注入中国智慧,贡献中国方案。

二、中国参与反腐败国际合作的困境

(一)境外追逃困境

境外追逃是反腐败国际合作最频繁的领域。境外追逃主要是通过引渡,此外还包括遣返和劝返等措施。引渡是依据双方签署的引渡条约;或者在双方虽未签署引渡条约但同属《联合国反腐败公约》缔约国的,可以将公约作为引渡的法律依据。遣返必须符合两个要件,一是被遣返人自愿,二是被遣返人属非法移民;而劝返则需要在外逃人员所在国有关机关的配合下,通过对外逃人员的说服教育,让其主动回国接受审查。境外追逃目前存在的主要困境,一是我国与外逃人员的主要隐匿国没有签署引渡条约,二是我国有关反腐败犯罪的一些法律规范与《联合国反腐败公约》的规定尚存在一些差异。根据近些年发布的"天网"行动全球通缉情况来看,外逃人员的主要去向是尚未与中方签订引渡条约或者虽已签订引渡条约但尚未生效的国家,其中北美洲的美国与加拿大是外逃人员最多的国家,大洋洲的澳大利亚和新西兰藏匿的外逃人员也较多。因为这些国家尚未与中国签署双边引渡条约,因而很难通过引渡措施将这些外逃人员带回国内接受调查,只能通过遣返或者劝返的方式让外逃人员回国,但遣返和劝返需要的条件复杂,实际执行起来往往难度较大。

在双方没有签署引渡条约的情况下,如果双方均属《联合国反腐败公约》签署国,可适用《联合国反腐败公约》的相关规定引渡外逃人员。目前问题是在可引渡人员范围上,我国相关法律规定与《联合国反腐败公约》的规定在法律衔接上还存在一些问题亟待解决。例如,相较于《联合国反腐败公约》,我国《刑法》有关贿赂犯罪的构成要件界定与现实有很大差距。《联合国反腐败公约》把贿赂的内容界定为"不正当好处",而当前我国贿赂罪所规定的贿赂的范围仅限于"财物",然而随着腐败犯罪表现形式的多样化,现实中有些贿赂罪已逐渐呈现出非物质化的特征,如性贿赂、业绩贿赂、信息贿赂以及安排子女升学就业等多种贿赂形式。

《联合国反腐败公约》将腐败犯罪排除在政治犯罪之外,从源头上减少了将腐败外逃人员作为政治犯而拒绝引渡情况的出现。但因为我国现行法律对政治犯的概念缺乏明确的规定,如何去判断外逃人员是否是政治犯成了法律难题,增加了此类法律适用方面的不确定性。死刑犯不适用引渡措施也是国际社会的共识,尽管我国历经几次刑法修订,削减了适用死刑的刑种,更加审慎适用死刑,但在对贪污等腐败犯罪的量刑中仍有适用死刑的法定情节,如《刑法修正案(九)》中规定:贪污数额特别巨大或者有其他特别严重情节的,处十年以上有期徒刑或者无期徒刑,并处罚金或者没收财产;数额特别巨大,并使国家和人民利益遭受特别重大损失的,处无期徒刑或者死刑,并处没收财产。在司法实践中,例如2018年山西省吕梁市前副市长张中生因受贿罪、巨额财产来源不明罪判处死刑。这也为我国引渡腐败犯罪人员增加了难度,可能会有国家基于这方面的考虑而拒绝我国的引渡请求。此外,《联合国反腐败公约》第44条第16款明确规定财税事项犯罪不得作为拒绝引渡的理由,但我国刑法还没有此类规定。

(二)境外追赃困境

随着经济全球化进程的加快,腐败犯罪中的资产跨国转移,已成为惩治腐败犯罪面临的一个全球难题。积极有效地开展追缴和返还腐败资产的国际合作,已经成为各国反贪机构的迫切需要。目前境外追赃主要面临着如下现实困境。首先,公职人员因腐败犯罪外逃往往伴随着大量资产的境外转移,而且这种资产转移具有很高的隐蔽性,再加上银行系统的保密制度,大大增加了预防腐败资产转移的难度。其次,腐败资产大多从发展中国家流向发达国家,这些非法资产无疑会给资产流入国带来一定的经济社会效益。因此,在追回外流资产时,资产流入国不仅会损失资产,同时还要承担一定的资产追缴合作成本。在缺乏外流资产分享机制的情况下,资产流入国参与国际合作的热情往往不高。最后,从资产追回执法机制看,在执法信息上,有效的信息交流能防止跨国腐败案件相关证据的灭失,有效缉捕腐败犯罪嫌疑人和截获腐败资产。但目前各国之间缺乏主管相关信息交流的机构,尚未形成常态的信息交流机制。在执法技术上,随着信息技术的迅速发展和贸易日趋多元化,腐败犯罪嫌疑人将赃款、赃物跨国或跨境转移的技术手段隐蔽且多样化,缺少相关专业人才,从而影响了办案效率,导致腐败预防和控制难度增大,成本增加。因此,对发展中国家来说,对其国际反腐败执法司法人员进行技术支持和能力培训就显得尤为重要。

三、中国参与反腐败国际合作的出路

(一) 完善追逃追赃相关法制

参照《联合国反腐败公约》的规定,完善我国追逃追赃相关法制应从以下几个方面进行。

首先,中国需要积极参与国际腐败治理规则的制定,推进国际腐败合作治理机制完善,通过签订双边司法协助条约、申请加入国际公约等方式,积极争取更多的反腐败国际合作伙伴;在《联合国反腐败公约》等多边条约和双边条约国际法框架下,完善刑事司法合作条约规定,尽量减少在引渡和资产追回等方面的国际合作法律障碍。主要措施包括:积极推动全球建立银行信息交换机制,实现对本国公民海外账户的监管,及时发现可疑信息,如2017年1月1日起生效的《银行信息自动交换国际公约》,实现了签署国之间银行账户信息的自动交换,使得腐败犯罪资产即使转移到了腐败官员海外亲属账户上,也能被及时地发现,增加资产海外转移的难度,减少腐败资产海外转移的数量。

其次,需要进一步完善国内刑事立法,做好国内法律与《联合国反腐败公约》的衔接。主要措施包括:通过修订《刑法》扩大贿赂型腐败犯罪的对象范围至"一切不正当好处",以更好地保护受贿罪所侵犯的社会关系[①]。在资产追回方面,建立腐败资产共享机制,即申请其他国家协助追缴腐败犯罪资产时,将腐败犯罪资产按照一定比例支付给协助国,补偿其办案经费,以此调动协助国协助追回腐败犯

---

① 黄烨:《〈联合国反腐败公约〉与我国〈刑法〉中的腐败犯罪立法》,《广西社会科学》,2005年第8期。

罪资产的积极性。因为各国资产追回法律制度之间差异较大,更加适合制定双边协定解决双方的问题。2016年签署的《中国政府和加拿大政府关于分享和返还被追缴资产的协定》中建立了"分享和返还被追缴资产"制度,为海外追赃提供了新举措。同年,在二十国集团领导人杭州峰会上,中美双方也就资产分享协议等海外追赃事项进行了磋商。可以预见,建立资产返还和分享机制将成为未来解决海外追赃困境的重要途径。此外,明确将财税事项列入引渡范围,将政治犯的定义清晰化,并且规定腐败犯罪不属于政治犯罪的范畴等方面,也是未来海外追逃法制建设的重要途径。

(二)健全追逃追赃执行机制

追赃追逃成效不仅取决于完善的反腐败国际合作制度,还有赖于一个健全的法律执行机制。健全追逃追赃执行机制主要包括如下措施:首先,健全腐败犯罪信息共享机制。加快建设全球腐败犯罪信息交流机制,探索建立数据联网,各国及时共享监测、跟踪腐败犯罪资产跨境转移的数据情报。如欧盟各成员国正在积极探索腐败犯罪案件信息数据库,进行信息交流和共享,为跨国腐败案件侦查、监控提供支持。

其次,建立健全腐败犯罪执法人员交流培训机制。通过定期联络、互派检察官交流访问、联合举办国际研讨会、视频会议研究磋商个案等多种形式,深入开展追缴犯罪所得的检察业务交流和培训。通过技术援助,培训侦查人员专业技能,掌握犯罪分子通过信息技术实施犯罪的手段,提高搜集证据的能力;加上国外积极配合,此案不仅可以侦破,还可能及时对证实资金为非法转移的赃款予以冻结、截留,挽回损失。

廉政篇

第七章　廉政制度建设

廉政与腐败概念相对应,与反腐败概念相近,但两者内涵有差异。廉政是所有行使公共权力的组织和人员按照法理规范从事公务行为,处理公共事务。从某种意义上说,廉政概念强调一种廉洁状态,以公共权力为核心,涉及公共组织和公职人员价值取向,具有建设性和激励性,比较偏重伦理范畴,属于规范性概念。反腐败概念立足在"腐败"概念上,是病理性表述,腐败是社会的病症,反腐败是治疗病症。而廉政概念的表述,是一种生理性表述,相对应病症来说,廉政是一种健康的政治生态。在各国实践中,反腐败概念更多建立在法学视角的腐败概念之上,以法律为标准确定反腐败的政策措施。从此意义上说,反腐败概念比较偏重于法治范畴,属于描述性概念。廉政不是简单的反腐败,还有廉政建设问题,即不仅仅是治病,还要维持健康状态。

因而,从"反腐败"到"廉政"的表述,是从病理性到生理性表述的转变,是概念的升级发展,体现了人们对反腐败斗争的深入认识。[①] 制度安排是获取集体行动收益的重要手段。制度使人的行为具有可预期性。廉政制度建设包括两个方面的内容,一是廉政制度建设的基本模式,二是由基本模式所派生出的具体廉政建设主要制度。

第一节　廉政制度建设的基本模式

马克思·韦伯认为权力是"在社会交往中一个行为者把自己的

[①] 崔会敏:《新编〈廉政学基础〉课程教材中的关键问题分析》,《郑州轻工业学院学报(社会科学版)》,2019年第4期。

意志强加在其他行为者之上的可能性"①。权力作为一定范围内的社会个体力量的系统综合,是一定的社会组织体系根据其所在的社会制度原则整合出的力量。它是人类社会所独有、区别于自然力的一种特殊力量,一直是政治学研究的焦点问题。从公共权力产生的逻辑和缘起出发,也就是从"应然"的角度看,公共权力产生于协调人们之间的矛盾和冲突,维护和促进公共利益的需要,是人类社会的一种内在需求的产物。但是,从公共权力实际的运行,即"实然"的角度,其背离公共利益,甚至激化社会成员之间的矛盾和冲突则是一种经常性的现象。这促使人们非常关注加强对权力的监督和制约,加强对公共管理人员的廉政制度建设。由于权力自身的复杂性,如何加强廉政建设,形成对权力的有效制约,历来是学术界研究的重点和现实政治生活的难点。

一、道德制约权力模式

作为社会意识形态,道德是通过社会舆论、传统习俗和个人的内心信念来维系的,以善恶为中心进行评价的社会规范和标准。② 道德制约权力模式,就是指国家通过教育、宣传、弘扬和激励等方式,将一定社会在某个时期为人们所公认的善恶标准内化到公共管理人员心中,增强其抵制外部诱惑和不良环境的能力和自觉性。换言之,也就是通过提升公共管理人员的内在道德品质和道德修养,使其具有羞耻感,自觉约束自己的行为,从而坚守公共权力服务于公共利益的宗旨。

道德制约权力分为道德自律和道德他律两种基本形态。③ 所谓道德自律,乃指通过提升公共管理人员的道德认知、道德修养、道德

---

① 参见《布莱克维尔政治学百科全书》,中国政法大学出版社,1992年,第595页。
② 王浦劬:《政治学基础》(第三版),北京大学出版社,2014年,第16页。
③ 陈国权:《权力制约监督论》,浙江大学出版社,2013年,第96页。

品质和锤炼其道德意志,使其将外在的权力道德准则内化为自身的道德责任和道德需求,从而自觉地进行自我监督和自我约束,自我阻止恶行和恶政,养成善治、善政、廉政的习惯和意识。所谓道德他律,指人们"赖以行动的道德标准或动机,首先受制于外力,受外在的根据支配和节制。"①具体到道德对权力的制约,则指通过明确权力掌控者所必须遵循的道德准则,使公共管理人员清楚认知权力的道德边界和红线,并通过法律规则、社会舆论等保障道德准则的制约力。简言之,道德他律意味着社会道德规范通过社会习俗、舆论、评价等形成一种强大的社会外部压力,对公共管理人员产生强大的威慑力和警示,迫使其必须自觉遵守权力运行的社会道德规范。

道德自律与道德他律二者紧密相连,相伴而行,共存在于道德作用的全过程。道德他律是对参与道德实践活动的人们的一种节制和制约,是道德制约权力的外在约束形态。道德自律是建立在道德他律的基础之上,是人们行为规范的内化和自觉,乃是道德制约权力的本质追求、理想状态和最高境界。从这意义上,我们既不能脱离道德自律论他律,同样也不能离开道德他律论自律。"当我们强调自律时,不应否定他律的前提性,而应肯定道德价值的根据不在人本身,而在于人之外的社会和历史发展中,只有自律而无他律的道德,实际丧失了其存在的客观依据。当我们提倡他律时,也不能否定道德最终必须走向自律,不能否认道德规范只有转化为自律,才能'因德明道'。——只有他律而无自律的道德毋宁说那只是宗教教规似的道德。"②

以道德制约权力在中西方都有悠久的历史和传统。中国古代特别注重治国者的素质,认为治国者素质是善政德治的关键环节和国家兴衰成败的根本。孔子论道:"其身正,不令而行""不能正其身,

---

① 夏伟东:《道德本质论》,中国人民大学出版社,1991年,第112页。
② 肖祥:《论道德他律与权力约束》,《东岳论丛》,2004年第2期。

如正人何？"①即君主的修身至关重要，乃正人和安定百姓的前提和关键。孟子认为："君仁，莫不仁；君义，莫不义；君正，莫不正。一正君而国定矣。""其身正而天下归之"。②"君子之守，修其身而天下平"。③"辅世长民莫如德""尊贤使能，俊杰在位"。④"不信仁贤，则国空虚"⑤可以看出，孟子同样认为君主要自身正、行仁义，而且主张选贤任能，这样才能确保四海归顺，天下太平。朱熹也强调贤者治国，"贤，有德者，才，有能者。举而用之，则有司皆得其人而政益修矣。"⑥"贤者，有德者，使之在位，则是以正君而善俗。能，有才者，使之在职，则足以修政而立事。"⑦简言之，任用有德有能者，有利于治国安邦。

在西方，柏拉图从社会分工的角度提出了"哲学王"统治的思想。他认为，每个人的灵魂都包含着理性、激情和欲望三个要素，一个城邦也应该有分别代表理性、激情和欲望的三部分人构成；最有智慧的哲学家代表着一个国家的理性，正如一个有德行的人应该使理性居于主导地位，一个好的国家也应该由哲学家领导，这才能使国家达到整体安宁和谐。此外，他还重视教育对于治国的价值。因为，哲学王对城邦的治理，归根结底是把公民塑造成具有相应美德的城邦成员。他的学生亚里士多德尽管非常推崇法治，但也认为道德对于城邦治理不可或缺。他认为，城邦统治者应具有高于一般公民的"善人"的品德。"统治者的道德品质应该力求充分完善，他的职位既然寄托着最高的权威，他的技能就应该是一位大匠师。"⑧至于城邦的一般公民，他认为，尽管不必都要求具有与统治者一样至善的品质，但也应

---

① 《论语·子路》。
② 《孟子·离娄上》。
③ 《孟子·尽心下》。
④ 《孟子·公孙丑上》。
⑤ 《孟子·尽心下》。
⑥ 《论语集注》卷七《子路第十三》。
⑦ 《孟子集注》卷三《公孙丑章句上》。
⑧ 亚里士多德：《政治学》，商务印书馆，1965年，第39页。

该具有好公民的品德。"所有的公民都应该有好公民的品德,只有这样,城邦才能够成为最优良的城邦。"①

二、权利制约权力模式

所谓权利,乃指特定社会成员依照正义原则和法律规定享有的利益和自由。② 现代国家公民拥有选举权、言论自由权、参与权、结社权、知情权,以及举报、检举和控告、申诉和救济等广泛的权利。任何个人和组织都不可剥夺和侵犯这些权利。权利制约权力的廉政建设模式,就是公民以现代国家所赋予公民的基本权利限制、阻遏公共权力的滥用,使政府权力不能逾越界限而侵犯公民的自由和利益。这意味着公民成为监督政府的力量,其逻辑起点是权利之于权力的基础地位和本源性。

马克思主义认为,在原始社会的氏族、胞族、部落和部落联盟四级组织内部,人们之间既存在维持和发展生产和生活的共同利益,又有因劳动分工和生活的态度等方面导致的利益差别。不过,由于生产力水平极端低下和原始公有制,人们的共同利益占据主导地位,利益差别并不具有对抗性。但是,为了维护和协调氏族社会中人们的共同利益和利益矛盾,氏族社会就产生了氏族议事会、酋长,胞族议事会、胞族长、部落首长、军事首领、联盟议事长、最高军事首长等公共权力机关。这种公共权力是基于氏族社会生活的需要而"自然形成的共同体的权力"。从这一意义上,公共权力既然是应社会成员的需要产生以保障人们的共同利益和个人正当利益,那么,社会成员当然有监督和制约公共权力的权利,以防止其背离整个社会公共利益,侵犯个体的正当利益。在社会主义条件下,人民是国家的主人,享有广泛的权利。《中华人民共和国宪法》明确规定:"中华人民共和国的一切权力属于人民。人民依照法律规定,通过各种途径和形式,管

---

① 亚里士多德:《政治学》,商务印书馆,1965年,第121页。
② 夏勇:《走向权利的时代》,中国政法大学出版社,1995年,第4页。

理国家事务,管理经济和文化事业,管理社会事务。"正是基于马克思主义关于权利与权力关系的认识,1945年7月,毛泽东在回答黄炎培跳出中国历代王朝"其兴也勃焉,其亡也忽焉"的历史周期律问题时,说道:"我们已经找到新路,我们能跳出历史周期律。这条新路就是民主。只有让人民来监督政府,政府才不敢松懈;只有人人起来负责,才不会人亡政息。"①

资产阶级启蒙思想家的社会契约论也为以权利制约权力的廉政建设模式提供了理论依据。社会契约论产生于资产阶级推翻封建专制统治的需要,发源于古希腊的思想家伊壁鸠鲁。16－18世纪,格劳秀斯、斯宾诺莎、霍布斯、洛克、卢梭等从自然法的角度完善了社会契约学说,使之成为资产阶级推翻封建国家统治的重要思想武器。

社会契约学说认为,在国家产生前的人们处于自然状态中,受自然法的支配和约束,拥有与生俱来的自然权利。所谓自然权利是个人依据自然法和人性得来的不可变更的权利,格劳休斯把其归结为自由、守信和对私有财产的尊重三个方面。洛克更进一步,把自由理解成为人对于自己的所有物——包括财产和生命加以处置的自由,他特别强调财产权在自然权利中的基础性地位。由于人们在自然状态中生活不方便或不安全,因而相互订立社会契约,交出自己的全部或部分权利,由此组成了国家。换言之,就是国家权力来源于公民权利的让渡与委托,人民才是国家的主人和公共权力的本源主体。卢梭则提出了主权不可代替、不可分割,乃一个统一整体的思想,将社会契约论推向理想状态,即所谓的人民主权理论,将权利制约权力模式放在了更加坚实的基础上。

"以权利制约权力的论点将普遍的公民权利作为制约和平衡国家权力的一种社会力量,其理论基石是人民主权论。"②也正是因此,

---

① [英]迪克·威尔逊:《历史巨人毛泽东》,中央文献出版社,1993年,第1086页。
② 林喆:《权力腐败与权力制约》(修订本),山东人民出版社,2009年,第254页。

同其他廉政建设模式相比,权利制约权力模式具有制约权力的根本性、广泛性、激励性、内生性和多样性的特征和优势。①

但是,作为一种依靠体制外力量的制约方法,这种廉政建设模式发挥作用面临着一定的制约因素。

首先是公共权力异化的天然取向。权力是一种必要的恶,绝对的权力导致绝对的腐败。公共权力具有潜在的扩张性、排他性、诱惑性和腐蚀性特征。掌握着公共权力的政府官员,可能利用手中的权力为个人谋取不正当利益,从而损害社会公共利益,甚至直接侵害作为个体的公民的正当权益。

其次,公民权利意识的强弱。在公民政治诉求表达渠道不畅通、政治环境恶劣的情况下,普通公民政治参与会受到压制,甚至打击,从而挫伤公民的政治参与热情。

第三,公民的个体分散性。公民个人所拥有的权利的力量非常弱小,很难与具有侵犯性的公共权力相抗衡。"虽然现代国家普遍承认以宪法和法律的形式承认公民权利可以对抗公共权力,但由于双方之间地位的悬殊、实力的差异以及行政权的行使具有的强制性、单方性和优越性的特点,对抗并不必然会带来相对人所希望的结果。"②一句话,权利对权力的制约有效性依赖于国家给予公民权利的确认、充分保障和公民权利意识的相结合,否则就因无法实现而沦为形式。这一方面要求国家对正当合法的私人利益予以确认、尊重和鼓励,不能随意侵犯和践踏正当合法的私人利益。另一方面,国家要随着经济社会的发展扩展人们的私人生活领域,对不触及公共领域的包括个体生活方式的选择等私人生活领域的事情不能随意干涉限制,"实现以权利制约权力的关键在于,国家以宪法(成文或不成

---

① 蔡宝刚:《权利制约权力何以可能的法理解答》,《求是学刊》,2019年第5期。

② 董茂云、唐建强:《论行政诉讼中的人权保障》,《复旦学报》,2005年第1期。

文)形式确定公民权利的至上性,并确定政府对公民权利的责任"①。同时,国家要健全基层群众自治制度,最大限度地实现基层社会事务由基层群众来自我管理和自我服务。

三、权力制约权力模式

以权力制约权力的廉政建设模式,就是把作为整体的国家权力进行分解,使不同的部门掌握和行使不同的权力,并彼此相互制约和牵制,保持动态平衡,从而防止权力恶性扩张和异化的控权机制。这种廉政建设模式的逻辑起点是关于人性恶的判断或假设,即人是自私的,具有趋利避害的本性。这决定人在使用权力时会把权力用到极限,"一切有权力的人都容易滥用权力,这是万古不变的一条经验。有权力的人们使用权力一直到遇有界限的地方才休止。……从事物的性质来说,要防止滥用权力,就必须以权力制约权力"。所以,必须对国家权力进行分割,在权力之间建立相互监督和制约的关系。在现实生活中,以权力制约权力表现为三种方式:一是上级权力监督下级权力;二是中央与地方的分权;三是同级权力机关相互之间的横向监督和制约。以权力制约权力廉政建设模式最为经典的思想就是由近代启蒙思想家孟德斯鸠所提出的三权分立理论。

所谓三权分立模式,即立法、行政和司法三种权力互相制衡。这种权力分立和制衡的廉政建设模式萌芽于亚里士多德的国家权力分工的思想。亚里士多德认为一切政体都有三种要素:议事机能、行政机能和审判(司法)机能。如果这三个机能都能够良好的组织,城邦国家就能够实现善治。古罗马的波里比阿继承了亚里士多德三权分工思想。另一方面,他通过对罗马和希腊城邦的比较研究认为,罗马成功的原因在于它的政体既不是君主制,也不是贵族制,更不是平民制,而是混合了君主制、贵族制和民主制三个方面的因素,把权力分

---

① 刘雪华:《论我国公共权力的制约机制——一种政府公共性的视角》,《长白学刊》,2004年第6期。

为人民(或人民大会)、元老院和执政官三个部分,并使这三种力量相互牵制。如果其中一种力量试图打破与其余力量之间的平衡,就必然遭到另外两种力量的联合抵制。这促使每一种权力都必须安于适当的位置,不轻举妄动。罗马的执政官、元老院和人民的"权力就是这样组织的,每个部分钳制其他部分,又与之合作,在所有紧急情况下,它们的联合又是非常适当的。所以,难以发现比这再好的政治制度了"。可以看出,如果亚里士多德所主张的三种机能划分,主要是希望在社会各阶级和各大集团之间实现政治权力的混合与平衡,而波里比阿的思想则包含着在国家政治权力内部如何实现平衡与互相制约。概言之,波里比阿在亚里士多德的三权分工基础上,第一次明确地提出了国家权力机构之间相互制衡的思想。

孟德斯鸠在分析应该的政治体制基础上,明确地提出了现代意义的三权分立思想。"每一个国家有三种权力:(一)立法权力;(二)有关国际法事项的行政权力;(三)有关民政法规的行政权力。"其中,他明确指出第三种权力就是司法权力。他认为:"如果司法权不同立法权和行政权分立,自由也就不存在了,如果司法权同立法权合二为一,则将形成对公民的生命和自由施行垄断的权力,因为法官就是立法者。如果司法权同行政权合二为一,法官便将握有压迫者的力量。如果同一个人或是由重要人物、贵族或平民组成同一个机关行使这三种权力,即制定法律权、执行公共决议权和裁判私人犯罪或争议权,则一切便都完了。"

美国的汉密尔顿、杰弗逊,在继承了这一思想的基础上,进一步对洛克、孟德斯鸠的权力制衡理论进行发展,又提出了联邦与州纵向的分权与制衡,而且建立了两院制的国会并使其互相制约。这样,就形成了横向的行政、立法和司法的三权分立,以及纵向的中央与地方政府之间的双重分权。1883年《彭德尔顿法》产生,美国由政党分肥制向现代公务员制度成功过渡,在美国的行政权力内部又形成了政务官和事务官的分立与制衡。这样,在美国的双重分权制衡的基础上,又形成了立法机关、司法机关和行政机关各自内部的分权制衡,从而使以权力制约权力的平面结构模式转变为立体结构模式,这标志着权力制约权力的模式的更加精巧和完备。英国、法国等都以该理论为指导对权力进行制衡。实践证明,权力制约权力模式是一种行之有效的廉政建设之道。

四、社会制约权力模式

社会制约权力模式,是指依靠社会领域中的非国家、非营利的各种主体,如利益集团、第三部门、大众传媒等社会组织和社会力量,对公共权力加以制约的模式。利益集团、第三部门,主要指在社会政治生活中,人们基于特定的利益集合在一起、有组织地参与公共政治生活、影响公共政策的社会组织。在我国一般称为社团、工会、共青团、妇联、私营企业主协会、青年志愿者协会等为代表,在西方还称为压力集团、院外集团。

作为一种权力制约模式,社会制约权力产生于资本主义发展到垄断资本主义阶段后"行政国家"现象的出现。所谓行政国家,乃指以自由裁量权、委任立法权和行政司法权为主要内涵的行政权力的急剧扩张,使得国家活动几乎遍及社会生活的各个方面,即所谓的行政自由裁量权的扩张、委任立法权的猛增和行政司法权的突显。[1]西方近代国家形成于中世纪末期的资产阶级与绝对主义的王权专制的斗争,基于对专制独裁制度的深恶痛绝和自由发展经济的需要,当时的资产阶级在国家和社会的关系上倡导自由主义的理念,在权力制约方面推崇政府权力结构内部的分权与制衡,即所谓的三权分立原则,来限制行政权力的恣意妄为。

但是,到了19世纪末20世纪初,随着资本主义由自由竞争发展到了垄断竞争时期,在竞争加剧、经济危机周期性频发和社会矛盾日益复杂化的困扰下,传统的所谓"守夜人"角色的资本主义国家政府

---

[1] 张国庆:《公共行政学》(第三版),北京大学出版社,2007年,第100-101页。

越来越显得力不从心,要求扩大政府权力并加强政府对社会经济生活干预的呼声越来越高。行政国家开始登上历史舞台,立法、行政与司法三权之间的平衡均势遂被打破。与这种行政权力急剧膨胀相伴随出现的是行政越权现象,仅仅依靠传统的政府内部结构之间的"三权分立"制衡原则已经无法满足这种需要。如何控制国家权力(尤其是日益扩张的行政权力)重新成为一项新的课题。另一方面,资产阶级是打着"自由""平等""博爱"的旗帜与王权作斗争而登上历史舞台。随着资产阶级革命的发生、科技革命的发展,资本主义国家市民社会逐渐获得了独立发展的空间,特别是二战后利益集团获得了蓬勃发展,这为以发达的社会团体为主要标志的市民社会制约国家权力提供了现实的可能性。

作为一种思想,社会制约权力模式则是对以孟德斯鸠、联邦党人为代表的"三权分立"理论和以卢梭为代表的"人民主权"理论的超越。① 这一思想的集大成者首推伟大的自由主义思想学家托克维尔,其次就是20世纪著名的民主理论家罗伯特·达尔。② 托克维尔在《论美国的民主》一书中用"结社的艺术"来描述美国人对社团的爱好,将其视为美国民主的"最引人注目"的东西。他认为社团"使社会的活动不由政府包办",无法实行"令人难以容忍的暴政"③;使弱小的个体变得强大,也可以作为"公民学校",创造适合民主的"民情",从而给政治权力建立持续不断的制约和压力。

达尔在对"麦迪逊式民主"和"平民主义民主"批评的基础上,通过对美国民主实践的考察,提出了多元主义民主理论来解读西方民主。他认为,西方民主制度主要不是靠宪法维系的,而是靠社会自身

---

① 马德普:《超越"人民主权"与"三权分立"之争——罗伯特·达尔的民主理论述评》,《教学与研究》,2001年第7期。
② [美]罗伯特·达尔:《民主理论的前言》,东方出版社,2009年,第159页。
③ [法]托克维尔:《论美国的民主》(下),商务印书馆,1988年,第635页。

的条件维系的,独立的多元社会组织是其中不可或缺的一个;在一个大型的民主政体中,独立的组织是民主过程本身的运转所必需的,其功能就在于使政府的强制最小化、保障政治自由和改善人们的福利。"社会多元主义及其宪政结构在美国是这样庞大,以至于政府政策制定过程中不同社会利益集团之间的讨价还价成了我们政治体制的主要特征。"①

可以看出,社会制约权力的廉政模式依赖于发达的社团组织,这需要政府加快转变政府职能,充分放权、还权,把一部分公共权力"转移"到社会团体,形成社会团体的自我管理;有意识地营造良好的政策环境,有计划地培育公民和社会团体的自治能力;加快制定有关结社及相应社会团体管理方面的法律法规,使结社自由得到充分有效的保障。

第二节 廉政建设的主要制度

一、政府信息公开制度

(一)政府信息公开制度的含义和内容

政府信息从本质上说是一种公共资源,信息公开的目的应该是维护公共利益、保障公民的知情权,同时服务于公众的生产、生活和社会经济活动。因此,政府信息公开既是政府对公共信息资源配置的行政行为,也是防止公共权力侵犯公民权利的措施,更是防止公务人员个人利益、部门利益侵犯公共利益的重要条件。② 政府信息公开制度是反腐倡廉的一项基础性制度。政府信息公开既是公众了解政府的直接途径,也是公众监督政府的重要依据。

---

① Robert A. Dahl,Charles E. *Lindblom*,*Politics*,*Economics and Welfare*, New Brunswick and London:Transaction Publisher,1992 ,p. 307.
② 崔会敏:《如何破解政府信息公开的制度难题》,《中国纪检监察报》,2012 年 9 月 28 日,第 007 版。

政府信息公开制度是指行政主体通过法定形式和程序,主动将其掌握的行政信息向社会公众或依申请而向特定的个人或组织公开,并且允许或保障公众通过查询、摘录、阅览、复制、接听、收看、下载等形式获取信息的规定、规范的总称。所谓政府信息是指行政机关在履行职责过程中制作或者获取的,以一定形式记录、保存的信息。其内容主要包括政府信息公开的范围、要求、公开方式和程序、监督、救济等内容。

公开的范围大致分为四类:涉及公民、法人或者其他组织切身利益的;需要社会公众广泛知晓或者参与的;反映本行政机关机构设置、职能、办事程序等情况;其他依照法律、法规和国家有关规定应当主动公开的。行政机关应当遵循公正、公平、便民的原则,及时、准确地公开政府信息,不得危及国家安全、公共安全、经济安全和社会稳定。

政府信息公开的方式主要分为两种,一是主动公开,二是依申请公开。所谓依申请公开,乃指公民、法人或者其他组织还可以根据自身生产、生活、科研等特殊需要,向国务院部门、地方各级人民政府及县级以上地方人民政府部门申请获取相关政府信息。政府信息公开制度的监督与保障,一是部门内部监督。各级人民政府应当建立健全政府信息公开工作考核制度、社会评议制度和责任追究制度,定期对政府信息公开工作进行考核、评议;政府信息公开工作主管部门和监察机关负责对行政机关政府信息公开的实施情况进行监督检查。二是社会公众监督。公民、法人或其他组织认为行政机关不依法履行政府信息公开义务,可以向上级行政机关、检察机关或者政府信息公开工作主管部门进行举报。

(二) 我国政府信息公开制度的发展历程

我国政府信息公开制度经历了一系列的发展历程。1984年,邓小平同志提出了"开放信息资源,服务四化建设"这一口号,为信息公布的蓬勃发展拉开序幕;1987年,十三大报告指出加大政府机关的开放度,保障人民对重大事项的知情权和发言权,是对信息公开思想进步的进一步深化和巩固;十三大之后,为了加强廉洁政府建设,河北省率先开展办事制度、结果公开工作,推进政务公开,此举被视为中国在改革开放新时期推行政务公开和政府信息公开的最初尝试①。

1996年,中纪委首次提出实行政务公开制度。党的十五大报告中指出,不仅要求基层政权机关必须健全民主选举制度,实行政务与财务公开,并对领导干部进行民主监督,而且对基层群众性自治组织也提出了相同的要求。1999年,"政府上网工程"建立,该举措的直接意义就在于政府可以通过网络将其拥有的信息告知社会公众,而且公众可以通过互联网更方便、快捷的搜集自己所需要的信息。② 2000年底,中办、国办联合发出通知,要求乡镇政务公开实行全面部署,还要求县(市)级以上政权机关积极探寻实行政务公开的有效途径。

2001年中国加入世贸组织,这为政府信息公开提出了要求,也提供了良好的契机。2002年11月,广州市出台《广州市政府信息公开规定》,这是我国首次以政府信息公开命名的法规。2003年"非典"疫情的爆发,使我们更加意识到了政府信息公开的重要性。2004年国务院在《全面推进依法行政实施纲要》中明确规定:行政机关必须公开政府信息,保障公众的查阅权。2006年国务院办公厅发出《关于进一步做好中央政府门户网站内容保障工作的意见》,进一步强调要加大政府信息发布力度,强化政府信息的服务功能。2007年4月5日国务院公布《中华人民共和国政府信息公开条例》,并于2008年5月1日实施。这标志着我国政府信息公开制度的正式建立。

---

① 赵正群:《中国的知情权保障与政府信息公开制度的发展进程》,《南开学报》,2011年第2期。

② 张玉强:《实现政府与公众零距离的必要性及途径》,《行政论坛》,2004年第1期。

（三）我国政府信息公开制度的不足与完善

《中华人民共和国政府信息公开条例》实施后，政府信息公开变得有法可依，而且公众通过了解信息，对政府权力进行监督，使行政运行透明度得到有效提高。

但是，我国政府信息公开制度无论是在制度设计还是在制度实施中，仍然存在一定的难题，制约着政府信息公开的实际效果。①

一是政府信息公开的法律位阶较低，与其他法律制度存在协调问题。《条例》作为行政法规，法律位阶较低，实施效果会受到《保密法》《档案法》的限制。我国的《保密法》制定于1988年，其内容规定比较宽泛，强调保密而不是公开，且定密权和保密权都在政府。《保密法》在法律位阶上高于《条例》并优先适用，这在一定程度上限制了《条例》的实施效果。除了例外信息，政府信息应当公布于众。但政府信息的绝大部分及其载体最终要归于档案。按照《档案法》规定，档案须满30年后才能开放。按照《条例》实施细则中的规定，"已经移交档案馆及档案工作机构的政府信息的管理，依照有关档案管理的法律、行政法规和国家有关规定执行。"这意味着同一条政府信息变成档案后要被封存30年才能再次公开。而且，我国还没有统一《个人隐私保护法》和《商业秘密保护法》，行政机关在甄别涉及商业秘密和个人隐私方面，还缺乏一定的法律依据，自由裁量权较大，会在具体实施中产生争议。

二是政府信息公开的主体和内容范围狭窄。《条例》只明确规定公开"行政机关在履行职责过程中制作或者获取的，以一定形式记录、保存的信息"，对立法机关、司法机关、执政党等并没有明确规定公开的义务，这也意味着"条例"适用范围比较狭窄。同时，《条例》对各级政府应当公开的内容采取列举方式，容易漏掉重要内容。而发达国家一般采取列举例外情况，对没有列举的情况推定为公开的

---

① 崔会敏：《如何破解政府信息公开的制度难题》，《中国纪检监察报》，2012年9月28日，第007版。

方式,这样公开的信息比较全面。

三是缺乏合理救济制度设计。"无救济则无权利",政府信息公开救济制度能保障公民获得政府信息的权利免遭侵害,以及当权利受到侵害时能够得到及时矫正和补救。《条例》中对救济条款规定:当公民认为行政机关不履行政府信息公开义务,或具体行政行为侵犯其合法权益的,可以"向上级行政机关、监察机关或者政府信息公开工作主管部门举报"和"依法申请行政复议或者提起行政诉讼"。但是《条例》对什么是合法权益没有明确界定,从《行政复议法》《行政诉讼法》的复议范围和受案范围来看,合法权益主要指公民的人身权利和财产权利。这就意味着,如果公民的人身和财产权利没有被侵犯的后果,只是处于某种危险中,还不能进入行政复议或行政诉讼程序。而对政府不公开信息的举报受理机关都属于政府,有可能出现"同体问责"困难,堵塞救济之路。《条例》对个案救济中的举证责任、救济方式等没有可操作性的规定,而且我国的《行政复议法》《行政诉讼法》的救济模式在实践运行中,受到体制、权力模式等因素制约,其实际救济效能并未充分发挥。这意味着政府信息公开的个案救济制度未真正有效地建立起来。

当前政府信息公开制度实施中的难题可以概括为:政府部门积极性、主动性不高,往往避重就轻;公众关注度高,但参与不足;监督不力,难以追责。比如政府主动公开的信息内容出现偏差,重形式、轻内容,重数量、轻质量等。政府公布的有些信息华而不实,有关政策法规、机构设置和业务规则等信息占了很大的篇幅,甚至有些信息是对自身的宣传和美化,但对公众关心的行政决策、规划、方案等信息却避而不谈。同时在机构设置上没有给信息公开机构以足够的重视和扶持,甚至某些地方政府的信息公开已经演变为形象工程,使信息公开效果大打折扣。

公众关注度高,但参与不足。除了政府主动公开的信息外,公众可以根据自身的需要依法申请信息公开。实践表明,由于在申请信息公开方面困难重重,很多公众不愿意申请政府信息公开,而宁愿通过其他非制度途径获得自己想要的信息。即使有个别公民愿意去申请,公开的结果也大多不能令人满意。这使公众对政府信息公开认同不足,参与度不高。

监督不力,难以追责。虽然《条例》的第四章对政府信息公开的监督和责任追究作了规定,但仍有缺陷和不足。比如,在监督方面,其监督主体仍是行政部门,只是内部监督,容易陷入同体监督的怪圈。同时,政府外部监督体制还没有理顺,更缺乏社会监督机制,这使得政府信息公开基本是靠政府自觉行动。在责任追究上,由于没有具体的惩罚规定,政府主动公开的积极性并不高,况且有些信息后面隐藏着巨大的利益,不公开是其必然的选择。而公众由于信息不对称,很难监督政府行为,同时,在"民不告、官不究"的观念里,违反信息公开的行为难以被发现并进行责任追究。

如何完善政府信息公开制度,需要注意以下方面:

在制度设计方面,首先,提高信息公开立法层次,加强制度衔接。应制定全国统一的《政府信息公开法》,提高政府信息公开的法律位阶和权威性。同时,修改《保密法》和《档案法》,加快制定《隐私权保护法》和《商业秘密保护法》,使之与信息公开制度相衔接,减少法律适用中的矛盾和冲突。其次,科学界定信息公开范围与内容,提高制度可操作性。由于政府信息关系着公共生活的方方面面,不但有公共性特征,还有机密性特征。应该科学合理界定信息公开的范围与内容,处理好公开与保密的关系。最后,健全信息公开的救济制度。当今世界各国在信息公开立法中普遍引入司法审查机制,通过司法审查对行政机关侵犯公民知情权或不公开信息进行监督,对公民权利进行救济。我国应当借鉴成功经验,对行政相对人的知情权、信息权提供司法救济,只有这样,信息公开制度才不会徒有其名。

在制度实施方面,首先健全信息公开问责机制,提高公务员依法行政水平。无问责则无效果,健全信息公开问责机制是保证信息公开制度有效执行的关键条件。我国信息公开条例之所以在具体实施中出现各种情况,既有其本身设计问题,也有相关部门没有依法考核、追究责任的问题。没有健全的问责机制和严格的责任追究机制,再好的制度,也是一纸空文。其次,建立社会监督机制,创造公众监督政府信息公开的条件。推进政府信息公开不仅需要发挥行政主管部门的监督、协调作用,更需要发挥社会的监督功能。这就需要创造公众监督政府信息公开的条件,提高公众对信息公开制度的认同度和参与度。新闻媒体是政府信息的主要发布渠道。同时,充分利用先进的网络技术,缩短信息传播的链条,有效减少信息失真现象,使信息公开渠道更为畅通和便捷。网络也为公众监督政府提供了有力工具。

二、行政问责制度

(一)行政问责制度的含义和内容

所谓行政问责制度,乃指由特定问责主体对政府及工作人员所承担的义务、责任的履行情况进行质问、审查和监督;而且有权依法依规追究履职不力的机构或工作人员的法律责任、政治责任、行政责任的相关安排。

作为一种对政府进行有效控制的制度安排,其内容主要由行政问责主体、行政问责对象、行政问责范围、行政问责程序、行政问责方式等要件构成。问责主体即"谁"来问责,谁有权追究责任;依据《中华人民共和国公务员法》,在我国是指具有合法干部人事管理权限的党政机关,其中纪委、监委履行监督专责。行政问责对象即问"谁",谁应该承担责任,受行政问责约束;一般有党政机关、党政机关工作人员两种责任主体。行政问责范围指问"什么",问责对象的何种行为应进行责任追究;主要包括严重的生产安全事故、突发性灾难、严重的经济案件等政府履职不力的行为;十八大后,中国共产党将弱化党的领导、党的政治建设抓得不实、党的思想建设缺失、党的组织建设薄弱、党的作风建设松懈、党的纪律建设抓得不严、推进党风廉政建设和反腐败斗争不坚决、不扎实、全面从严治党主体责任、监督责任落实不到位等行为也纳入问责范围。行政问责程序即"如何问",

主要包括立案、调查、决定、通知、执行五个环节。行政问责方式指责任人如何承担相应的责任。依据《中国共产党问责条例》，对党组织的问责方式有检查、通报、改组；对党的领导干部的问责方式有通报、诫勉、组织调整或者组织处理、纪律处分。依据《中华人民共和国公务员法》，处分方式包括警告、记过、记大过、降级、撤职、开除。

（二）我国行政问责制度的发展历程

行政问责制度的思想渊源，最早可以追溯至古代的监察制度。现行我国的行政问责，则是伴随着香港特别行政区的高官问责制进入公众的视野。特别是2003年的"非典"事件标志着行政问责制开始走向历史舞台。2003年7月15日，长沙市推出的《长沙市人民政府行政问责制暂行办法》，标志着中国行政问责制进入制度化建设的探索阶段。① 随后，各级地方政府大量出台了行政问责制的规章制度，各级政府的应急管理体制中也大量包含了责任制或责任追究等方面的规定。

2004年4月8日，中共中央办公厅发布《党政领导干部辞职暂行规定》，对领导干部的四种辞职情况作了详细规定，尤其是列举了应当引咎辞职的九种使用情形，具有了问责制的雏形。② 同年9月出台的《中共中央关于加强党的执政能力建设的决定》首次在党的文件中提出了问责制的概念，这为建立行政首长问责制提供了政策依据。③

2005年的国务院《政府工作报告》正式提出，要强化行政问责制，对行政过错要依法追究。2006年的国务院《政府工作报告》再次强调，要"建立和健全行政问责制"。2006年9月，温家宝总理在全

---

① 宋涛：《社会规律属性与行政问责实践检验》，社会科学文献出版社，2010年，第137页。
② 韩志明：《实践、制度与理念之间的互动及其张力——基于中国行政问责十年历程的理论思考》，《政治学研究》，2013年第1期。
③ 宋涛：《中国地方政府行政首长问责制度分析》，载黄卫平、汪永成：《当代中国政治研究报告》，社会科学文献出版社，2007年，第381-382页。

国电视电话会议上指出,要"加快建立以行政首长为重点的行政问责制度"。2008年,行政问责制首次写入《国务院工作规则》和国务院工作要点。2009年,中共中央办公厅、国务院办公厅联合发布《关于实行党政领导干部问责的暂行规定》,对领导干部问责的情形、方式、程序及适用等问题进行了较为详细的规定。2010年,国务院发布《关于加强法治政府建设的意见》,第七部分专门论述了"强化行政监督和问责"。2016年1月,十八届中央纪委六次全会工作报告提出,要把问责作为全面从严治党的重要抓手,研究制定《中国共产党党内问责条例》。2016年6月28日,中共中央政治局召开会议,审议通过《中国共产党问责条例》。2019年9月,中共中央印发修订后的《中国共产党问责条例》,并发出通知,要求各地区各部门认真遵照执行。各种规范性文件的出台逐步填补了行政问责的制度空缺,逐步实现了行政问责的制度化。

(三)我国行政问责制的不足与完善

上述一系列法律法规的出台,对于强化政府责任,规范行政行为具有显著作用,但我国的行政问责制仍然存在着明显的不足。首先,缺乏统一的《行政问责法》。目前行政问责的相关规定散见于零散的法规、规范性文件中,没有一个统一的标准,法律适用的问题无法解决,且难以形成合力。其次,问责主体不明确。我国党政关系职能交错,职责不清,导致追责时责任主体不明确。第三,问责程序不够规范。现有的多是同体问责,问责程序差异不大,由于工作职责形成的上下级领导关系,导致同体问责对问责对象难以形成真正的监督,而且异体问责的程序不明确。此外,行政问责也缺乏透明和公开。

完善行政问责制需要从以下几个方面努力:一是尽快出台《行政问责法》。从立法层面对行政问责的主体、客体、内容、程序、法律后果等进行统一规定。二是明确行政问责主体。对于政府每个职位进行量化、细化,确保责任到人,责任到岗。三是规范行政问责程序。推行多元化问责,做到程序规范、完整,严格复出程序。

三、公职人员财产申报与公开制度

(一) 公职人员财产申报与公开制度的含义和内容

公职人员财产申报与公开制度是指担任一定职务的国家公职人员,依照法定的期限和方式,向申报机关如实申报个人及家庭成员一定范围的财产、来源及各种投资活动,并采取一定的公示方式向社会公开,接受监督的制度。公职人员财产申报与公开制度的主要内容包括申报与公开主体、申报与公开内容、受理部门和惩处方式等。

依据2017年《领导干部报告个人有关事项规定》和《领导干部个人有关事项报告查核结果处理办法》,我国财产申报与公开的对象是"领导干部",既包括领导职务干部,也包含非领导职务干部,具体有各级党的机关、人大机关、行政机关、政协机关、审判机关、检察机关、民主党派机关中县处级副职以上的干部;参照公务员法管理的人民团体、事业单位中县处级副职以上的干部,未列入参照公务员法管理的人民团体、事业单位的领导班子成员及内设管理机构领导人员(相当于县处级副职以上);中央企业领导班子成员及中层管理人员,省(自治区、直辖市)、地(市、州、盟)管理的国有企业领导班子成员;上述范围中已退出现职、尚未办理退休手续的人员。

申报与公开内容主要包括本人婚姻和配偶、子女移居国(境)外、从业等事项,个人收入、家庭房产、家庭投资等事项。受理部门是中央和各级组织(人事)部门。

惩处方式包括:查核结果凡属漏报行为,情节较轻的,应当给予批评教育、责令作出检查、限期改正等处理;情节较重的,应当给予诫勉、取消考察对象(后备干部人选)资格、调离岗位、改任非领导职务等处理;查核结果凡属隐瞒不报行为的,应当根据情节轻重,给予诫勉、取消考察对象(后备干部人选)资格、调离岗位、改任非领导职务、免职、降职等处理;隐瞒不报情节较重或者查核发现涉嫌其他违纪问题的,依照《中国共产党纪律处分条例》等追究纪律责任。而且,受到诫勉处理的,半年内不得提拔或者进一步使用;受到取消考察对象(后备干部人选)资格处理的,一年内不得提拔或者进一步使用;受到调离岗位、改任非领导职务、免职处理的,一年内不得提拔;受到降职处理的,两年内不得提拔;受到纪律处分的,依照《中国共产党纪律处分条例》等规定执行。

(二) 我国公职人员财产申报与公开制度的发展历程

公职人员财产申报制度起源于瑞典,早在1766年,瑞典公民就有权查看从一般官员直到首相的纳税清单,①在许多国家和地方的政治实践中都取得了显著的效果。我国从20世纪80年代末开始动议建立这一制度。

1987年11月,全国人大常委会秘书长、法制工作委员会主任王汉斌在第六届全国人大常委会第二十三次会议上提出:"我国对国家工作人员是否建立申报财产制度问题,需在其他有关法律中研究解决"。② 1988年,全国人大起草了《国家行政工作人员报告财产和收入的规定草案》。这是我国公职人员财产申报制度的首次尝试。1995年,中共中央办公厅、国务院办公厅联合发布了《关于党政机关县(处)级以上领导干部收入申报的规定》,首次确立了我国公职人员收入申报制度的基本框架,申报对象是"党政机关县(处)级以上领导干部",申报内容是"收入"。③ 这意味着财产申报制度与公示制度在我国进入实施阶段。

2001年6月,中共中央纪委、中共中央组织部联合发布了《关于省部级现职领导干部报告家庭财产的规定(试行)》,加强对省部级官员的监督。2006年,中共中央办公厅《关于党员领导干部报告个人有关事项的规定》进一步将县(处)级副职以上领导应报告事项扩

---

① 梁国庆:《中外反腐败实用全书》,新华出版社,1994年,第322 - 324页。
② 刘志勇:《中国官员财产申报制度研究》,中国社会科学出版社,2013年,第84页。
③ 解志勇、马舒蕾:《公职人员财产信息申报与公开研究》,《国家行政学院学报》,2014年第3期。

展至其配偶、子女的有关事项。2010年,中共中央办公厅、国务院办公厅联合印发了《关于领导干部报告个人有关事项的规定》,进一步细化了报告财产事项的规定,同时废止1995年和2006年发布的规定文件。

2013年12月,中共中央组织部印发了《关于进一步做好领导干部报告个人有关事项工作的通知》,与1995年《关于党政机关县(处)级以上领导干部收入申报的规定》相比,内容上有所发展,申报主体、申报范围等均有改进,呈现出从收入申报向财产申报转变、个人财产向家庭财产申报转变的趋势。① 这标志着申报制度发展进入新阶段。2017年2月,中共中央办公厅、国务院办公厅联合发布《领导干部报告个人有关事项规定》和《领导干部个人有关事项报告查核结果处理办法》,进一步细化了相关细节和惩处方式,规定申报者对报告内容的真实性、完整性负责,要求拟提拔的干部、拟列入该范围的后备干部,以及申请辞去公职的领导干部也需进行财产申报。对领导干部报告个人有关事项的真实性和完整性进行查核,查核方式包括随机抽查和重点查核,随机抽查每年集中开展一次,按照10%的比例进行。

(三) 公职人员财产申报与公开制度的不足与完善

公职人员财产申报与公开制度对于预防腐败,保证公职人员清正廉洁具有重要的作用。但这一制度在我国实施过程中仍然存在着不足,主要有:第一,只有申报而没有公示。财产申报只是在我国政府组织内部进行,而不向社会公开,严重削弱了这一制度的功效。第二,法律位阶低。2017年中共中央办公厅、国务院办公厅联合发布《领导干部报告个人有关事项规定》和《领导干部个人有关事项报告查核结果处理办法》性质上属于行政法规,层次太低。第三,申报主体狭窄。申报主体限定在县处级以上,与经济事项联系紧密的其他

---

① 解志勇、马舒蕾:《公职人员财产信息申报与公开研究》,《国家行政学院学报》,2014年第3期。

公职人员不在申报之列；此外，现行规定和办法并无规定领导干部退休、离休或其他形式的离职之时是否需要申报财产，无法形成有效的监督。最后，审查和监督机制不健全。受理部门监督职能缺乏专业性。目前的受理部门为组织、人事部门，专业性不强，且缺乏必需的监督权限和有效的监督手段，很可能形成同级监督或仅限于党内监督，影响监督效果。

公职人员财产申报与公开制度被誉为"终端防腐利器"，因此应推进这一制度的完善和健全。当前，应着重从以下几方面入手：首先是要制定公职人员财产申报与公开法。可以借鉴国外的成熟做法，同时结合中国国情，尽快由全国人大出台相关法律法规。其次，申报主体要全面。申报主体既要考虑高级领导干部、又要考虑低级领导干部，既要考虑重要岗位、又要考虑非重要岗位，应将县（县级市、区）的职能部门的科级干部也纳入申报主体；应明确规定领导干部退休、离休前需进行财产申报。最后，建立由纪委监委主导的财产申报与公开机制。在纪委监委内部设置专门机构、配备专职人员，受理财产申报与公开工作。

四、巡视制度

（一）巡视制度的含义和内容

巡视作为政治控权的监督制度在我国秦汉时期就已形成，在唐宋时成熟，完备于明清。巡视制度是中国古代官职文化中具有独特个性色彩的一部分，也是古代监察制度创新的一种重要形式。巡视官常奉皇帝命令监察地方官员，以小监大，位卑权重。在漫长的历史时期，巡视制度在一定程度上对纠风治偏、监察百官违法行为、治理贪污腐败和清明治吏等方面发挥了重要作用。

本书认为，现代意义上的巡视，是指政治权力中心对其所管辖的区域内掌握重要权力的人和组织进行的专门监督活动，巡视制度是这种监督活动的规则安排。具体到我国的巡视制度，就是指党中央通过建立专门机构，按照既定法规对下级党组织的主要领导人员和组织进行监督的制度。巡视制度分为中央和省、自治区、直辖市委员会两级,中央负责巡视省部级领导班子和领导干部以及中央要求巡视的其他单位的党组织领导班子成员,省级负责巡视区域内至县一级领导班子和领导干部以及省、自治区、直辖市党委要求巡视的其他单位的党组织领导班子及其成员。市、县级则实行巡察制度,设立巡察机构,对所管理的党组织实行巡察监督。

巡视监督从权力运行方向上说是典型的自上而下的监督,因为是上级党委直接派出巡视小组对下级党组织活动进行的专门监督,故比其他监督方式表现出更强的权威性。建立和完善巡视制度是强化党内监督的制度创新。党内监督的实质是权力监督,主要解决公共权力的异化和腐败问题。因此,巡视过程虽然是实施党内监督的过程,但因为其权力监督属性从某种意义上说也是一种对公共行政权力运行中失范行为管控和纠正的公共管理行为,是公共组织的沟通、控制和反馈的管理过程。巡视监督的主要目的,就是通过对国家公务人员在行政管理中行政行为进行纠错查偏,及时发现违法失职行为。因此,我国现行的巡视制度从某种意义上来说职能定位应该是对所有公职人员行政行为的监督巡视,而不是简单的党内监督制度。[1]

巡视制度的内容主要包括:巡视主体、巡视对象和范围、巡视工作方式、巡视工作程序、巡视工作纪律等。

巡视主体是中央和省、自治区、直辖市委员会成立的巡视工作领导小组。巡视工作领导小组组长由同级党的纪律检查委员会书记担任,副组长一般由同级党委组织部部长担任。巡视工作领导小组组长为组织实施巡视工作的主要责任人。

中央巡视组的巡视对象和范围包括:省、自治区、直辖市党委和人大常委会、政府、政协党组领导班子及其成员,省、自治区、直辖市

---

[1] 崔会敏:《巡视制度效用评估与协同反腐机制研究》,中国社会科学出版社,2020年,第24-25页。

高级人民法院、人民检察院党组主要负责人,副省级城市党委和人大常委会、政府、政协党组主要负责人;中央部委领导班子及其成员,中央国家机关部委、人民团体党组(党委)领导班子及其成员;中央管理的国有重要骨干企业、金融企业、事业单位党委(党组)领导班子及其成员;中央要求巡视的其他单位的党组织领导班子及其成员。省、自治区、直辖市党委巡视组的巡视对象和范围是:市(地、州、盟)、县(市、区、旗)党委和人大常委会、政府、政协党组领导班子及其成员,市(地、州、盟)中级人民法院、人民检察院和县(市、区、旗)人民法院、人民检察院党组主要负责人;省、自治区、直辖市党委工作部门领导班子及其成员,政府部门、人民团体党组(党委、党工委)领导班子及其成员;省、自治区、直辖市管理的国有企业、事业单位党委(党组)领导班子及其成员;省、自治区、直辖市党委要求巡视的其他单位的党组织领导班子及其成员。

巡视工作方式主要有:听取专题汇报、个别谈话、受理来信(来电、来访)、抽查、询问、调阅(复制)资料、召开座谈会、列席会议、民主测评和问卷调查、深入被巡视地区(单位)了解情况、专项检查、提请协助等。

巡视工作程序:巡视前,巡视组向同级纪检监察机关、政法机关和组织、审计、信访等部门和单位了解被巡视党组织情况;巡视组进驻后,向被巡视党组织通报巡视任务,并开展工作;巡视工作结束后,形成巡视报告并提交给巡视工作领导小组;经派出巡视组的党组织同意后,巡视组向被巡视党组织反馈相关巡视情况,提出整改意见;被巡视党组织认真整改落实,在2个月内将整改和落实情况报告,报送巡视工作领导小组办公室。

巡视工作纪律:巡视工作人员对应当发现的重要问题没有发现;不如实报告巡视情况,隐瞒、歪曲、捏造事实;泄露巡视工作秘密;工作中超越权限,造成不良后果;利用巡视工作的便利谋取私利或者为他人谋取不正当利益;有违反巡视工作纪律的其他行为,视情节轻重,给予批评教育、组织处理或者纪律处分;涉嫌犯罪的,移送司法机关依法处理。被巡视地区(单位)及其工作人员隐瞒不报或者故意向巡视组提供虚假情况;拒绝或者不按照要求向巡视组提供相关文件材料;指使、强令有关单位或者人员干扰、阻挠巡视工作,或者诬告、陷害他人;无正当理由拒不纠正存在的问题或者不按照要求整改;对反映问题的干部群众进行打击、报复、陷害;有其他干扰巡视工作的情形的,视情节轻重,给予批评教育、组织处理或者纪律处分;涉嫌犯罪的,移送司法机关依法处理。

(二) 我国巡视制度的发展历程

巡视制度在中国有悠久的历史。据史料记载,我国早在秦代就设置了以御史大夫为首的从中央到地方的监察机构。唐朝设立了专职管理和归口直司的"一台三院"和"十道巡按"的常巡体制,成为后世效法的模板,到民国时期已逐步形成一整套分工细致、职责分明、秩序严密的巡视监察体系。巡视制度在历史发展中,随着皇权的强大和监察制度的不断革新而臻于完备,它促使国家行政制度不断自我调节,并调节皇权和相权,行政权和监察权,中央和地方的关系,增进了政治清明,在整个监察制度中占有重要的地位。①

党内巡视制度的形成与发展是和党的建立设置及革命斗争实践紧密结合在一起的。"党内巡视制度萌芽于党的创立和国民革命时期,形成和成熟于土地革命时期。抗战开始后,巡视制度在无形中被废止。"②

1921年7月中国共产党成立以后,为加强对各地党组织的领导,党中央进行了"特派员巡行"工作方法探讨,这可以看作是党内巡视制度的萌芽。

1922年7月中国共产党第二次代表大会代表审议通过了《中国

---

① 崔会敏:《巡视制度效用评估与协同反腐机制研究》,中国社会科学出版社,2020年,第73页。

② 何益忠:《民主革命时期党内巡视制度的回顾与反思》,《理论学刊》,2010年第3期。

共产党党章》,其中规定:"中央执行委员会随时派员到各处召集各种形式的临时会议,此项会议应以中央特派员为主席"。① 这是党内巡视工作最早正式的法规依据。

1923年中共第三次代表大会通过《中央执行委员会组织法》,将中央向各地派遣特派员的决定以法规形式确定下来。1927年11月是一个关键的时间段,此间共产党中央确定了关于中央常委的巡视制度,决定创建中央和省委各级党组织对下级的巡视制度,同意通过《最近组织问题的重要任务议决案》并明确指出:"应当开始建立各级党部的巡视指导制度"。② 这个议决案是党内巡视制度的初创的标志,至此,党基本确立了从中央到区、地方、支部的党内巡视体制。

1928年10月8日,中共中央正式颁布了党内《巡视条例》。这是巡视制度首次以正式法规形式出现,非常明确具体地确定了不同级别党组织巡视员的具体任职条件和巡视的时间、内容等。

1931年5月1日,中国共产党六届四中全会通过了专门引导巡视工作的《中央巡视条例》,这象征着党中央巡视制度已逐步成熟。③ 后来由于抗日战争和解放战争爆发,党内巡视工作被迫中断。

1990年3月,在党的十三届六中全会上通过的《中共中央关于加强党同人民群众联系的决定》文件中,党中央提出了在中央和各省、自治区、直辖市党委派出巡视小组的建议。1996年3月,中央纪委制定并下发了《中共中央纪律检查委员会关于建立巡视制度的试行办法》,并随即先后派出7批巡视组,对全国18个省(区)和部委进行了巡视。2000年,中央决定由中央纪委和中央组织部联合成立巡视办公室,派出巡视组。2001年9月,党的十五届六中全会通过

---

① 中共中央档案馆:《中共中央文件选集:第1册》,中共中央党校出版社,1989年,第96页。

② 中共中央档案馆:《最近组织问题的重要任务决议案》,《中国共产党组织史料》(第8卷),中共党史出版社,2000年,第147页。

③ 崔会敏:《巡视制度效用评估与协同反腐机制研究》,中国社会科学出版社,2020年,第98页。

的《中共中央关于加强和改进党的作风建设的决定》明确要求逐步建立巡视制度,随即中央和一些省(市、区)进行巡视试点。

2002年11月,党的十六大作出了"改革和完善党的纪律检查体制,建立和完善巡视制度"的重大决策。2003年12月,中共中央颁布《中国共产党党内监督条例(试行)》。2004年,中央纪委、中央组织部制定《关于中共中央纪委、中共中央组织部巡视工作的暂行规定》,巡视工作开始走上制度化轨道。

2007年10月,党的十七大报告提出:"健全纪检监察派驻机构统一管理,完善巡视制度。"2009年5月22日,中央政治局召开会议,审议并通过了《中国共产党巡视工作条例(试行)》,并于7月2日颁布实施。11月,中央作出了成立中央巡视工作领导小组、将中央纪委、中央组织部巡视工作办公室和巡视组更名为中央巡视工作领导小组办公室和中央巡视组的决定。这是巡视制度真正步入科学化和规范化的标志。

2012年11月,党的十八大报告重申:"健全纪检监察体制,完善派驻机构统一管理,更好发挥巡视制度监督作用。"2013年4月15日,中央政治局首次以常委会的形式研究部署巡视工作。2013年5月,中央巡视工作动员暨培训会议召开,要求认真贯彻习近平总书记关于党风廉政建设和反腐败斗争的一系列重要讲话精神,扎实做好巡视工作,形成震慑,遏制腐败现象蔓延势头,并立即派遣10个中央巡视组开展巡视工作,雷厉风行的反腐行动全面展开。11月5日的《中央党内法规制度工作五年规划纲要(2013—2017年)》和11月12日的《中共中央关于全面深化改革若干重大问题的决定》均提出"巡视全覆盖"和"专项巡视"要求。党的十八届三中全会进一步强调,提出要改进中央和省区市巡视制度,做到对地方、部门、企事业单位全覆盖,雷厉风行的反腐行动全面展开。

2015年8月13日,中共中央对2009年的《巡视工作条例(试行)》进行修改,印发《中国共产党巡视工作条例》。2017年7月1日,中共中央再次对2015年的《巡视条例》修改,出台了新的《中国共产党巡视工作条例》,提出了政治巡视的要求。2015 年第二条要求"对所管理的地方、部门、企事业单位党组织进行巡视监督,实现巡视全覆盖、全国一盘棋",2017 年第二条则要求"在一届任期内对所管理的地方、部门、企事业单位党组织全面巡视",而且提出了要在市(地、州、盟)、县(市、区、旗)建立巡查制度。可以看出,巡视力度大大加强,而且向基层延伸。在党的十九大,习近平总书记提出"深化政治巡视,坚持发现问题、形成震慑不动摇,建立巡视巡察上下联动的监督网。深化国家监察体制改革,将试点工作在全国推开,组建国家、省、市、县监察委员会,同党的纪律检查机关合署办公,实现对所有行使公权力的公职人员监察全覆盖。"2018 年 3 月,中华人民共和国国家监察委员会正式成立。这标志着我国的巡视制度在制度化、常态化建设方面又迈上了新台阶。

（三）巡视制度的功能

首先,巡视制度是全面从严治党的有力抓手。十八大以来,党中央将巡视工作放到党和国家工作大局中去谋划、部署、推进,先后两次对巡视条例的修改,为党内巡视向纵深发展提供了重要遵循和坚强保障。目前,巡视范围不断扩展,力度不断加强,程序更加规范,有力的惩治了官场腐败,保障了社会主义国家政权的健康运行。巡视工作已经是中国共产党常规的工作方式,成为中国共产党的制度体系的重要构成部分。

其次,巡视制度非同寻常的执行力净化了政治生态。政治生态是一个地方政治生活现状以及政治发展环境的集中反映,核心是领导干部的政治觉悟、工作作风问题。良好的政治生态,可以聚集人心,形成合力。腐败是政治之癌,严重毁坏良好的政治生态。"要加强对权力运行的制约和监督,让人民监督权力,让权力在阳光下运行,把权力关进制度的笼子。"[1]十八大来,巡视制度在党中央的支持

---

[1] 习近平:《决胜全面建成小康社会 夺取新时代中国特色社会主义伟大胜利》,人民出版社,2017 年,第 67 页。

和强力推动下,以雷霆万钧之势,着重加强对关键少数进行监督,加大对选人用人不良之风的遏制,强化巡视对政治规矩和政治纪律的督查,使一大批腐败分子落马,在整个官场形成强烈的心理震慑效应,不敢腐不能腐的意识逐步嵌入政府工作人员的内心,政治生态明显好转。

第三,巡视制度的运行机制创新形成环形闭合的廉政监督体系。我国的廉政监督体系包括人大、司法、人民政协、行政、社会组织等多个方面,但一直各自为战,效率低下,预防和惩治腐败的功效并不显著。十八大以来,巡视工作采取常规巡视、专项巡视和"回头看"等多种形式,实现一届任期全覆盖;通过巡视组组长、巡视对象、巡视组与巡视对象关系"三个不固定",一次一授权等机制创新;坚持党内监督和群众监督有机结合;实行党的集中统一领导和纪检监察机关、审计机关、政法机关和组织等有机协同配合的工作程序,促使各种监督方式有机融合和动态联动,解决了我国廉政监督体系长期以来不能够紧密配合、整体发力的难题。

五、政府采购制度

(一) 政府采购制度的含义和内容

所谓政府采购,又称公共采购,指各级政府为了日常政务活动的开展或者为公众提供公共服务的需要,按照法定的方式和程序,购买商品和服务的行为。《中华人民共和国政府采购法》对政府采购的界定是各级国家机关、事业单位和团体组织,使用财政性资金采购依法制定的集中采购目录以内的或者采购限额标准以上的货物、工程和服务的行为。政府采购制度就是指对政府采购过程中的买卖双方所制定的一系列规范性行为准则。政府采购制度的内容主要有政府采购当事人、采购方式和采购的基本原则等。

政府采购当事人指在政府采购活动中享有权利和承担义务的各类主体,主要包括采购人、供应商和采购代理机构等。在我国,采购人主要包括国家机关、事业单位、团体组织三类。供应商是指向采购人提供货物、工程或者服务的法人、其他组织或者自然人。采购代理机构指集中采购机构和集中采购机构以外的采购代理机构。其中，集中采购机构是设区的市级以上人民政府依法设立的非营利事业法人，是代理集中采购项目的执行机构；集中采购机构以外的采购代理机构，指从事采购代理业务的社会中介机构。

政府采购方式主要有公开招标、邀请招标、竞争性谈判、单一来源采购、询价等。其中，公开招标是主要采购方式。具有特殊性，只能从有限范围的供应商处采购，或者采用公开招标方式的费用占政府采购项目总价值的比例过大的货物、服务采用邀请招标方式。招标后没有供应商投标或者没有合格标的或者重新招标未能成立；技术复杂或者性质特殊，不能确定详细规格或者具体要求；采用招标所需时间不能满足用户紧急需要；不能事先计算出价格总额的货物、服务则应采用竞争性谈判方式采购。只能从唯一供应商处采购；发生了不可预见的紧急情况不能从其他供应商处采购的；必须保证原有采购项目一致性或者服务配套的要求，需要继续从原供应商处添购，且添购资金总额不超过原合同采购金额百分之十的货物、服务则可以采用单一来源采购方式。采购的货物规格、标准统一、现货货源充足且价格变化幅度小的政府采购项目，则采用询价方式采购。

政府采购应遵循公开透明、公平竞争、公正和诚实信用原则。所谓公开透明原则，是指采购市场信息应透明，政府等相关部门应将采购信息及时、完整、准确的刊登在报刊、报纸、网络等媒介上，构建公开竞争的市场环境，以便于社会供应商了解和做好投标准备。公平竞争原则是指无论商品供应者的所有制性质、规模大小和所在区域在竞标过程中，应该机会均等，参与采购投标的权益都应该受到公平的保护。公正原则指政府采购部门应对所有参与竞标的采购商一视同仁，在实事求是的基础上给予公正的待遇。诚实守信原则指政府采购供应商应严格恪守合同条款提供货物、工程和服务，不得欺诈和无故拖延；政府采购部门提供真实的采购信息，按照合同及时准确支付，采购内容应以公众的利益需求为原则，不得奢侈浪费。

（二）我国政府采购制度的发展历程

政府采购制度作为政府支出管理的重要制度,在西方发达国家已广为应用。我国在计划经济体制下,政府采购行为是通过计划进行管理。改革开放后,随着计划手段的淡化,政府采购行为失去约束,出现了大量盲目采购、重复采购行为,严重浪费政府财政资金。

为了规范政府采购行为,我国开始政府采购试点工作。1996 年 3 月,上海市财政局按照国际政府采购规则,对上海市胸科医院采购双探头装置实行政府采购,比原计划节省外汇 5 万美元,节汇率为 10.4%。[①] 其显著效果促使深圳市、河北省等地区相继建立了政府采购试点。卫生部在中央单位则率先开展了政府采购试点。

1998 年,国务院实行机构改革。财政部预算司设立了专门负责执行政府采购管理职能的机构。部分省、直辖市、自治区和计划单列市也开始设置相应机构,有的甚至设立了政府采购中心,负责集中采购事务。在机构改革同时,财政部于 1999 年 4 月颁布了《政府采购管理暂行办法》,全国各地也根据实际颁布了地区性的政府采购管理办法。这些文件的颁布,填补了我国政府采购长期以来的法律空白,改变了一直无法可依、无章可循的局面。1999 年 4 月,全国人大将《政府采购法》列入了"九届全国人大常委会立法规划"。

2000 年 6 月,财政部新组建国库司,并设立政府采购处,负责全国政府采购的管理事务,代替预算司负责执行政府采购的管理职能。各省、市、自治区财政厅局内部也相应建立了政府采购管理机构。2002 年起,中央各单位正式编制政府采购预算。2002 年 6 月 29 日,九届全国人民代表大会常务委员会会议通过了《中华人民共和国政府采购法》,2003 年 1 月 1 日起正式实行。政府采购正式实现了规范化、法制化。2014 年 12 月 31 日国务院第 75 次常务会议通过了《中华人民共和国政府采购法实施条例》,并于 3 月 1 日生效。该文

---

① 张得让:《政府采购支出的合理规模及其确定》,《财政研究》,2002 年第 6 期。

件的出台,解决了长期以来政府采购制度体系中间层次缺位的困扰,乃对我国政府采购制度体系的关键"补位"。① 2018年11月,中央全面深化改革委员会审议通过了《深化政府采购制度改革方案》,提出要坚持问题导向,深化政府采购改革,加快形成现代政府采购制度,并对深化改革作出部署。

(三) 我国政府采购制度的不足与完善

我国的政府采购制度对于健全我国的公共财政体制,规范政府行为,促进政府廉洁行政发挥了巨大的作用。但由于建立的时间比较晚,多年的运行实践表明仍然存在着一些需要加强和完善的地方。

首先,法律体系不健全。我国已初步形成了《政府采购法》《政府采购法实施条例》和《招标投标法》等政府采购法律制度框架。但《政府采购法》与《招标投标法》在法律类型、交易主体、适用范围等方面有交叉、有差异,造成事实上的两部采购法,②这给政府采购实际工作者在适用法律时带来操作难题。

其次,重程序管理,轻需求与验收管理。这导致确定采购需求科学性不够,公开招标使用比重过高,妨碍采购执行效率和效果。

再次,政府采购信息化建设滞后。目前大部分政府采购信息化系统仅是简单的信息发布网站,且存在信息公开渠道碎片化、公开时间的不及时、公开内容的不完整等问题,影响了采购的公开性和透明度,为寻租乃至腐败提供了滋生空间。

最后,采购监管机制需进一步完善。政府采购执行过程中(采购人、集采机构、评标专家)无责任主体,监管运行机制上重事后监督,轻事前监督和事中监督,未建立完全协调统一的对供应商的合力惩戒机制。

---

① 章辉:《政府采购制度体系的关键"补位"——谈政府采购法实施条例的施行》,《中国财政》,2015年第19期。

② 罗勇、李厚喜:《政府采购制度改革思路及政策建议》,《中国财政》,2014年第12期。

深化政府采购制度,首先需要进一步理顺《政府采购法》和《招标投标法》的关系,使其相互配合、互相补充。其次,要转变观念,从片面强调节约资金转到注重采购质量和实效、注重公共服务效益上来,充分发挥政府采购的政策功能,体现社会经济发展的政策目标。再次,加强政府采购信息公开机制建设。加强政府采购信息发布平台建设,强化省级政府采购网的信息公开主渠道作用和服务功能;明确采购人、采购代理机构、财政部门采购信息公开责任,确保发布的政府采购信息及时、完整、准确。

六、防止利益冲突制度

防止利益冲突制度的本质是在公共利益和私人利益之间设置"防火墙"或"隔离带",使公职人员明确认识两者之间的冲突及严重后果,合理处理权力与利益的关系,并按照规定处理两者之间的冲突,在维护公共利益的同时,也保护自己的私人利益并避免腐败行为的发生。可以说,防止利益冲突制度是预防腐败的有效制度安排,是国际社会普遍认同的预防腐败的有效措施,自2009年党的十七届四中全会明确提出"建立健全防止利益冲突制度"后,防止利益冲突成为国内廉政学界关注重点,一些地方政府开始进行防止利益冲突制度建设的试点工作。

(一)防止利益冲突的概念

"利益冲突"是一个涉及政治学、社会学、法学和伦理学的交叉概念。广义的利益冲突,是指不同利益主体基于自身需求矛盾产生的利益对立、抵触和竞争的状态或行为。当前,我国改革开放进入攻坚阶段,利益主体多元化,利益格局多样化,利益矛盾复杂化,社会管理领域存在大量的利益冲突情况,需要我们创新社会管理体制,制定合理的利益表达和疏导机制,化解利益冲突。我国学界对广义利益冲突的研究大都以"和谐社会"为主题,利益冲突的概念也隐于社会和谐的主题之下。①

狭义的利益冲突是一个廉政概念。目前国内学界对廉政意义上的利益冲突概念界定已达成基本共识,即认为利益冲突是指"公职人员的公共职责与其私人利益之间的冲突,其中公职人员的私人身份(private-capacity)的利益不恰当地影响他们履行官方义务和责任"。② 利益冲突既是一种行为,也是一种伦理困境,"这种伦理困境包含着两层意义:在第一个层面上,利益冲突是一种情境(situation),即利益冲突是潜在的,私人利益起先并未对公职所代表的公共责任形成实质性的干扰,但当公职人员在公务过程中意识到了利益冲突且不加以正确处理时,就会产生真正的危害。在第二个层面上,利益冲突是一种行为(action),即利益冲突是现实性的,公职人员开始从利益冲突的情境中获得私人利益,他在私人利益支配下所作出的政策判断是缺乏社会公正性的。"③

利益冲突与腐败是两个不同的概念,对两者明确区分有利于防止利益冲突制度建设的顺利进行。对利益冲突的内涵理解应在三个层面展开:④

第一是文化认知层面,即如何理解和区分公共利益与私人利益的关系。文化是由社会确立的意义结构所组成的,对人的行为具有稳定和制约作用。国内外学界对公共利益和私人利益关系的认识还存在争论。"主要有两种主要观点,一种观点是公共利益优于私人利益。西塞罗曾提出了'公益优先于私益'的主张。在18世纪甚至将公益视为最高的'法',认为公益与私益相对立。另一种相反的观点

---

① 崔会敏:《防止利益冲突:预防腐败制度安排的逻辑起点》,《云南行政学院学报》,2012年第3期。

② OECD. *Managing Conflict of Interest in the Public Service: OECD Guidelines and Overview*[R]. Paris:OECD, 2003, P24.

③ 庄德水:《利益冲突:一个廉政问题的分析框架》,《上海行政学院学报》,2010年第5期。

④ 崔会敏:《防止利益冲突与廉政风险防控对接机制研究》,《河南社会科学》,2013年第1期。

则认为,公益不过是私益的总和抽象,私益才是最终目的。如英国功利主义学派边沁就宣称'个人利益是唯一现实的利益''社会公共利益只是一种抽象,它不过是个人利益的总和'。国内学者刘军宁认为,公共利益的最高境界就是为实现个人利益提供最有益的环境,只有追求这种公共利益的政府才可能有广泛的民众基础。"①虽然有争论,而且各国立法基本上都没有对公共利益进行精确的定义,只是采取了抽象概括的方式来规定,但公共利益却是客观存在的。西方社会因为公共领域与私人领域区分较为明确,对利益冲突的理解没有太多歧义。而我国由于在历史上有"家国同构""宗法一体"传统的影响,对公共利益与私人利益的认识比较模糊,公与私的界分并不很明确。加上"公共利益"本身的抽象性,就为"部门利益""组织化腐败"存在留下了一定的空间。

第二是行为规范层面,面对公共利益与私人利益冲突,利益冲突行为选择是公职人员心中"公共人"与"经济人"角色对抗的伦理困境。"公共人"以追求公共利益最大化为目标,行使公共权力,依靠公共给养,受公众监督②。按照康德的义务论,"公共人"负有公共利益最大化的义务,对公共利益的任何偏离都违反了"公共人"的绝对道德律令。"经济人"以追求自身利益最大化为目标,是每个自由人的权利。当出现亚当.斯密假定时,即每个人在追求自身利益最大化时也同时促进了公共财富的增长,两者关系是和谐的。但是当两者出现冲突和对抗时,就需要一定的职业伦理规范去帮助公职人员选择行为。

第三是行为后果层面,面对公共利益与私人利益冲突,而且没有斯密的统一途径,必须两者选一时,公职人员可能选择牺牲个人利益来维护公共利益,这时就不会导致腐败后果。但是也可能选择牺牲

---

① 崔会敏:《防止利益冲突:预防腐败制度安排的逻辑起点》,《云南行政学院学报》,2012年第3期。
② 刘瑞、吴振兴:《政府人是公共人而非经济人》,《中国人民大学学报》,2001年第2期。

公共利益去追求私人利益,这时就会导致腐败的后果。

在我国,"防止利益冲突"概念2009年9月首次出现在党的文件中,党的十七届四中全会通过的《中共中央关于加强和改进新形势下党的建设若干重大问题的决定》明确提出"防止利益冲突"的要求。2010年1月12日,胡锦涛总书记在中纪委全会上的重要讲话中,再次强调要"防止利益冲突"。2010年2月23日中央颁布的《中国共产党党员领导干部廉洁从政若干准则》中,多处提到"公共利益发生冲突"的概念,引起人们对利益冲突问题的关注。

在实践中,我国部分地区已经试行"防止利益冲突"制度,如2009年7月,浙江省温州市印发《温州市国家工作人员利益冲突回避暂行办法》;2010年7月,浙江省杭州市出台了国内首个相关地方性法规,《关于防止国家工作人员在公共资源交易、公共产品采购、公共资产管理中发生利益冲突的若干规定(试行)》。其他省市也表示将着手探索"防止利益冲突"制度。

(二) 防止利益冲突制度的主要内容

防止利益冲突制度是一项综合性的管理制度,需要相互配套的措施,要根据防止利益冲突的法律法规,将公职人员在职时与离职后的行为都纳入管理范围,同时也将利益公开、利益回避和利益处理等措施相互耦合起来,提高制度建设的科学性和可操作性。对于在职公务员来说,防止利益冲突制度主要体现在利益公开、利益处理和利益回避方面。①

1. 利益公开

利益公开特别是财产申报和领导干部个人重大事项报告,是防止利益冲突的前提条件,也是预防腐败的基础性措施。国外的防止利益冲突制度中普遍都有关于财产申报的制度,如美国根据公职人员级别分为秘密申报和公开申报两种。需要公开申报的联邦行政人

---

① 崔会敏:《防止利益冲突:预防腐败制度安排的逻辑起点》,《云南行政学院学报》,2012年第3期。

员包括总统、副总统、GS-15级以上的雇员,以及高级行政官员和某些高级军官在内的2.5万人。需要进行秘密财产申报是部分中层官员即GS-15级或以下官员,大约有25万人。申报内容大概都包括个人及其配偶和未成年子女的财产状况,如股票、债券、共享资金、养老金、能带来收入的不动产,个人通过其他劳动、投资及奖励所获得的利益,接受礼品、住房及招待消费,本人在外任职情况,以及为将来所做的安排和制定的个人协议等。我国早在1995年就出台了公职人员财产申报方面的相关规定,但在具体实行中还存在诸多问题,如财产审核技术不完备,申报公示流于形式等。因此我国应完善公职人员财产申报制度,提高相关规定的效力层次,将财产申报列入《公务员法》条款当中,提高相关规定的可操作性。

2. 利益处理

利益处理是防止利益冲突的主要手段和重要措施。国外已有相当完善的利益处理机构和相关制度。主要先由行政监察部门对个人的财产申报进行详细初次核查,看是否存在利益冲突情况,如果存在就要由国会进行正式审查,审查后要对那些构成利益冲突或潜在利益冲突的资产进行处理。资产处理一般包括三种形式,一是利益出售,二是利益委托,三是利益回避。加拿大规定,任职后120天之内,构成利益冲突的资产必须处理完毕。以公平交易的办法卖掉资产,潜在的利益冲突随之消除,这是最有效的办法。若不愿出售,可委托给他人代为管理经营。但是,这种信托是隐名的,由政府严格秘密安排的信托人管理,这就是盲目信托管理制度。该官员因不知信托人而无法参与决策,也就消除了潜在的利益冲突。

3. 利益回避

利益回避也是解决利益冲突的有效办法,也是公平正义的程序保障。利益回避主要包括任职回避、地域回避、公务回避等。利益回避需要以利益公开为必要条件。如美国《道德行为准则》规定,禁止雇员以官方身份参与他知道对自己或其他关联人有经济利益的任何特定事项,其他关联人包括其配偶、未成年子女、合伙人,或将来对其经济利益有影响的人。对需要回避事项,应如实向其主管报告,并提交一份回避的书面报告。我国现有的回避制度还存在一些问题,如规定过于原则化,操作性不强,没有具体回避程序、回避申请的法定期限、当事人提出回避的具体方式等明确规定。因此,我国要完善创新公务员回避制度,就具体回避情况作出可操作性的详细明确规定。

4. 离职后的从业限制

虽然公职人员退休或辞职后到私营企业任职是普遍现象,但这也有可能带来利益冲突,特别是一些特别的机构或高级官员,出任与原来就职机构关联紧密行业的顾问等,有可能会利用其在原单位的人际关系或其他资源为私营公司营利,给国家带来潜在的损失。美国、加拿大等西方国家对离职后公职人员的从业限制都有具体的规定。除了限制再就业范围和期限,即在离职1–2年内禁止到与其任职期间有工作关系或联系较密切的公司任职,还要限制活动,在一定期限内不准作为某公司的代表或代理与其原任职单位打交道,不准代表某个国家对政府进行游说活动,不准利用原来掌握的内部信息谋取利益。

(三) 我国防止利益冲突制度的不足与完善

虽然我国防止利益冲突实践早在1984年就开始了①,但利益冲突作为廉政概念却源于西方国家。由于我国传统"家国同构"的影响,官场中还存在着传统的公私观念——公私不分和以私代公。'公'是官僚行政的外在借口,'私'才是官僚行政的实质内容。② 我国公职人员的"防止利益冲突"观念还普遍没有真正树立,公众及官员对利益冲突的认识还比较模糊。同时,从立法角度看,我国至今还没有一部整合的防止利益冲突法律法规,有关防止利益冲突的规定

---

① 王琳瑜、杜治洲:《我国防止公职人员利益冲突制度的变迁及完善》,《广州大学学报》,2011年第3期。

② 庄德水:《权力结构、利益机制和公私观念——传统官僚制行政的制度—行为分析》,《中共天津市委党校学报》,2010年第3期。

散见于各种准则、条例、报告中,很不系统;制度规定约束的对象各不相同,原则、尺度很难统一;根据某一阶段中心工作制定的许多"不准",具有时效性和局限性,一段时间之后会出现"过时"现象。① 从执行角度来看,防止利益冲突作为中观制度,还缺乏微观制度的支持,比如在官员选拔任用制度规定中,还缺乏任前利益冲突的审核程序,官员任前的财产公示还没有形成正式的法规,一些试点单位中的官员忧心忡忡。②

要完善防止利益冲突的制度设计,"根据国际经验,应该主要从利益公开、利益回避和利益处理三个方面着手系统构建防止利益冲突制度。除了这三个主体外,防止利益冲突制度还应该有法则来保障、技术条件来支撑这三个主体制度。"③其中的技术支撑包括金融实名制、银行联网、现金交易限制、身份证信息制度和不动产登记制度等。利益公开是防止利益冲突的前提条件,尤其是财产公开,是预防腐败的基础性工作。如果没有财产公开,防止利益冲突制度就无法真正建立。目前我国财产申报制度还处于探索中,还存在着需要解决的问题。比如财产申报主体不应仅仅限于行政级别,还必须考虑那些在经济和社会生活中拥有各种管理处罚和采购等实权的工作人员;财产申报的内容不尽详细,也未制定详细的各种财产价值的算定方法和表示方法;申报的受理机构缺乏必要的独立性和专业性等。利益回避是防止利益冲突的核心,本质就是排除影响公共利益的私人利益。目前我国的回避制度还存在回避类型规定过于单一;对回避范围的界定不够全面,对违反回避制度的法律责任界定过轻等问

---

① 楚文凯:《关于借鉴国外防止利益冲突做法的思考》,《中国监察》,2006年第14期。
② 《安徽试点干部任前财产公示 当事人忧心忡忡》,《齐鲁晚报》,2011 - 08 - 24,中国新闻网 http://news.china.com/domestic/945/20110824/16726567_2.html。
③ 杜治洲:《我国防止利益冲突制度的顶层设计》,《河南社会科学》,2012年第1期。

题。比如,对于现实中广泛存在并对公职人员有着较强影响的师生关系、同学关系、战友关系等缺少回避规定。利益处理是对那些构成利益冲突或潜在利益冲突的资产进行出售或委托,是防止利益冲突的主要手段和重要措施。①

总之,以"防止利益冲突"为逻辑起点,完善我国预防腐败制度,是一个全新的视角。其实,在我国党员干部违纪违法案件中,严重违法犯罪的案件只占少数,但违法党纪政纪的案件却占大多数。这些大多数违纪案件很多都是典型的利益冲突问题,而且这些利益冲突问题因为没有纳入法律轨道,存在着法律空白或监管不严处,使腐败成本很低甚至根本没有成本,才使腐败者越来越大胆,腐败人数越来越多。如果我们能借鉴国际做法,将这些违反党纪政纪问题和不良行政行为以"利益冲突"形式加以法律规范,不但能避免不同法规和准则之间的矛盾之处,还能规范不良行政行为,提高腐败成本,从而有效预防腐败。

---

① 崔会敏:《防止利益冲突与廉政风险防控对接机制研究》,《河南社会科学》,2013年第1期。

第八章　廉政文化

文化对人类行为有着内在的调控和指导功能。制度作用的发挥有赖于一定社会文化结构的支持。可以说,文化是制度之母,廉政文化是制度反腐之魂。[①] 廉政文化是一切廉政制度建设的基础。

第一节　廉政文化概述

廉政是国家公职人员行为规范的基本要求和准则。文化具有整合与导向功能,能够协调群体成员的行动,并为人们的行动提供方向和可选择的方式。文化不仅是一个民族、国家的灵魂,是社会发展的重要精神动力。要探讨廉政文化的问题,必须对廉政文化的概念、特征和功能进行梳理和分析。

一、廉政文化的定义

廉政文化是廉政与文化两个词语组合起来的,要科学的把握廉政文化的内涵,我们首先要明确廉政与文化这两个词的相关概念。

"廉"字最早出现在儒家经典中,当时廉的本义主要是与建筑有关,意指堂屋的侧边,其特点是平直、有棱、敛缩等,后引申为清廉、正直、收敛、廉耻。"政"在《论语》中出现为"政者,有所改匡正",这里的政主要指的是为人正直、正派之意。学界对"廉政"概念的争论不多,几乎一致认为廉政就是廉洁从政或廉洁政治。只是在廉政主体认定上有所不同,有的人认为廉政主体应该是行政人员,有的人认为廉政主体应该是国家机关和党的机关工作人员,还有的人认为应

[①]　林柏海、田雪梅:《制度反腐与廉政文化建设的互动研究》,西南交通大学出版社,2009年,第23页。

该包括各类行使权力的个人和群体。

本书认为廉政是所有行使公共权力的组织和人员按照法理规范从事公务行为,处理公共事务。在中国廉政建设实践中,官方对廉政的解释主要有两种,一是强调廉政是一种清明的政治状况,二是强调廉政是国家公职人员的行为要符合规范。

文化的内涵和外延都极其丰富,关于什么是文化,目前学术界也没有明确的解释。英国学者泰勒认为:"文化,或文明,就其广泛的民族学意义来说,是包括全部的知识、信仰、学术、道德、法律、习俗以及作为社会成员的人所掌握和接受的任何其他的才能和习惯的复合体。"①泰勒强调了文化是一个精神层面的综合体,这对后人研究文化的含义产生了深远的影响。在中国古籍里,文化一词最早出现在西汉刘向的《说苑·指武》,"圣人之治天下,先文德而后武力。凡武之兴,为不服也;文化不改,然后加诛"。在这里,文化指的是文治和教化,即以伦理道德的方式去教育感化世人。目前,我国学者对文化含义的解释主要从文化的广义和狭义两个层次进行。广义的文化指的是人类在社会发展过程中所创造的物质财富和精神财富的总和。狭义文化指的是社会意识形态以及与之相适应的制度和组织机构。

本书在狭义上使用文化概念,认为文化是精神创造领域的现象,是一种知识体系和认知方式,是为组织内成员认同的象征和规范,具有导向、教育、规范、监督和凝聚功能。

关于廉政文化的定义,目前理论界大致存在如下观点:

(1) 认为廉政文化是以建设社会主义先进文化为要求,进一步拓宽反腐倡廉教育的覆盖面,积极倡导与中华民族优秀文化相承接、与时代精神相统一的廉洁文化。

(2) 认为廉政文化包括广义与狭义之分,通常情况下人们所讲的廉政文化,是指狭义的廉政文化,即与腐败文化相对的,以建立廉洁政府、廉洁政治或规范公职人员从政行为为目的所形成的各种思

---

① [英]爱德华·泰勒:《原始文化》,上海文艺出版社,1992年,第1页。

想、理论、规范、制度、价值观念、道德、法治传统以及行为方式、价值评价等的历史性积淀。

(3)认为廉政文化包括三个层面的内涵,即营造健康向上的社会廉洁氛围,即社会廉政文化,这是廉政文化形成和发展的社会土壤;营造权为民所用、情为民所系、利为民所谋的政府廉洁氛围,即政府廉政文化,这是廉政文化的主体;营造遵纪守法、办事公道、克己奉公的公职廉洁氛围,即公职廉政文化,这是廉政文化的核心。三者相互联系、相互渗透和影响,是不容分割的整体。

(4)认为廉政文化是指关于廉洁从政的先进思想道德观念及其指导影响下的廉政制度、组织、体制、机制、社会风气、社会意识形态以及相关的法律规范,也包括人们关于廉政知识、信仰、规范、价值观念和与之相适应的行为方式、社会评价的总和,是政治文明和精神文明的有机结合。

尽管理论界关于廉政文化的表述各不相同,都是从一定视角出发,抓住廉政文化的某些方面或问题,但其所体现的精神却是一致的,即认为廉政文化是为了克服消极腐败文化而产生的一种积极健康的文化,它是与中华民族优秀传统文化相承接、与时代特征相适应、与社会主义先进文化相一致、与构建社会主义和谐社会相统一的廉政思想、廉政制度、廉政教育等方面的有机统一体。

我国在廉政建设实践中对廉政文化的定义是:"廉政文化是以廉洁从政为思想内涵,以各种文化产品为载体和表现形式的一种文化,是廉政建设与文化建设相结合的产物。廉洁文化以廉政制度为基础,以廉政理论为统领,以廉政思想为核心,以廉政文学艺术为载体和形式,通过各种媒介的广泛传播和动员社会参与,教育公职人员廉洁奉公、崇廉尚廉,营造有利于廉政建设的良好社会氛围。"[①]

综上所述,我们把廉政文化定义为:廉政文化是人们关于廉洁从

---

① 实施纲要起草组:《建立健全教育、制度、监督并重的惩治和预防腐败体系实施纲要》,中国方正出版社,2005年,第190-193页。

政的思想、信仰、知识、制度、行为规范和与之相适应的生活方式和社会评价,是廉洁从政的思想和行为在文化上的客观反映。

"这种文化观念不同于一般的社会文化,它能使党员干部和公职人员在同一类型和模式的文化氛围中得到教化、培养,从而以相同的价值观、思维模式、行为方式在不同层次上联系起来、聚集起来,使整个队伍因同一文化渊源而形成一种强大的凝聚力。"①

二、廉政文化的特征与功能

(一) 廉政文化的特征

廉政文化的主要特征是:广泛性、多源性、道德性、政治性、群众性、时代性、科学性。

1. 广泛性

廉政文化具有广泛性的特征,首先,它既以党政机关和领导干部为重点,同时又不局限于党政机关和领导干部,而是面向全党全社会的,所以广泛性是它的第一个特征;其次,廉政文化具有区别于其他文化形式的特殊规定性,主要以培育廉洁价值理念为根本,以廉政制度和规范为支撑,以群众广泛参与的廉政文化创建活动和丰富多彩的廉政文化产品为载体;最后,在整个文化建设和反腐倡廉建设中处于基础性地位。②

文化反映的是社会的共同价值追求,一旦形成廉政文化,即将廉政理念渗透到整个社会人们的心灵,凝聚于人们的观念,深化为社会风尚,就具有较强的辐射作用和潜移默化的教育引导作用,尤其是它以廉洁从政为主题内容,对人们树立正确的世界观、人生观和价值观起着巨大的导向作用。廉政文化是在反腐倡廉建设和反腐败的实践

---

① 李喆:《文化规范与防止利益冲突》,《中国纪检监察报》,2012 - 01 - 10。

② 李洪峰:《廉政文化有三个特征 是面向全党全社会的》。http://www.xinhuanet.com/,2010 - 3 - 2。

中形成的,具有社会属性,对社会有较强的辐射功能。廉政文化一旦形成,其所包含的精神理念、价值观、道德准则,就会在社会上广泛传播,可以提升思想境界,为反腐倡廉建设和反腐工作的顺利开展形成良好的外部环境。而且,廉政文化借助文学艺术、广播、电视、电影、杂志等媒介工具,弘扬主旋律,鼓舞和凝聚人心,对于人们树立正确的世界观、人生观和价值观具有基础性的舆论导向作用。

2. 多源性

廉政文化的多源性主要表现在两个方面:首先,廉政文化思想是中国传统的廉政文化、马列主义的廉政文化和西方廉政文化的融合。其次,廉政文化是多学科交叉汇合的结果。

廉政文化是三种思想文化的交融。在这种交融中,传统廉政文化是基石,构成中国当代廉政文化的基本特征;马列主义的廉政文化从传入中国的一个世纪中,已成为当代廉政文化中的重要部分,且成为中国廉政文化的指导;西方廉政制度在与中国传统廉政文化的融合碰撞中,已经深刻地影响着中国民众。当代中国廉政文化的发展趋势,必然是这三种廉政文化思想的继续融合。我们在马克思主义廉政文化的指导下,在认真地研究西方廉政文化的同时,要用开放的眼光和科学的态度去整理和研究我们自己的廉政文化遗产,在选择、融合、吸收与创新的过程中,使中国传统廉政文化焕发出新的生机与活力。

廉政文化是多学科交叉的结果。廉政文化在文化的制度、行为、观念三个层面中,既有各层面自身的内部交叉,又有三个层面之间的外部相互交叉。在制度文化层面中,有政治制度、经济制度、法律制度中关于廉政;在行为文化层面中,有宗教、道德、民俗关于廉政;在观念文化层面中,有思想、文学、艺术关于廉政。三个层面共同关于廉政的交叉融合,构成了廉政文化多学科的特点。

3. 道德性

中国古代是个标榜德治的国家,历代统治阶级都十分强调个人的道德修养,力图以个人的道德风范去感召和教化芸芸众生,达到治国平天下的目的。道德问题,是中国古代哲学和伦理学思考的重点,廉及廉政是中国传统伦理学的一个德目。春秋时期,诸子百家对廉政都作了重要论述。孔子《论语》曰:"临官莫如平,临财莫如廉,廉平之首,不可攻也。"道家的经典《老子》深刻地论述了廉,主张廉政而不对他人造成伤害。墨家最先把廉政作为重要德行提出来,认为君子之道有"廉、义、爱、哀"四行。法家则把廉与政治结合起来考察,认为"廉"是治国纲领"四维"之一。管子说:"国有四维……一曰礼,二曰义,三曰廉,四曰耻;礼不逾节,义不自进,廉不蔽恶,耻不从枉";"礼义廉耻,国之四维,四维不张,国乃灭亡"。把廉耻作为立国的四大纲要,制定了"廉不蔽恶"的原则。

"廉"作为一种道德观念和治国思想始于何时,绝大部分史学家都把源头上溯到西周初年,《周礼·天官冢宰》曰:"小宰……以听官府之六计,弊群吏之治,一曰廉善,二曰廉能,三曰廉敬,四曰廉正,五曰廉法,六曰廉辩。""小宰"是西周天官的属官,他的重要职事之一就是平治官府的"善、能、敬、正、法、辩"六件事,以廉为本考察群吏的政绩,裁断高下的优劣,称"六廉"。《周礼》是儒家的经典著作,六廉为历世所尊奉。虽然历代封建王朝在推行实施"六廉"标准的过程中,其内容有增损,形式有更易,名称亦有变化,但是原始含义和原则精神却基本上没有改变而贯穿始终,从而构成了中国古代为官从政的最一般原则。

沿着《周礼》的脉络,两千多年的中国封建社会都把"廉"作为传统道德的核心,形成了一个完整的道德体系。汉代贾谊是中国历史上最先对道德规范作全面归纳的学者,在《新书·道术》中提出了56对正反的道德范畴:"辞利刻谦谓之廉,反廉为贪。"唐太宗、明太祖都对廉政作过论述,李世民认为:"君主贪财,内丧其国;大臣贪财,必害其身。"朱元璋亲自编写《御制大诰》,重典治贪。晚清大思想家曾国藩把道德规范为"诚、忠、勤、恕、敬、廉、俭、信、谦、慎"等十字,主张用传统道德维护社会秩序。所以,廉政文化具有道德性的特征。

4. 政治性

廉政文化是马克思主义的思想文化之一。马克思在《法兰西内战》中对廉洁政府作了系统论述,恩格斯则在《为马克思所著的(法兰西内战)所写的1891年单行本导言》中,论述了贪污腐化及对官吏的监督。列宁在继承和发展了马克思主义学说的基础上,对廉洁政府问题予以了进一步探讨,同时针对苏维埃社会主义革命和建设的严峻形势,对于如何反对官僚主义和贪污腐化等问题进行了探索。

中国共产党人对马克思主义的廉政文化进行了继承和发展。共产党人没有自己特殊的要求和利益,不图索取任何金钱物质,共产党人的清正廉洁具有政治性。不是古人的"见理明而妄取",更不是"尚名节而不苟取",而是在共产主义信念指导下的廉洁,是立党为公、执政为民的具体表现,比历史上任何朝代的廉政都要纯正、崇高、伟大。所以,廉政文化具有政治性的特征。

5. 群众性

与以往相比,廉政的行为主体和对象有其群众性。

第一行使公权的行为主体具有群众性。毫无疑问,公权行使的行为主体核心是国家机关及其工作人员,但廉政文化把行为主体指向为所有掌握公权的人,包括私营企业中的职业经理、体育运动裁判等等,于是行为主体就更多、更广泛了。第二,廉政文化所强调的公权行使对象具有群众性。人民群众是廉政文化最广泛的主体,也是廉政文化不断丰富发展的源泉。人民群众是历史创造者,在人民群众中蕴藏着廉政文化的丰富资源和聪明才智,离开群众的参与和支持,廉政文化就失去根基和土壤。廉政文化所涵盖的内容,也表达了人民群众的心声、愿望和要求,得到了人民群众的支持和拥护,为营造崇廉尚洁的良好社会氛围奠定了扎实的群众基础。廉政文化具有深厚的群众基础。第三,廉政文化的文艺形式和内容丰富多彩,喜闻乐见,雅俗共赏,老少皆宜,极大地激发了人民群众参与的热情,蕴含着深厚的群众基础。

6. 时代性

廉政文化具有鲜明的时代性。它是在大力加强社会主义物质文明、政治文明、精神文明建设,努力构建和谐社会的时代大背景下产生的,不仅体现对优秀传统文化的继承和发扬,更体现与时俱进的品格,扎根于新时期党风廉政建设和反腐败斗争的实践中。改革开放以来,社会生活越来越呈现多样化,经济利益格局逐渐多元化,由此带来财富分配多样化和生活方式、价值取向的多样性等,这无不冲击着固有社会生活的各个层面,社会的道德准则、公民的社会良知、共产党员的理想信念经受着严峻考验。因此,新时期廉政文化建设必须以法治的精神来构建社会生活的基本准则,必须紧扣时代主题,富有时代特征,充满时代气息,倡导和树立适应时代需要的新观念、新道德,唱响时代主旋律。

7. 科学性

科学性与先进性具有内在的一致性。弘扬科学的文化就是弘扬先进的文化。廉政文化的科学性在于它的产生、存在和发展符合社会历史的本质规律。廉政建设的实践表明,科学的廉政文化始终沿着人类社会发展历史的轨迹进行不断地拓展和深化,并在实践的基础上形成有规律的认识。同时,真理性是科学的尺度,也是科学的标志。从根本上来说,廉政文化的科学性取决于真理所昭示着事物的必然规则,取决于这种文化符合事物的本质规律,符合人的生存与发展,它为人们建构了一种正确处理人与自然、人与人、人与社会关系的合理方式和途径,具有真理的规定性。人类文明发展的历史一再表明,先进的文化必须以科学的理论为指导。我们建设的廉政文化,是中国共产党领导下社会主义文化的一个有机组成部分,是当代中国的先进文化,所以,必须旗帜鲜明,方向正确,必须始终坚持科学的指导思想。

(二) 廉政文化的功能

廉政文化具有导向功能、教育功能、规范功能、监督功能和凝聚功能。

1. 导向功能

廉政文化是在党风廉政建设和反腐败的实践中形成的,具有政治属性,同时它又是人民群众的大众文化,具有社会属性,对社会有较强的辐射功能。廉政文化的双重性对社会意识发挥着导向作用,它赞扬什么、批评什么、反对什么,都具有鲜明的指向性。廉政文化一旦形成,其所包含的价值理念、道德准则在社会上的广泛传播,就可以为党风廉政建设和反腐败工作的顺利开展营造良好的文化舆论环境。而且,廉政文化借助文艺、广播、影视等媒介,弘扬主旋律,鼓舞和凝聚人心,对于人们树立正确的世界观、人生观和价值观具有基础性的舆论导向作用。

2. 教育功能

人创造、建构了文化,文化又反过来提供人所需要的动机、价值、规范、意义等,塑造着人,影响人的发展。廉政文化也是一定经济、政治发展在观念形态上的反映,对社会具有较强的潜移默化的教育功能。廉政文化为廉政行为的养成提供了强大的思想保证、精神动力和智力支持。只有用先进廉政文化不断丰富人们的精神世界,不断增强人们的精神力量,才能教育引导党员干部牢固树立正确的世界观、人生观、价值观。廉政文化在教育对象上不仅是党员干部,而且是全体社会成员,它通过各种教育方式和途径,用先进的文化、先进的理念、先进的思想教育、熏陶、激励、鼓舞着全体社会成员,在全社会营造一种人人崇廉奉廉,个个羞于腐败、耻于腐败和不敢腐败的氛围,营造"以廉政为荣,以不廉政为耻"的社会风尚,使人们在廉政教育中,思想得到升华。

3. 规范功能

廉政文化具有约束、规范、引导人们思想行为的作用。法国启蒙思想家、法学家孟德斯鸠认为,法律是基本的道德,道德是最高的法律。文化一旦植根于人们的心中,将起到法律制度不能替代的作用。廉政文化的特点就是道德自律与法律制度约束的结合,是依法治国和以德治国有机的统一。廉政文化作为一种非正式的控制手段,虽然没有明文的规章制度,但可通过一系列为人们所接受的价值观念来约束和控制人们的思想和行为,指导人们什么该做,什么不该做。如果违反了观念的价值准则,廉政文化的软性控制就会发生作用,对自己的行为自动加以纠止,从而有效地抑制腐败蔓延和侵蚀,有力地推动党风廉政建设和反腐败工作的深入开展。

4. 监督功能

廉政文化的监督作用,不是其本身怎样监督,而是在于它能唤起人们的监督意识而去监督。廉政文化依靠其自身规律和渠道、文化传媒方式和魅力影响着社会。通过廉政文化的传播,能够及时地向广大群众通报反腐倡廉情况,使广大人民群众能及时地监督公务人员的从政行为及党和政府开展的反腐倡廉工作。同时,廉政文化的传播过程也是公民意识不断增强的过程。在这一过程中广大人民群众的廉政文化知识会越来越丰富,要求公务人员廉洁从政的意识和主动监督的意识会越来越强烈,支持和参与反腐败的意识也越来越强。

5. 凝聚功能

廉政文化有着悠久的历史,在多年的传承和发展中已经成为一种特殊的精神和体系,具有独特的凝聚作用。民族力量是我国能够不断发展的力量之源。通过廉政文化的建设,可以持续凝聚我国民族力量。因为廉政文化是我们中华民族一直信奉推崇的优秀文化,几千年来已经深深扎入了我们每个华夏子孙的心中。可以说,人人都有一颗廉洁奉公的心,只不过有的人已经被一些腐朽低俗的文化所覆盖。大力建设廉政文化,可以不断释放我们每个人心中廉政意识的能量,促进人们廉洁观念的觉醒,引导每个人向着共同的目标去奋斗。全社会人民群众的廉洁观念都被调动起来,就可以凝聚成一股特殊的民族力量,激励着我们不断与腐败文化相抗衡,努力为国家的富强而努力。

三、廉政文化的学科关系

(一) 廉政文化与反腐败

廉政与反腐败相比,人们更关注的是反腐败。20世纪90年代以来腐败成为全世界最关注的焦点问题,无论是在发达国家还在发展中国家,腐败已成为各国政府最大的敌人。"腐败问题无论在哪个国家都是十分复杂极其敏感的政治问题和社会现象,它挥霍政府的财政收入,破坏政治的合法性,阻碍私人投资和外国直接投资,最终影响经济增长。腐败根深蒂固,难以治愈,具有污染性。在经济转型国家,腐败的危害最大,被视为最大的社会污染,也视为最大的社会挑战。"①也许是这个原因,大凡世界各国的法律条款、组织机构都以"反腐败"命名。

1. 廉政与腐败的关系

廉政与腐败是一对矛盾体。首先,廉政不是孤立的,廉政与腐败相克,不可能同时存在或者不存在。在一个现实社会生活中,既有盛行的廉政,又到处充斥着腐败,这种状况是不存在的;反之,既不是廉政盛行,也没有腐败充斥,这种状态同样也是不可想象的。其次,腐败不是孤立的,廉政与腐败相生。廉政与腐败是一种简单对立的关系,水火不容。在一个现实的社会中,如果公权得到了正确的行使,廉政便成了主流,腐败现象就少了;相反,如果公权被滥用,权力产生了蜕变,腐败就泛滥成灾,廉政就被甩到九霄云外。廉政须反腐败,致力于消除腐败,不反腐败的廉政是徒劳。是水中捞月、竹篮打水;反腐败必须廉政,致力于廉政建立,不搞廉政的反腐败是空谈,是空中楼阁、画饼充饥。这是相生相克、不生不灭、不破不立的哲理。所以说,把反腐败纳入廉政文化的外延既符合马克思主义,也与西方文化相接轨,又继承了中国的传统文化,同时又切合中国的实际。

廉政与腐败是一对正反相对的范畴。腐败是廉政的天敌,反腐

---

① 胡鞍钢:《中国:挑战腐败》,浙江人民出版社,2001年,第2页。

败是廉政的重要内容；反之亦然，廉政是腐败的敌人，廉政建设必须反腐败。"廉政是反腐败的重要内容。反腐败包括两个环节：一是防范腐败；二是揭露、追查和惩治腐败。廉政建设贯穿于反腐败的始终，无论是在腐败行为出现之前的防范教育中，还是在腐败行为暴露之后'亡羊补牢'的措施中，都存在着廉政建设。"①

2. 反腐败是廉政文化的重要内容

首先，反腐败斗争与廉政建设工作目标是一致的。两者都是为了清除党内和国家机关内的各种腐败现象和不正之风，纯洁党员干部队伍，保持党和国家肌体的健康，保持党的工人阶级先锋队性质和国家机关的清正廉洁，都是为了进一步密切党群、干群关系，弘扬党的优良传统和作风，增强党的凝聚力和战斗力，提高国家机关的工作效率，保证党的基本路线的贯彻落实，保证改革开放和社会主义现代化建设的顺利进行。

其次，反腐败斗争是廉政建设的重要内容。反腐败斗争，与廉政建设在内容上有很大部分是重合的，也是一致的。如：查处以权谋私案件、打击严重经济犯罪活动、惩治失职渎职的严重官僚主义等各项工作，既是反腐败斗争的重要内容，也是廉政建设的重要内容。又如，20 世纪 90 年代各省市抓清理党政机关干部违法违章违纪建私房问题，这是反腐败斗争的重要内容，因为党员干部"三违"建私房，是被群众称为"摆在马路边的腐败现象"是党政机关内腐败问题的突出表现，这项工作同时也是廉政建设的一项重要内容。事实上，很多腐败现象都是党风、政风不正的突出表现。

反腐败斗争与廉政文化建设有明显区别。反腐败斗争重在"反"，是血淋淋的，是严肃的；廉政文化重在建，是和风细雨的，是生动活泼的。现实需要的是，重点强调廉政文化建设，给人以信心，使人感到希望，憧憬美好的明天。

---

① 中央纪委、中央党校组织：《新时期领导干部反腐倡廉教程》，中共中央党校出版社，2007 年，第 17 页。

(二) 廉政文化与制度文化

制度文化是人类在物质生产过程中所结成的各种社会关系的总和,包括法律制度、政治制度、经济制度以及人与人之间的各种关系准则等。廉政文化栖息于制度文化之中,从属于制度文化,是正确行使公权的政治规范、经济规范和法律体系的集成。一方面,廉政文化拓宽了制度文化的视野,丰富了制度文化的内涵;另一方面,制度文化引领着廉政文化方向,为廉政文化的深入研究提供了源泉和动力。

用新制度经济学解剖廉政文化,廉政文化既是非正式制度,又是正式制度。新制度经济学发端于20世纪60年代,以科思的论文社会成本问题(The Problem of Social Cost,1960)为标志。代表人物有科思(Coase,R. H.)、斯蒂格勒(Stigler, G. J.)、阿罗(Arrow,K. J.)、奈特(Knight,F. H.)、阿尔奇安(Alchia,A. A.)等。新制度经济学开辟了制度研究的新境界,极大地拓宽了人们对于制度功能、重要性的认识。新制度经济学家一般都把制度划分为两大类:一是非正式制度。非正式制一般都是不成文的,包括传统、道德、习俗、价值等等。二是正式制度,正式制度一般都是成文的,包括宪法、法律、各种组织(如家庭、企业、工会、医院、大学、政府等)、产权制度、契约等。

关于两类制度的作用和关系,新制度经济学认为,正式制度影响、支配、改变人的行为选择,同样,非正式制度也有这样的作用。非正式制度对于正式制度以及对于人的行为的影响还具有长期性和持久性的特点。制度是可以变迁的,但是相对于正式制度,非正式制度的惰性要大得多,变迁起来往往要困难、缓慢得多。根据新制度经济学对制度的分类和对非正式制度特点来分析,任建明教授推出几个结论:"廉政文化作为人们对于腐败或廉洁的基本态度、观念或价值判断,属于非正式制度;作为非正式制度的廉政文化对作为人们选择廉洁还是腐败行为具有持久的影响作用;作为非正式制度的廉政文化对于惩治和预防腐败的正式制度(廉政制度)创新、改革及执行起持久的影响作用。"①

  政治是一种统治和管理的艺术,它与人类社会的发展和进步息息相关。廉政的行为主体主要是政府及其公职人员,其核心是如何正确使用公共权力。廉政与政治制度贴得最近,关系最密切。运用马克思主义政治学说,从政治任务、政治领导、政治文化、政治发展等方面入手,深刻地揭示政治现象的社会本质,对于正确地把握廉政文化与政治的内在联系,进一步加强廉政文化建设,深入开展反腐倡廉工作具有普遍的指导意义。

  马克思主义认为,经济基础决定上层建筑,上层建筑对经济基础又具有反作用。一个社会的上层建筑即建立在一定经济基础之上的社会意识形态以及相应的政治法律制度、组织和设施的总和,归根结底是由与之相应的经济基础即同该社会物质生产力一定发展阶段相适应的占统治地位的生产关系各方面的总和所决定的,并为维护该经济基础服务的。从廉政文化的视角去观察和分析经济活动,加强廉政文化建设和繁荣经济的目标是一致的。一方面,廉政文化属于意识形态,是上层建筑的一部分,它对发展和繁荣经济有指导和影响作用;另一方面,经济作为一种正式制度,又从制度层面反作用于廉政文化,进而使经济制度成为廉政文化的一个有机成部分。建设廉政文化,必须改进经济制度中与廉政文化不相适应的成分,构建能保障并促进经济建设的廉政文化体系。

  廉政文化作为一种精神,是一种非正式制度,要使这种精神规范约束人们的管理行动,就必须把廉政文化转化成正式制度,即成为廉政法制;并进行廉政法律制度建设;而要使这些写在纸上的廉政法律制度发挥作用,从而促进经济繁荣、人民安居乐业、国家长治久安,就必须不折不扣地落实这些廉政制度,实行法治。没有廉政法制,法治无从谈起;不实施依法治国,廉政法制也是一纸空文。

---

  ① 中央纪委宣:《全国廉政文化建设专题研究班论文选编》,中国方正出版社,2006年,第32页。

（三）廉政文化与行为文化

行为文化与非正式制度含义相差不多，行为文化有宗教、伦理道德、民俗等。从这一层面来说，廉政文化同属行为文化，它与宗教信仰、伦理道德、民俗文化有一个共同的特点都是用潜移默化的方式，规范着人们思想和行动。

宗教具有神圣感、崇高感和敬畏感，能在心灵净化和精神升华方面发挥独特的作用。无论是儒教、佛教、道教，还是基督教、伊斯兰教，都可以成为廉政建设的精神源泉。第一，宗教文化多倡导积极进取，实现人生神圣而崇高的价值。儒家主张"天下为公""不必为己"，把人世本身升高到最高境界；基督教提倡"信""望""爱"，与现实社会所追求的发展方向始终一致。第二，所有宗教戒律都主张向善、积善。佛教要求"诸恶莫做，众善奉行"；基督教新教要求：不可杀人，不可奸淫，不可离婚不可起誓（尊重真理），不可报复（放下自我），爱仇敌。第三，所有宗教都主张为政清廉、惠民乐民，追求社会稳定和谐。儒家说，"吏不畏吾严而畏吾廉，民不服吾能而服吾公，公则民不敢慢，廉则吏不敢欺，公生明，廉生威"。佛家主张普度众生，施舍救济穷人。第四，所有宗教都主张戒贪。宗教塑造的冥界空间，令人在心灵深处产生敬畏、恐惧、羞耻的力量以杜绝贪念的产生。基督教原罪说，主张地狱是犯有贪污腐败等恶行的人们死后的唯一归宿；道教塑造的阎王殿、地狱门，各种刑具是专治人间有罪之人；佛教认为人身上都缠着三条蛇：痴（好女色）、嗔（想权位）、贪（爱金钱），许多人都被这三条毒蛇缠磨致死。

伦理道德与民俗有很多东西边界模糊，"一般来说，道德规范或者德目有两种：一种是伦理学家概括出来的，或者是由官方倡导并上升为理论规范；另一种是在世俗生活中得到了广泛认同与风行的习俗性规范。后者往往内容更丰富，表现更淳朴，更直接地体现着某个民族的品格"①。伦理道德、民俗文化中的诸多因素与廉政和腐败都

---

① 程凯华：《中国传统美德》，长江文艺出版，2003年，第46页。

有一定的关联。

古代中国,常常以德治自诩。孔子主张:"为政以德",墨家提倡为官"唯天下之利是求"。历代统治者总是遵循"天下为公,为政以德,德教为先,修身为本"的治国理念,十分强调道德的作用。重视伦理道德,追求人格自我完善和社会关系和谐,是中国古代社会的最显著的特征之一,也是中国传统文化的核心内容。在传统伦理道德中蕴藏着丰富的廉政思想和内容,至今仍然深深地影响着人们的思维和实践。西方国家也一样,同样十分重视行政伦理,甚至制定了《国家公务员伦理法》。

民俗学是一门针对信仰、风俗、口传文学、传统文化及思考模式进行研究,来阐明这些民俗现象在时空中流变意义的学科。民俗是人们日常生活形态的真实反映,举凡生活中的衣、食、住、行、育、乐的内涵与形式,以及其间思想、行为、仪节、活动的记录与形成,都是民俗学探讨的主题,这种约定俗成的习惯与风俗,不仅对于提升与满足人们生活质量和要求很有必要,更是民族生存不可或缺的精神支柱。

民俗不同于一般的文化意识形态,它是人类文化意识的原型,是与人俱来,与族相连,与人类共存亡的特殊伴生物。凡属民众群体中反复出现并相互流传的程式化、规范化的行为、观念、言语、器物等都可纳入民俗的研究范畴。民俗的独特性表现在它不仅仅是文化意识,而且是兼有文化意识和社会生活的双重特征。亦即从一个角度看,它是一种文化意识,从另一个角度看,又是社会生活的一部分。所以,民俗又是社会经济基础及在此基础上产生的政治制度所决定的社会心理沉淀反射出的呈现生活方式状态的文化意识。它在经济基础结构中,又处在高层级上。因此,民俗之根几乎延伸到了生活的各个方面,民俗之角几乎触及了社会的各个领域。经过几世传承之后的民俗,往往自动积淀为民族文化的一个重要组成部分,并在人类文化建设中发挥着愈来愈重要的作用。

当然,民俗也有良莠之分,好的民俗叫良俗,不好的民俗叫陋习,介于两者之间的,一般没有什么利害可陈。民俗作为道德评价的第三种形式,具有特殊的作用,诚如中国民俗学创始人钟敬文先生所说:"民俗的意识形态方面的文化,例如文学、艺术、俗信等,在有形无形中尽着劝善诋恶的职能。"民俗之所以具有这种职能,是因为民俗是人们长期形成的共同心理习惯,不仅对任何事情的评价都是不自觉的,而且还是共同的。民俗是不依赖于任何舆论载体,随历史而沿袭,稳定或顽固,不以一时的政治和个人喜好而转移。

在廉政文化研究和建设中,民俗与廉政紧密关联。无论是正面的廉政还是反面的腐败,都扎根在民俗之中,民俗是他们共同的家园。良俗与廉政互动促进,腐败与陋习合伙沉沦,而不稂不莠之俗可导可塑。正是借助于民俗文化的扩布和传播,忠孝节义、仁义廉耻等基本道德观念,才深深楔入我们民族的骨子里,成为我国人民恒久的价值判断标尺和行为约束准则。

(四) 廉政文化与文艺教育

是廉还是腐,从根本上来说是思想观念的问题。解决思想观念问题的方法很多,其捷径是教育和文艺。文艺和教育是廉政文化的一种重要的社会表达形式。廉政可以通过政治、经济、法制等正式制度安排,强制性地约束和规范人们的日常行动,并经过长期的固化作用,化民成俗;也可以借由宗教信仰、伦理道德、风俗习惯等非正式制度路径,让人们在长期的熏陶中养成一种精神。

人的本性是善还是恶,在中国历史上曾有过长期的激烈的争论,有趣的是,不管是哪种主张,都强调后天教育的重要性。人的本性是善良,防止后天变坏,必须对人进行从善教育;人的本性是恶,要改变与生俱来的恶,就必须对人进行从善教育。人的文化观念除了遗传,绝大部分是后天教育的结果,而人类的教育主要是两条途径,一是直白的、生硬的灌输教育;二是耳闻目睹,潜移默化的艺术感染。

廉政是政府合法性与正当性的必要条件。进行廉政教育,反对腐败,这是任何一个政府都必须担当的政治使命和道义责任。尽管腐败现象随阶级的产生而产生,并与阶级社会相始终,在一个可以预见的历史时期内,腐败现象不可能杜绝,腐败与反腐败的斗争也将长期持续下去。廉政是一个严肃的主题,教化人的最简单、最直接的办法还是宣传教育。宣传廉政文化无疑是政府争取民心,赢得社会广泛认同与支持,以达成长期执政目标的努力目标和着力方向。加强廉政教育可以用教书育人的办法,而学校本身正是专职的教育机构,应当成为廉政教育的主流,如启蒙教育、全日制学校教育、成人继续教育、职业培训等,通过教材向学生灌输思想,培养人们的廉政观念。学校的廉政教育,很多内容属于法制教育。法制教育是"认同"规范、"接受"规范和"消化"规范的教育,是培养自觉、自愿的守法精神和塑造体现民主、正义、效率、公平等现代法治理念的教育。从理论上说,学校法制教育内容,应当覆盖法律体系的全部,涉及法学的各个层面。然而,由于法学各部门存在着较强的专业性,即使是专业人士也难以精通所有的法学知识,因此法制教育内容的针对性尤显必要,而这种针对性首先需要考虑的是教育互动双方的可能与需要。学校、家庭、社会是法制教育的基本主体。基于受教育者成长不同阶段的身心特征,法制教育内容的重心也应当有所差异。

在社会主义国家,廉政是一个政治话题,除了宣传教育这个手段外,它还需要文艺。文艺是文学与艺术的简称。文学包括民间文学、作家文学两种;艺术有表演艺术、造型艺术之别。表演艺术又有戏剧、曲艺、音乐、舞蹈、电影、电视;造型艺术可分为美术、书法、摄影。从创作角度看,只要表现廉政主题,反映廉政内容,不管采用何种文艺形式,或者说是哪一种载体,都可以归类为廉政文化作品。党的十六大后,在廉政文化建设中,从中央到地方,各部门、各单位都充分运用文艺载体,不断创新形式、充实丰富内容,加大了对廉政文化建设和宣传的力度。文艺具有形象、生动、活泼等特点,它让人在娱乐享受中不知不觉地受感染,接受教育。文艺同样需要廉政主题,以鲜明的主题创作出精品力作,文艺作品必须以科学的理论武装人,以正确的舆论引导人,以高尚的精神塑造人,以优秀的作品鼓舞人。新时期以来,文艺界呈现"百花齐放,百家争鸣"的局面,反腐败题材作品应运而生,深受观众欢迎,如反腐小说《天网》《国家干部》《十面埋伏》《绝对权力》《人间正道》《国家公诉》《国画》《亡魂鸟》等;反腐影视剧有《共和国反贪风云》《阻击罪恶》《至高利益》《远山的红叶》《人民的名义》等,这些作品为推动反腐倡廉建设发挥了重要的作用。

反腐败斗争实践证明,腐败分子贪污受贿,不是缺钱才去犯罪,不少腐败分子的赃款可以够他一生甚至几辈子的奢侈生活,但仍然是贪欲膨胀,不择手段敛财,这是因为他们的价值观发生偏移。廉政建设的实践也同样证明,清廉者不是因为没有钱,也不是因为他们不想过好日子,而是因为他们牢固树立了正确的世界观、人生观、价值观,以节俭的生活来保持清廉的品格。

第二节　廉政文化的历史发展

廉政文化的产生和发展与特定时期的政治结构和政治文化密切相关,反之,政治结构与政治文化的演进也促进着廉政文化的繁荣与革新。但是决定廉政文化形态的根本因素则是社会结构与经济结构。一般来说,只要有公共权力的设立,贪与廉、勤与惰的对立观念,腐败与反腐败的斗争就必然产生。这在任何国家大概都不例外。但问题是各个国家、各种不同社会形态下的廉政建设道路却往往存在很大的差异。造成这种差异的重要原因之一就是廉政文化的社会基础不同。当代中国的廉政文化,是在继承中国传统廉政文化、吸收借鉴西方发达国家廉政思想和制度基础上,对马列主义廉政思想的丰富和发展。

一、中国古代廉政文化

中国古代廉政文化思想起源于夏商周奴隶社会时期,盛于春秋"诸子百家",跌宕至晚清封建社会末期,是传统文化的精髓之一。[①]

---

① 麻承照:《廉政文化概论》,中国方正出版社,2011年,第46页。

历代廉政思想是廉政文化的核心内容,体现了当时人们廉政核心价值的认知和判断,为我们留下了借鉴,是加强当代廉政文化建设不可忽略的思想文化基础。

(一) 中国古代廉政文化发展概述

中国古代的廉政文化产生的时间很早,我国最早的历史文献《尚书》反映,文明诞生之初的氏族首领已经注意到了在公共事务管理过程中对自身素质的要求。《尚书·尧典》记载帝尧为政"钦明文思安安,允恭克让,光被四表,格于上下。克明俊德,以亲九族"以及要"敬授民时",这里面肯定了尧帝勤政、节用、爱民、尚贤等为政意识。而廉政思想的源头可以追寻到西周。对此学界形成了比较一致的认识。因为,由周公制定的反映西周建国之后设官与礼仪制度的《周礼》一书中提出了"六廉"说。《周礼·天官冢宰》记载:"以听官府之六计,弊群吏之治,一曰廉善,二曰廉能,三曰廉敬,四曰廉正,五曰廉法,六曰廉辨。"就是说,考察大小官吏的治绩,应包括善、能、敬、正、法、辨等6个方面。这6个方面都突出了一个"廉"字,并体现了"廉"的优先原则。① 因此,我们认为,以周公为代表的西周统治者提出将"廉"作为选官任官直至衡量官员政绩好坏的重要标准,是廉政思想产生的标志。在这一阶段,"贪"和"廉"两种对立的价值观也已出现。

随着国家的产生及其形态的完善,廉政文化的内容也日渐丰富。夏、商、周三代就是中国古代廉政文化发展的一个重要时期。"三代"王朝的更迭使统治阶级认识到"天命"无常,要保持统治的长久就必须把剥削和压迫控制在一定的范围之内,必须对统治者"民"的重要性有深刻的认识。"国将兴,听于民;将亡,听于神""夫民,神之主也"等言论,就是"民本"思想触动统治阶级政治神经后的感慨,也是夏、商、周三代廉政制度、行为、思想产生的深层文化意识之一,但

---

① 唐贤秋:《中国古代廉政思想源流辨——兼与杨昶先生商榷》,《陕西师范大学学报(哲学社会科学版)》,2006年第6期。

当时廉政文化的整体发展水平还不能超越时代的限制性。

廉政文化的产生和发展与特定时期的政治结构和政治文化密切相关,反之,政治结构与政治文化的演进也促进着廉政文化的繁荣与革新。但是决定廉政文化形态的根本因素则是社会结构与经济结构。一般来说,只要有公共权力的设立,贪与廉、勤与惰的对立观念,腐败与反腐败的斗争就必然产生。这在任何国家大概都不例外。但问题是各个国家、各种不同社会形态下的廉政建设道路却往往存在很大的差异。造成这种差异的重要原因之一就是廉政文化的社会基础不同。中国古代社会是在氏族血缘关系还没有彻底解体的情况下进入国家状态的,经济结构、社会结构中农村公社和家族公社的顽强存在,使得在相当长的历史时期内,国家对社会的控制是以"族"的形式完成的。松散的邦国联合体和"授民授疆土"的分封制,是三代国家结构的主体,官僚的选拔采取的是世卿世禄的贵族制。这样的社会形态下,国家与社会的分离程度很低,国家的官僚往往就是"族"的首领。

因此,廉政建设的社会基础还很薄弱,廉政文化的表现形态还只停留在对执政者的道德诉求和对腐败贪污者的职责以及简单的刑律处罚。在井田制瓦解后的春秋战国之际,基层社会由血缘式的族聚结构化解为个体小农,对整个社会直接控制的郡县制和官僚制的建立,使廉政建设成为上自君主下至庶民都十分关注的对象,中国古代的廉政文化由此才变得丰富多彩。

(二)古代廉政文化思想

1. 先秦时期的廉政思想

先秦时期,包括原始社会、夏、商、周、春秋和战国几个阶段,是中国廉政思想的萌芽和兴起时期。原始社会晚期产生的"为民父母"[①]的公仆意识,是中国廉政思想的最初萌芽。到了奴隶制时代,在王朝

---

① 《全上古三代文》卷一。

更迭、诸侯兴废的社会变革中,中国廉政思想迅速兴起和发展。具有代表性的是盘庚的"罚罪赏善"、召公"德化为先"、周公"任贤勤政"、吕尚"厚禄养廉"、孔子"节用爱民"、孟子"贵民行仁"、荀子"节俭裕民"、管子"法理并重"、韩非子"以法为本"、墨子"兼爱节用"、老子"廉而不刿"和庄子"清廉自守"等思想。① 这一时期的廉政思想,主要表现在以奴隶制国家政权整体作为规范对象,主张在一定程度上调整改善统治政策;以从事政治活动的统治成员个体作为规范对象,提出了从政道德方面的要求。

在夏朝,统治者就有"夙夜惟寅,直哉惟清"的廉政思想。夏之后的商朝,统治者从维护统治地位出发,在其内部逐渐产生了一些重民、用德的廉政观念。如盘庚统治时期,它在其诫群臣辞指出,国君必须"重我民""施实德于民"②。他警告那些依仗权威危害于民的贵族:自今至于后日,各恭尔事,齐乃位,度乃口,罚及尔身,弗可悔!盘庚对于臣子贵族的赏罚任免,提出了一个主要标准,即视起是否对于治国益民有利,尤其是他提出无论亲疏皆"罚罪赏善"的原则,是后来"任人唯贤"人才思想的最早文献记载。

西周在选拔官吏时,吸取夏商亡国的教训,特别强调道德品行,以"六德"(即知、仁、圣、义、中、和)与"六行"(即孝、友、睦、姻、任、恤)作为选拔官吏的标准。由于司法官是社会公正的最后一道防线,所以西周在选拔司法官时更是强调必须遵循"有德惟刑"的标准,即司法官既要道德高尚,又要知刑懂法。

春秋战国时期,随着贵族世袭政体的解体,封建官僚政治逐步形成,任用官吏时更加注重能力与德行。

春秋初年,政治家管仲登上历史舞台。他辅佐齐桓公40余年,以"尊王攘夷"为名,使齐桓公成为春秋第一霸主。管仲廉政治国思想,主要体现在他把"廉"从政治高度加以论述,把富民养廉、发展经

---

① 麻承照:《廉政文化概论》,中国方正出版社,2011年,第50-62页。
② 《史记·殷本纪》。

济作为兴国的关键。他以"百姓为天",把礼义廉耻并列,认为"礼义廉耻,国之四维,四维不张,国乃灭亡"①。把"廉"作为治国纲领之一,表明管仲在中国廉政史上已首次认识到了以廉治国的重要性。把富民、发展经济作为国家实行廉政前提的策略,管仲也多次论及,如"仓廪实,则知礼节;衣食足,则知荣辱"等。

春秋末年,著名思想家、儒家学派始祖孔子所倡导的修身治国的思想精华在于"仁政""德治"。孔子说:"节用而爱人,使民以时"②,集中体现了其廉政思想。"节用",即不奢侈,指生活上革奢务俭,经济上节约财政开支,宽厚民力,奖励生产等,节用之后,实施仁政才会有丰厚的经济基础。"爱人"二字是孔子以德治天下廉政思想的高度浓缩。"仁者爱人""为政以德",直接把"仁"和"爱"结合,反映了孔子要求执政者从自身做起的思想。孔子的利民思想是我国古代廉政思想中的宝贵财富,历代廉吏,无不以"利民"为其廉政的基本出发点。孔子对从政者道德思想教育,更是极大地丰富了我国古代廉政思想的内涵,如"不义而富且贵,于我如浮云",曾激励了许多从政者廉洁自助,拒贿反贪。

战国时期,商鞅因"尽公不顾私,内不阿权贵,外不偏私远"的清廉为政作风而被后世颂扬。商鞅,战国时期卫国人,后逃至秦国任官。他在任期间,不避权贵,力求革新,辅佐秦孝公先后两次变法,使国富民强,奠定了秦始皇统一中国的基础。"亚圣"孟子继承孔子学说,对孔子的"仁义"学说和"德治"理论作了系统的整理与发挥,其"贵民"主张丰富了古代廉政建设的内容。孟子为实现"贵民"的治国理想,还对统治者加强自身清廉自守的道德修养作出要求:"富贵不能淫,贫贱不能移,威武不能屈,此之谓大丈夫。"此言成为历代廉洁奉公的官吏们警策自厉的座右铭具有深刻的廉政内涵。

先秦时代的统治者们为了维护政权的长治久安,提出的一些强

---

① 《管子·侈靡》。
② 《论语·述而》。

调廉政的理论观念和政治主张,其中的"以民为本、施行仁政、讲求君德、任贤、使能、以法治吏"等思想,强调统治阶层的从政道德的思想,都是中国传统思想中的积极内涵。

2. 秦汉时期的廉政思想

秦汉时期,包括秦、西汉、东汉三个封建王朝。公元前221年,秦始皇建立了中国历史上第一个封建王朝。秦朝以及继之而起的西汉、东汉王朝都建立了中央集权的政治体制。这一时期的统治思想和思想家们,在吸取先秦统治者的经验教训的基础上,补充了治理一个地域广大、人口众多的大国的经验。在这个时期,中国廉政思想有了初步发展,其中以关于君民关系、领导策略和方法及用人之道的论述最为丰富。"民无不为本"的重民思想、考功论官、如何用人是这一时期廉政思想中最值得注意的内容。其主要代表人物有:秦始皇、刘邦、汉武帝、董仲舒、王充、王符等。

秦朝是中国历史上第一个中央集权的封建王朝,也是我国历史上典型的以法家学说为统治思想的王朝,它以封建官僚代替了以前世袭的封君,在国家治理上任用精通法律之人,反对"礼治"。但即使如此,秦朝在职官制度中仍十分注重官吏的道德素质。《云梦秦简·为吏之道》载:"为吏之道,必精洁正直,谨慎坚固,审悉无私,微密纤察,安静毋苛,审当赏罚。"由此可见,秦朝的官吏守则中,道德要求占很大比重。此外,秦律中还规定了"五善"与"五失"的考课原则,"五善"即"一曰忠信敬上,二曰清廉毋谤,三曰举事审当,四曰喜为善行,五曰恭敬多让"。其主要内容是对官吏道德品行的考察。

到汉代,伴随着儒家思想占统治地位,礼义道德教化也被置于治国的首位,对官吏的道德素养也就提出了更高的要求。汉朝选官的主要途径是察举制,其法定的主要标准为"四科取士"(即德兴高妙、学通行修、明达法令、刚毅多略)和"光禄四行"(质朴、敦厚、逊让、节俭)。由此不难看出,汉朝选官是按照德、才、能的顺序进行考察的,德被置于首位。

西汉中期,儒家春秋公羊派大师、著名思想家董仲舒针对当时封建统治向没落、腐朽方向转化过程中出现的种种弊端,积极地提出"任贤""德治"等主张;东汉著名唯物主义思想家王充提出的"文吏与儒生并用"选贤用贤的廉政思想,以及王符的民本法治思想,都对后世影响很大。

3. 魏晋南北朝时期的廉政思想

魏晋南北朝时期,包括三国(指东汉后鼎足而立的魏、蜀、吴三个政权)、两晋(指三国后相继出现的西晋、东晋政权)、南北朝(指东晋后相对峙的南方的宋、齐、梁、陈和北方的北魏、北齐、北周诸政权)。这一时期是中国历史上的大分裂时期。这时期的廉政思想在不少方面均具有破旧立新的味道。其中唯才是举、量才受职、严明赏罚、团结和谐等是这一时期廉政思想中十分宝贵的内容。其主要代表人物有:曹操、诸葛亮、孙权、刘备、傅玄、苏绰等。

三国时,曹魏创造了九品中正制的选官办法,此法至隋才得以终止。尽管该法在选官标准上过于重门网家世,但对才德亦有具体要求。如西晋成熙二年颁行的《诸郡中正六条举淹滞令》对官员的德行就有明确规定:"一曰忠恪匪躬,二曰孝敬尽礼,三曰友于兄弟,四曰洁身劳谦,五曰信义可复,六曰学以为己。"

曹操,三国时期著名的政治家、军事家、文学家。在东汉末年任丞相期间,一方面抑制豪强,唯才是举,行法求治。另一方面实行屯田,兴办水利、减轻赋税的政治措施,为统一中原立下汗马功劳。曹操强调立法治国、赏罚分明和整肃吏治。他一生颁布许多法令,如《置屯田令》《褒赏令》《明罚令》等,不仅惩办了贪官,而且稳定了社会秩序。为保证廉政的推行,他还在幕府中设立教事、刺奸等新的监察官员,令他们行使监察权,以做到通达情况、杜绝世族官吏骄奢淫逸等行为。曹操也以廉洁俭朴、唯才是举和任用廉吏而著称。据载他不仅自己生活简朴,就连身边的宫女仆侍,也都衣不锦绣。他擅用廉吏,一生曾四次发出求贤令,求贤若渴之心可见一斑。

诸葛亮在蜀汉任相近 30 年间,采取一系列正己教人、任人唯贤、革故鼎新、纠贪肃弊的廉政措施。他主张:"理上则下正,理身则人敬。"他十分重视统治者要从自己正身做起,多次规谏后主刘禅,希望其"咨诹善道""察纳雅言"。他告诫子孙"淡泊明志,宁静致远"。为严肃法,整顿吏治,他令人制定了蜀国的法律《蜀科》,并亲自撰写《八务》《七戒》《六恐》《五惧》等法令条款,使官吏百姓做到有法可依。

被后代史学家比之于"管子治齐,诸葛相蜀"的西魏重臣苏卓,于公元541年起草了著名的"六条诏书",其要旨概括起来只有18个字:"先治心,敦教化,尽地利,擢贤良,恤狱讼。均赋役。"但就在这18字中,苏卓总结了以前历代统治阶级的经验,完整地提出了一套"革易时政,务弘强国富民之道"的方针。实际上,这就是他的施政大纲,集中地反映了他的廉政思想,即德刑并用,以德为主的政治原则和"尽地利,均赋役"的利民思想等。

4. 隋唐五代时期的廉政思想

隋唐五代时期,包括隋、唐、五代(指唐以后北方的后梁、后唐、后晋、后汉、后周五个朝代)、十国(指南方的吴、南唐、吴越、闽、荆南、楚、南汉、前蜀、后蜀九个割据政权,加上河东的北汉)几个阶段。这是中国封建社会的极盛时期。这一时期中国的廉政思想得到了进一步发展,其中关廉政、用人和纳谏的论述最为系统、深刻并具有新意。其他如对军民关系、倡俭反奢、重民、约己正人等的论述也是这一时期廉政思想中比较重要的内容。其主要代表人物有:隋文帝、唐太宗、魏征、武则天、唐玄宗、陆贽、后周太祖、周世宗等。

隋文帝,即杨坚,隋王朝的建立者。在位期间,他吸取南北朝时期某些朝代政治风气败坏和人民生活痛苦的教训,注意减轻人民负担,严惩贪污,实行廉政。《隋书·高祖纪》说,他统治时期"躬节俭,平徭役,仓廪实,法令行,君子成乐其生,小人各安其业,强无凌弱,众不暴寡,人物殷阜,朝野欢娱,二十年间,天下无事,区域之内宴如也"。[①] 他的廉政思想主要包括:一是提倡节俭,反对奢侈。二是轻

[①]《隋书·高祖纪》。

徭薄赋，兴办义仓。三是严肃赏罚，奖廉惩恶。

唐朝统治者以"德礼为政教之本"的思想为指导，更加强调德礼在治国中的作用。从官员的选任到考绩到监察等一整套职官管理制度中，每一个环节都高度重视官员的道德素质状况。唐朝实行科举选官制度，科举考试及第者还须经吏部的考试合格才被授予官职。吏部考试主要从体貌、言辞、楷法和文理等四方面进行，若"四事皆可取，则先以德行，德行均以才，才均以劳"①。唐朝对官吏考绩的法定标准为"四善"和"二十七最"。"四善"专指品德："一曰德义有闻，二曰清慎明著，三曰公平可称，四曰恪勤匪懈。""二十七最"中第三条是"扬清激浊、褒贬必当，为考校之最"②。唐朝对流外官则按四等第进行考核。《唐六典》规定："流外官本司量行能功过，立四等第而免进之：清谨勤公，勘当明审为上；居官不息，执事无私为中；不勤其职，数有意犯为下；背公向私，贪浊有状为下下。"由此可见，唐朝对职官的选任、考核和监察，都把道德品行放在首位。

后周王朝第二代皇帝周世宗继承并发扬周太祖"益国利民"思想，提出了"安国利人"主张，继续改革弊政。他采取各种措施，致力于发展生产，减轻赋役。他刚即位的公元594年，就宣布免除上一年各地所欠的夏秋租税，次年颁布了处理逃亡户土地的法令，允许农民申请耕种无主土地，缴纳田租，逃亡户可根据返回时间发还不同数量的土地。第三年又统税制，规定夏税从六月一日起征，秋税从十月一日起征，其他杂税全免。为实现耕地和地租税的统一，他还根据《均田表》令人制成均田图，规定税额，均定田租，对有特权的官僚也不予免除。此外，他还多次调集民工治理黄河，疏通汴，灌源田亩，发展交通，为北宋统一中国奠定了稳固的基础。

5. 辽宋金元时期的廉政思想

辽宋金元时期，包括辽、北宋、南宋、金、西夏和元几个阶段，这是

---

① 《通典·选举》。
② 《唐六典·尚书吏部》。

中国封建社会走向衰落的时期。这一时期中国廉政思想获得新的发展，其中严禁贪黩、禁官经商、增俸养廉、公正无私、理财以安民、众建贤才、勤政爱民、君臣关系等是这一时期廉政思想的主要内容。有些思想对我们今天的廉政建设仍有重要意义。其主要代表人物有：宋太祖、范仲淹、欧阳修、包拯、司马光、王安石、忽必烈等。

宋朝开国皇帝宋太祖赵匡胤。于公元960年发动陈桥兵变后，悟出马上打天下而不能马上治天下的道理，实施了一系列廉政节俭的廉政措施，并取得显著效果。宋太祖以为治国只有奖廉肃贪，才可澄清吏治，利国利民。因此，他主张对贪赃枉法的官吏，必须严惩不贷。他将对赃官的处理分为弃市、杖死、流配、除籍为民等四种，对牟取暴利的赃官坚决斩首示众，以示警诫。宋太祖注意官员任免，曾三令五申颁布整顿为官条例，如整顿科考之风，考场不得营私舞弊，主考官员不可私自取士等等。条例也对地方官员的勤俭从政提出了具体严格要求。宋太祖以身作则，例行节俭。他正人正己，勤恤百姓，致使廉俭之风，遍及朝野，宋初出现了比较清明富足的景象。

有"道德雅闻，廉方公正"之称的北宋文学家、政治家欧阳修，在治吏惩贪、举贤任能方面表现最为突出。欧阳修提出按察法，由朝廷派清廉刚正的官吏对州官县吏进行巡视考察，评定之后奏报朝廷，作为对官吏赏罚的参照。此外，欧阳修恪守赏罚严明的知人用人之道，推举贤才。

6. 明清时期的廉政思想

明清时期是中国封建社会日益衰败、资本主义生产关系逐渐萌芽和发展时期，所以，这一时期的廉政思想，虽然是在传统观点、主张和理论的基础上继续进行探讨，并结合当时的现实作出新的概括，但在某些方面阐发出了一些令人耳目一新的东西。其中用人方面的任贤纳谏和老少参用、学校议政、宰相理政、治政务实、端本清源、惩贪奖廉和"要明于养民"的民本思想是这一时期的主要内容。其中代表人物有：朱元璋、明成祖、海瑞、张居正、顺治、康熙、雍正、乾隆、顾炎武等。

明朝开国皇帝明太祖朱元璋称帝后,以宽仁实惠安抚人民。宽民有二:一是守民之财,二是息民之力。明太祖把加强法制,严明纲纪作为仁惠廉政施行的保障,他下令组织人员历时30余年编订《大明律》,反映他严明法纪、依法治国治民的基本思想。朱元璋痛恨贪官污吏,他以"治乱世用重典"为原则,严惩了一批贪赃不法之徒。为杜绝根源,他对一些行随受贿的不法之人,同样给予充军流放。而对一些廉俭之人,朱元璋则不惜征举旌表。他在廉吏的标准上也有自己的看法,他说,官吏贤廉与否,应该是看其可否持己廉正、推行恤民之政,能否发展生产、普及教育和使民安居乐业等。他认为王公大臣应以廉洁朴素为宝,要戒骄奢淫逸。在他提倡任用廉吏的召唤下,明初官场出现了较廉洁的新气象。

雍正是清初皇帝在位最短的一个,仅13年,但其廉政举措却最具体,最实惠于民,其主要表现在:整顿吏治与改土归流。雍正在位期间,最恨贪官,其肃贪惩赃态度坚决。他在中央设立会考府以清查各部院亏空,凡发现营私舞弊者,无论亲王重臣,还是一般官吏,皆依法论处。雍正惩贪最突出一点在于他采取许多具体措施,以保证追赃,如命令亲戚、下级帮助赔罪,对畏罪自杀的官吏加重处理,并以审讯嫡亲、家人来追缴赃银。雍正养廉有方,如他实行"耗羡归公",明文规定地方征纳正赋时"每两加耗五分",而对这些额外加征的要一律归公,其中一部分用来充作官员"养廉银",以补充官吏办公开支和增加他们的官俸收入。雍正还对前朝管理西南少数民族的弊政实行改革,推行改土归流,即把原来由中央授封各少数民族世袭官职的"土官"改为"流官",实行与汉族相同的官制。这样就打击了土司割据与欺压百姓的现象,加强了对边疆的统治,推动了少数民族地区经济社会文化的发展。

综上所述可以看出,虽然中国古代的统治者和社会贤哲也强调"礼乐刑政,综合为治",但由于儒家伦理观在中国古代社会始终居于支配地位,因而道德教化在治国理政中的作用也就被无限拔高了。无论是董仲舒提出的"刑者德之辅",还是唐代律家倡导的"德礼为政教之本,刑罚为政教之用",或者康熙帝提出的"以德化民,以刑弼教",其主旨无不在强调道德教化在综合治理中的主导地位。统治者意图通过突出道德教化来唤醒官员的良知和责任感,从而远恶近善,遵纪守法,达到防患于未然的目的。

(三) 中国传统廉政思想的内涵

中国传统廉政文化经过长期的历史积淀和文化融合,形成了丰富的思想内涵,它不仅包含对统治阶级的主政要求,也涵盖了对人民大众个人道德品质的要求。晏子说:"廉者,政之本也。"①孔子说:"政者,正也。子帅以正,孰敢不正?"②及"其身正,不令而行;其身不正,虽令不从"③,中国传统廉政文化受儒家"正心、修身、齐家、治国、平天下"观念影响最为重大,基本形成以民为本的仁政思想、清正廉洁的为官之道、戒奢崇俭的道德要求这三个层面的思想内涵,对于当政者、为官者及人民大众都形成了相应的约束力量。

1. 以民为本的仁政思想

以民为本思想是中国传统廉政文化的思想基础之一,它包含了深刻的哲理和丰富的实践经验。中华民族经过了无数历史的变迁和朝代的更替,通过长时间的实践总结出了这一思想。以民为本的仁政思想是主要针对国家最高统治者和领导层的思想理念,决定着整个社会政治的发展方向。

以民为本的思想起源于商周时期,4000多年前大禹就提出"民惟邦本,本固邦宁"的思想,殷商灭亡后,统治者对于人民大众的意志逐渐重视起来。到了春秋战国时期"百家争鸣"的文化大繁荣景象极大丰富了民本思想的内容,尤其是儒家学派的民本思想体系成为整个廉政文化中不可或缺的内容。孔子首先提出"百姓足,君孰与不

---

① 吴则虞:《新编诸子集成(一)·晏子春秋集释(下)·内篇杂下第六》,中华书局,1982年,第164页。
② 《论语·颜渊》。
③ 《论语·子路》。

足？百姓不足,君孰与足?"①的反思,孟子和荀子对孔子的这一思想进行了进一步的思考,孟子认为在社会发展中"人和"是超越"天时""地利"的因素,荀子更是提出:"君者,舟也;庶人者,水也。水则载舟,水则覆舟。"②从而理清了人民、国家、君王之间的关系,将人民置于重要的社会地位上。这些民本思想是将百姓作为国家、社会的根本,是君主统治、社会财富积累的基础。这就给统治者提出了为民爱民的政治要求,在封建集权的状况下,采取一些爱民的措施,倡导为官清廉,爱民如子,对封建统治者也起到了一定的约束作用。

民本思想提倡尊重人民的历史地位,关注民生,为百姓谋福祉,这一思想是符合历史发展规律的,中国历朝历代的变迁也证实了这一思想的重要性。"先天下之忧而忧,后天下之乐而乐"是对这一思想的良好体现。

2. 清正廉洁的为官之道

廉洁从政历来是中国对待官员的要求和希望,是中华民族所提倡的官员的最基本道德要求。官员廉政与否不仅关系到官员个人的形象,也关系到整个官场的风气,更重要的是它还会影响社稷安危和社会发展。《周礼》以善良、能干、敬业、公正、守法、明辨是非为标准,而将"廉"作为统率这六种品格的标准,说明"廉"在中国传统"官德"标准中的重要地位。

"廉政,政之本也",治国先治吏,治吏先尚廉。历朝历代,防治贪腐必是治国的重要内容,崇尚廉政的"官德"思想也不断地丰富和发展。早在夏朝就有了"夙夜惟寅,直哉惟清"的说法。到春秋战国时期,在选任官员上已经将"廉"作为一个重要标准了。秦朝规定"君怀臣忠,政之本也"。提出官吏的基本品德,是精洁正直,谨慎坚固,审悉毋私,微密纤察,安静毋苛,审当赏罚。③ 管子认为作为官员,如

---

① 《论语·颜渊》。
② [清]王先谦:《诸子集成(一)·荀子集解·哀公篇第三十一》,中华书局,1988年,第537页。
③ [秦]佚名:《睡虎地秦墓竹简·为吏之道》,文物出版社,1978年。

果能够坚持"清廉",就不会掩饰自己的过错,拥有正直的行为,就能够很好地治理地方。孔子说:"其身正,不令而行;其身不正,虽令不从!"孔子以此论述为官者清廉正直自然能够为人民作出良好的表率作用,从而树立威信,不令而行。

为官只要为德,"官德"之首即为廉,在清正廉洁为官之道思想的影响下,中国古代出现许多至今为人称颂的清官廉吏。《史记·循吏列传》与班固的《汉书·循吏传》记录了许多清官,例如鲁相公仪休、大司农朱邑等,还有人们所熟知的"包青天"包拯、"海青天"海瑞,他们是不畏权贵、刚正不阿、为民请命的"清官"代表,还有范仲淹、郭允礼、林则徐等都是洁身自好、严于律己的好官,这些清官廉吏不仅受当时人们的爱戴,也成为当代人民称道的典型。他们的事迹之所以能够流传至今,正是因为廉洁奉公是历朝历代对为官者的最基本要求,也是中华传统廉政文化的重要内容。

3. 戒奢崇俭的道德要求

戒奢崇俭历来是中华民族的传统美德,也是历代统治者的治国方略,中华民族对勤俭朴素有着特别的重视,将此作为修身、齐家、治国、平天下的一个基本准则。中国历代的思想家通过实践的总结,对节俭的重要性作了丰富的阐释。

早在商朝时期,商初大臣伊尹就提出只有注意节俭治国,才能永久地维持国家的稳定。殷商王朝灭亡后,人们更进一步认识到只有勤俭,才能保证国家的长治久安。春秋战国时期,虽然流派众多,但是大部分的思想家基本保持对节俭的一致意见,那就是戒奢崇俭不仅是个人修身的根本,也是治国的基本方略。中国古代的思想家对勤俭的重要地位作了透彻的分析,"俭"首先是立身之本,《左传》中就将勤俭之人作为善人,而奢靡之人作为恶人来论断。宋朝范凌认为:"俭于听,可以养心;俭于事,可以养神;俭于言,可以养气。凡俭,皆可以悠久而无穷""俭"其次是养德之本,《左传·庄公廿四年》强调:"俭,德之共也。"说明勤俭是其他道德养成的基础,有了勤俭节约的习惯,就可以不受其他外物的影响,保持富有的精神世界。

"俭"再次还是持家治国之本,晚清重臣曾国藩就认识到唯有勤俭才能使家道长远。节俭不仅关系着一人一家的成败,更关系着国家的兴亡。

中华传统廉政思想的内涵丰富,源远流长,包含着无数人民的实践和思想家的智慧精华。在封建社会中,受到历史和社会环境的影响,廉政文化无法成为当时社会的主流文化,但在当代我国社会主义建设中,传统廉政文化必有它值得借鉴之处,也必将发挥其时代价值。

二、马克思主义廉政文化

马克思主义廉政文化是以马列主义为执政思想的中国共产党的廉政思想源头。马克思主义自诞生以来不断随着社会实践丰富发展,其廉政思想也与时俱进。马克思与恩格斯作为马克思主义的创始者,在创建无产阶级国家政权以及无产阶级权力的良性运行方面,提出了极其珍贵的"廉价政府"和权力监督的思想。因此,探讨马克思主义权力制约观,对于我们加强权力监控与制约,对于我们党的廉政建设具有十分重要的理论和现实意义。①

(一)马列主义的廉政思想

1. 马克思的廉政思想

廉价政府理论是马克思廉政思想的重要内容。从起源上看,廉价政府概念是由资产阶级思想家提出来的。它是资产阶级反对封建地主阶级重要精神武器。国家本质上是阶级统治的工具。"为了维持这种公共权力,就需要公民缴纳费用——捐税。"②这种捐税成为政府开支的主要来源。洛克、斯密、圣西门和李嘉图等思想家都倡导这一思想。在这些思想家看来,政府应当是保障人民自由、安全、幸福的"守夜人",政府应当最大限度地节约开支,为人民提供"物美价

---

① 麻承照:《廉政文化概论》,中国方正出版社,2011年,第123页。
② 《马克思恩格斯选集》(第4卷),人民出版社,1995年,第171页。

廉"的公共产品和公共服务。廉价政府主要体现在赋税方面,认为赋税最少的政府就是最好的政府。但在实践中,为了维护资产阶级的统治,推动生产的发展,资本主义国家职能在不断增加,政府规模在不断扩大,频繁的对外战争导致军费开支不断增多。资产阶级不得不依靠提高税收的办法来维持国家机器的运转。资本主义国家成了"像蟒蛇似地用官僚、警察、常备军、僧侣、法官把社会机体从四面八方缠绕起来的庞大的寄生政府"①。这表明,资产阶级思想家提倡的廉价政府在资本主义条件下是无法实现的。

马克思指出,无产阶级是真正的革命阶级。共产党是无产阶级的先锋队,是大公无私的政党,除了无产阶级的整个利益之外,他们没有任何特殊原则,没有任何特殊利益。无产阶级革命运动与以往革命运动的最大区别在于,它不是为少数人的利益服务的,"无产阶级的运动是绝大多数人的、为绝大多数人谋利益的运动"②。消灭私有制及其与之伴生的各种不公正现象是无产阶级革命的重要任务。无产阶级政权是建立在公有制基础上的,不再是凌驾于社会之上、与人民根本利益相对立的政权。"社会公职已不再是中央政府走卒们的私有物"③,无产阶级政府公职人员不再享有任何特权和公务津贴,他们忠实履行政府职能,为全体人民服务,为人民彻底解放而奋斗。他们充分肯定了巴黎公社的革命措施,认为巴黎公社实现了资产阶级提出的革命口号,是工人阶级的"廉价政府""是终于发现的可以使劳动在经济上获得解放的政治形式"④。对农民来说,"公社一定能使农民免除血税,能给他们一个廉价政府"⑤。这就从政党的阶级属性和政权的阶级属性的角度阐述了无产阶级政党建立的国家政权应当而且能够保持廉洁、建立廉价政府的内在依据。

---

① 《马克思恩格斯选集》(第3卷),人民出版社,1995年,第118页。
② 《马克思恩格斯选集》(第1卷),人民出版社,1995年,第283页。
③ 《马克思恩格斯选集》(第3卷),人民出版社,1995年,第55页。
④ 《马克思恩格斯选集》(第3卷),人民出版社,1995年,第58页。
⑤ 《马克思恩格斯选集》(第3卷),人民出版社,1995年,第62页。

马克思的权力监督思想集中体现在巴黎公社失败后,他为总结革命经验而写的《法兰西内战》初稿和二稿中。这一思想是人类权力监督史上最为全面、科学的理论,也是社会主义国家政权建设实践的指导方针。认真研究马克思的权力监督思想,对于进一步加强和改善党的领导,健全社会主义政权的监督机制,更好地完善与市场经济体制相适应的政治制度,有着十分重大的意义。

无产阶级取得国家政权以后,必须实行无产阶级民主,加强对权力的监督,让广大劳动群众参与对国家政权的管理。"一切有关社会生活事务的创议权都留归公社。总之,一切社会公职,甚至原应属于中央政府的为数不多的几项职能,都要由公社的官吏执行,从而也就处在公社的监督之下。"①进而提出公社要建立议行合一的机关。"公社不应当是议会式的,而应当是同时兼管行政和立法的工作机关。"②限制国家的活动范围。"国家的职务会只限于几项符合于普遍性、全国性目的的职务。"③而"政府的镇压力量和控制社会的权威会这样随着它的纯粹压迫性机构的废除而被推毁,而理应属于政府权力的职能,应当不是由凌驾于社会之上的机构,而是由社会本身的负责勤务员来执行"④。马克思认为,未来无产阶级专政的国家,必须由人民来民主监督政府。

加强对公职人员的监督,将一切公职都置于人民的监督之下。巴黎公社的实践表明,公职已不再是个人私有物,而是真正工人的职务,一切国家公职人员不论职位高低都是人民的公仆。为了"防止国家和国家机关由社会公仆变为社会主人",⑤巴黎公社采取了两项重要措施:一是遵循选举权、监督权和罢免权三位一体的原则。恩格斯高度赞扬这一原则是"把行政、司法和国民教育方面的一切职位交给

---

① 《马克思恩格斯选集》,人民出版社,1972年,第438页。
② 《马克思恩格斯选集》,人民出版社,1972年,第375页。
③ 《马克思恩格斯选集》,人民出版社,1972年,第415页。
④ 《马克思恩格斯选集》,人民出版社,1972年,第439页。
⑤ 《马克思恩格斯选集》,人民出版社,1972年,第335页。

由普选出的人担任,而且规定选举者可以随时撤换被选举者"①。只要还有国家存在,就存在着由"社会公仆"变质为"社会主人"的可能。而防止这种现象出现的有效方法之一,就是工人掌监督罢免权。鉴于此,恩格斯精辟地分析了无产阶级建立国家政权后,为什么要加强监督的思想,强调把工人阶级掌握国家工作人员的监督罢免权当作巩固工人阶级统治的根本措施。二是国家工作人员实行普通工人工资制。公社用无产阶级的社会公仆代替旧社会的主人,实行低薪制,不能领取超出普通工人的工资,对"所有公职人员,不论职位高低,都只付给跟其他工人同样的工资。公社所曾付过的最高薪金是六千法郎。这样,即使公社没有另外给各代议机构的代表规定限权委托书,也能可靠地防止人们去追求升官发财了"②。

2. 恩格斯的廉政思想

恩格斯着重就贪污腐化及对官吏的监督问题作了系列论述,是对马克思廉政学说的发展。当时,恩格斯已经注意到独立后的美国政府陷入越来越严重的贪污腐化的泥沼。为此,在巴黎公社革命刚取得成功时,他就及时向公社领导者发出了警告,必须防备由权力带来的腐败。

第一,无产阶级要巩固已经取得的政权,必须重建国家机器,废除政府官员终身制。"公社一开始就得承认,工人阶级在获得统治时,不能继续运用旧的国家机器来进行管理;工人阶级为了不致失去刚刚争得的统治,一方面应当铲除全部旧的一直被利用来反对它的压迫机器,另一方面应当以宣布它自己所有的代表和官吏毫无例外地可以随时撤换,来保证自己有可能防范他们。"③

第二,只有限制特权,才能防止"社会公仆"蜕变为"社会主人"。以往国家的特征是什么呢?社会起初用简单分工的办法为自己建立

---

① 《马克思恩格斯选集》,人民出版社,1972年,第335页。
② 《马克思恩格斯选集》,人民出版社,1972年,第335页。
③ 中共中央马克思恩格斯列宁斯大林著作编译局:《马克思恩格斯全集》,人民出版社,1985年,第227页。

了一些特殊的机关来保护自己共同的利益。但是后来,这些机关,其中主要是国家政权,为了追求自己特殊的利益,从社会的公仆变成了社会的主人。这种情形不但在例如世袭的君主国内可以看到,而且在民主的共和国内也可以看到。正是在美国,政治家比在任何其他地方都更加厉害地构成国民中一个特殊的和富有权势的部分。那里,两个轮流执政的大政党中的每一个政党,都是由这样一些人操纵的,这些人把政治变成一种收入丰厚的生意,拿合众国国会和各州议会的议席来投机牟利,或是以替本党鼓动为主,而在本党胜利后取相当职位作为报酬。

第三,权力异化是一种社会现象,不受约束的绝对权力势必走向腐败。"正是从美国的例子上可以最明显地看出,起初只应充当社会的工具的国家政权怎样逐渐脱离社会而独立。那里没有王朝,没有贵族,除了监视印第安人的一小群士兵之外没有常备军,没有那种拥有固定职位与领取年金权利的官僚。然而我们在那里可以看到两大帮政治投机家,他们轮流执掌政权,用最肮脏的手段为最卑鄙的目的运用这个政权,而国民却无力对付这两个大的政客集团,这些人表面上是替国民服务,实际上却是统治和掠夺国民的。"①

3. 列宁的廉政思想

弗拉基米尔·伊里奇·列宁,是马克思和恩格斯的事业和学说的继承者,俄国共产主义革命政治家,苏联共产党和苏维埃政权的缔造者。约夫·维萨里奥诺维奇·斯大林,原苏联共产党和苏联政府的主要领导人,国际共产主义运动的活动家、政治家。俄国"十月革命"成功后,建立了苏维埃政权。列宁与斯大林在继承和发展马克思主义关于"廉价政府""国家公职人员工资""官员监督"等学说的基础上针对当时苏维埃社会主义革命和建设的严峻形势,对于如何进行官员监督,如何反对官僚主义、贪污腐化等问题进行了有益探索。

---

① 中共中央马克思恩格斯列宁斯大林著作编译局:《马克思恩格斯全集》,人民出版社,1985年,第227页。

首先，列宁提倡节约，认为应彻底铲除社会主义生产劳动中的浪费现象。"我们应当使我们的国家机关厉行节约。我们应当把沙皇俄国及其资本主义官僚机关大量遗留在我们国家机关中的一切浪费现象的痕迹铲除干净。"①

其次，列宁反对官僚主义，"不论在君主国或在最民主的资产阶级共和国，官僚主义是随时随地把国家权力同地主和资本家的利益连在一起的，而目前在俄国却已完全摧毁了官僚主义这座堡垒。但反官僚主义的斗争在我国远未结束。官僚们一方面利用居民群众文化水平不够高，另一方面问题的最重要的一点上，人们把马克思的教训忘得最干净！而利用城市工人中最觉悟的阶层，忙于几乎超过人力所及的极度紧张的军事工作，企图夺回一部分他们已经失去的阵地。因此，要使今后的社会主义建设获得成就，继续进行反官僚主义的斗争是绝对迫切需要的"②。

最后，在对公共权力的监督上，提出了建立"廉洁政府"的设想。列宁认为腐败现象、官僚主义作风是国家机构中的"脓疮"，号召向当时国家机关中存在的三大敌人——"共产党员的骄傲自大、文盲和贪污受贿"③进行斗争。主张依靠群众，运用民主的手段和文化的力量，克服官僚主义和官场弊病。"只有当全体居民都参加管理工作时，才能彻底进行反官僚主义的斗争，才能完全战胜官僚主义。"强调人民群众对国家机关及其工作人员这种自下而上的监督，"现在，我们愈坚决主张有极为强硬的政权，愈坚决主张在一定的工作过程中，在纯粹执行职能的一定时期实行个人独裁制，我们就应该有更多种多样的自下而上的监督形式和方法来杜绝毒害苏维埃政权的一切可

---

① 中共中央马克思恩格斯列宁斯大林著作编译局：《列宁全集》，人民出版社，1987年，第391页。

② 中共中央马克思恩格斯列宁斯大林著作编译局：《列宁全集》，人民出版社，1987年，第85页。

③ 中共中央马克思恩格斯列宁斯大林著作编译局：《列宁全集》，人民出版社，1987年，第199页。

能性,反复不倦地铲除官僚主义的莠草"①。

斯大林认为,人民群众的积极参与,是对政府反腐倡廉工作的有力支持。"让党,让布尔什维克,让我国一切诚实的工人和劳动群众来揭发我们工作中的缺点和我们建设中的缺点;让他们指出消灭我们这些缺点的途径,使我们的工作、我们的建设不会有保守、停滞和腐败的现象,使我们的全部工作、我们的整个建设事业日益改进,从胜利走向胜利。"②

(二) 毛泽东的廉政思想

在毛泽东的廉政思想中,有关勤俭节约、艰苦奋斗和反对贪污浪费的论述最多,这是他一生都始终强调的问题,从而形成了他的廉政思想体系的主要内容。

他从党的宗旨和人民政权的性质出发,要求历届人民政权及其工作人员廉洁奉公,坚决反对贪污和浪费。建国初期由毛泽东亲自主持起草的具有临时宪法性质的《共同纲领》中,明确规定:"中华人民共和国的一切国家机关,必须厉行廉洁的、朴素的、为人民服务的革命工作作风,严惩贪污,禁止浪费,反对脱离人民群众的官僚主义作风。"

他从党的最终奋斗目标出发,号召全体党员和干部永远发扬艰苦奋斗的革命精神。1949年10月26日,他在《给延安及陕甘宁边区同志们的复电》中希望:"全国一切革命工作人员永远保持过去十余年间在延安和陕甘宁边区的工作人员中所具有的艰苦奋斗的作风。"1957年3月间,他分别在济南、南京党员干部会上的讲话中尖锐地指出:"因为革命胜利了,有一部分同志,革命意志有些衰退,革命热情有些不足,全心全意为人民服务的精神少了,过去跟敌人打仗

---

① 中共中央马克思恩格斯列宁斯大林著作编译局:《列宁全集》,人民出版社,1987年,第783页。

② 中共中央马克思恩格斯列宁斯大林著作编译局:《斯大林全集》,人民出版社,1955年,第28页。

时的那种拼命精神少了,而闹地位、闹名誉,讲究吃,讲究穿,比薪水高低,争名夺利,这些东西多起来了。""我们要保持过去革命战争时期的那么一股劲,那么一股革命热情,那么一种拼命精神,把革命工作做到底。"①

此外,在加强执政党党风建设和拒腐防变方面,他认为廉政建设是党风建设的重要内容,是否廉洁奉公是衡量党员道德素质高低的重要标准。强调:"必须保证共产党员在政权中占领导地位,因此,必须使占三分之一的共产党员在质量上具有优越的条件。"②号召"共产党员在政府工作中,应该是十分廉洁、不用私人、多做工作、少取报酬的模范"③。要求"共产党员无论何时何地都不应以个人利益放在第一位,而应以个人利益服从于民族的和人民群众的利益"。指出:"自私自利,消极怠工,贪污腐化,风头主义等等,是最可鄙的;而大公无私,积极努力,克己奉公,埋头苦干的精神,才是可尊敬的。"④

(三) 改革开放以来党中央领导人的廉政思想

1. 邓小平的廉政思想

邓小平是中国社会主义改革开放与现代化建设的总设计师。他对党风建设和反腐败问题做出了一系列精辟论述,丰富和发展了马克思主义理论。

首先,在对反腐倡廉重要性的认识上,提出要居安思危,严惩腐败。他提醒全党:"惩治腐败,至少抓一二十件大案,透明度要高,处理不能迟。在这次事件中,没有反对改革开放的口号,口号比较集中的是反对腐败。要整好我们的党,实现我们的战略目标,不惩治腐败,特别是党内的高层的腐败现象,确实有失败的危险。新的领导要首先抓这个问题,这也是整党的一个重要内容。你这里艰苦创业,他

---

① 《毛泽东选集第五卷》,人民出版社,1977年,第419-420页。
② 《毛泽东选集第二卷》,人民出版社,1952年,第742页。
③ 《毛泽东选集第二卷》,人民出版社,1952年,第522页。
④ 《毛泽东选集第二卷》,人民出版社,1952年,第522页。

那里贪污腐败,怎么行?……常委会的同志要聚精会神地抓党的建设,这个党该抓了,不抓不行了。"①

其次,在反腐倡廉的方针上,提出"整个改革开放过程中都要反对腐败""两手抓,两手都要硬"。1982年4月1日《人民日报》发表评论员文章《坚定不移地同腐败现象作斗争》,同日,邓小平在中央政治局会议上,明确提出了"两手抓"的方针:"伴随着我们整个社会主义现代化建设的进程……我们要有两手,一手就是坚持对外开放和对内搞活经济的政策,一手就是坚决打击经济犯罪活动。没有打击经济犯罪活动这一手,不但对外开放政策肯定要失败,对内搞活经济的政策也肯定要失败。有了打击经济犯罪活动这一手,对外开放、对内搞活经济就可以沿着正确的方向走。"②

最后,在反腐倡廉的制度创新上,强调建章立制,以制度管人。邓小平反复强调要通过理论创新和制度创新来解决经济发展中出现的腐败问题。他提出反腐倡廉要重视制度创新。"新中国成立以后,我们也没有自觉地、系统地建立保障人民民主权利的各项制度,法制很不完备,也很不受重视,特权现象有时受到限制、批评和打击,有时又重新滋长。克服特权现象,要解决思想问题,也要解决制度问题。"邓小平说:"我们过去发生的各种错误,固然与某些领导人的思想、作风有关,但是组织制度、工作制度方面的问题更重要。这些方面的制度好可以使坏人无法任意横行,制度不好可以使好人无法充分做好事,甚至会走向反面。不是说个人没有责任,而是说领导制度、组织制度问题更带有根本性、全局性、稳定性和长期性。这种制度问题,关系到党和国家是否改变颜色,必须引起全党的高度重视。"③

---

① 中共中央文献编辑委员会:《邓小平文选第三卷》,人民出版社,1993年,第313-314页。
② 中共中央文献编辑委员会:《邓小平文选第三卷》,人民出版社,1993年,第403-404页。
③ 中共中央文献编辑委员会:《邓小平文选第二卷》,人民出版社,1994年,第320-343页。

2. 江泽民的廉政思想

党的十三届四中全会以来,以江泽民同志为核心的党的第三代中央领导集体,在实践中继承和发展了马列主义、毛泽东思想和邓小平理论,形成了"三个代表"重要理论。江泽民坚持以经济建设为中心,始终把党风廉政建设和反腐败斗争放在重要位置。

首先,在对反腐倡廉的重要性的认识上,江泽民指出:"党风廉政建设与反腐败斗争关系党和国家的生死存亡。解决不好反腐倡廉的问题,改革、发展、稳定就没有坚强的政治保证,党和政府就会严重脱离群众,就有亡党亡国的危险。全党同志一定要从党和国家长治久安的高度,充分认识腐败现象的极端危害性和危险性,充分认识反腐倡廉工作的重大意义。全党同志一定要从党和国家生死存亡的高度,充分认识反腐倡廉工作的重大意义,把党风廉政建设和反腐败斗争进行到底。党的作风状况,关系党的生死存亡,关系国家的前途命运。坚决反对和防止腐败。是全党一项重大的政治任务。不坚决惩治腐败,党同人民群众的血肉联系就会受到严重损害,党的执政地位就有丧失的危险,党就有可能走向自我毁灭。"[①]

其次,在反腐倡廉的方针上,继承和发展邓小平"两手抓"方针,提出"两个坚持"方针,即坚持"两手都要抓,两手都要硬",坚持服从和服务于经济建设这个中心。江泽民指出:"开展反腐败斗争,就是保证改革开放和经济建设顺利进行的一项必不可少的重要工作,是社会主义精神文明建设的一个重要方面。如果不坚决克服腐败现象,我们建设有中国特色社会主义的事业就不可能取得成功。把反腐败同经济建设对立起来、同改革开放对立起来,认为反腐败会影响经济建设和改革开放,是不对的;在反腐败过程中,不牢牢把握经济建设这个中心,不注意更好地为经济建设和改革开放服务,也是不对的。要坚持服从和服务于经济建设这个中心,适应社会主义市场经

---

① 《中国共产党第十六次全国代表大会文件汇编》,人民出版社,2002年,第53-54页。

济的规则,把反腐倡廉同改革开放和经济建设重大措施的实施紧密结合起来,针对妨碍改革、发展、稳定的突出问题,及时研究、制定有效对策。"①

最后,在反腐倡廉的制度创新上,主张建立健全依法行使权力的制约机制。建立从源头防治腐败的监督制度,提出坚持把发展民主与健全法制结合起来,把党内监督、法律监督和群众监督结合起来,并发挥舆论监督的作用,建立健全依法行使权力的制约机制,大力推进以加强民主集中制为主要内容的制度建设,不断完善人、财、物等方面的管理和监督机制,完善反腐倡廉的工作机制,以便及时发现、有效防范和严惩处腐败行为。标本兼治,综合治理。提出加强对权力的制约和监督。建立结构合理、配置科学、程序严密、制约有效的权力运行机制,从决策和执行等环节,加强对权力的监督,保证把人民赋予的权力真正用来为人民谋利益。②

3. 胡锦涛的廉政思想

党的十六大以来,以胡锦涛为总书记的党中央领导集体就新形势下的反腐倡廉建设的重大战略思想和理论创新提出了一系列重要论述,形成了反腐倡廉建设的总体布局,强调反腐倡廉建设要把握好"重点"和"主线",切实落实各项举措,顺应时代发展的进步潮流。

首先,在对反腐倡廉的重要性的认识上,强调认清形势,把握大局,充分认识反腐倡廉工作的极端重要性。加强党的执政能力建设,一个很重要的方面就是要加强和改进党的作风建设,抓紧解决党内在作风方面存在的突出问题,使我们党能够更好地团结带领人民完成十六大提出的各项任务。而"党风问题关系党和国家的生死存亡,这是我们党深刻观察历史和现实得出的一个科学结论"。对于"加强党的作风建设,反对党内的腐败现象,防止因脱离群众而导致人亡

---

① 江泽民:《论"三个代表"》,中央文献出版社,2001年,第114页。
② 麻承照:《廉政文化概论》,中国方正出版社,2011年,第164页。

政息的危险,我们党历来是高度重视的"①。

　　其次,在反腐倡廉的方针上,提出标本兼治、综合治理、惩防并举、注重预防。党的十六大提出了"标本兼治、综合治理"的反腐倡廉工作方针,逐步加大了反腐败的治本力度。十六届四中全会更是从加强党的执政能力建设的高度出发,进一步明确了"标本兼治、综合治理、惩防并举、注重预防"的反腐倡廉工作总方针,强调要抓紧建立与社会主义市场经济体制相适应的教育、制度、监督并重的惩治和预防腐败体系。正确处理坚决惩治腐败和有效预防腐败的关系,正确处理抓好重点工作和全面履行职能的关系,正确处理履行自身职责和发挥好其他部门作用的关系,既要坚持惩治腐败又要有效预防腐败,既要坚决纠正不正之风又要重视解决苗头性、倾向性问题,深入开展纪律检查工作,进一步推进党风廉政建设和反腐败工作。坚持把推进廉政建设同维护稳定、促进发展结合起来,旗帜鲜明、坚定不移地开展反腐败斗争。坚持领导干部廉洁自律、查办违纪违法案件、纠正部门和行业不正之风三项工作一起抓的工作格局,依法行政,从严治政;坚持标本兼治、综合治理,努力建立思想道德和纪律法规两道防线;坚持把发展民主与健全法制结合起来,把群众监督与法律监督结合起来,加强廉政立法,开展守法教育和执法检查,把廉政建设纳入法制轨道;坚持从体制、机制和制度上进行改革;努力建立确保依法行使权力的制约机制,健全施政过程的管理机制,完善反腐倡廉的领导体制和工作机制,加大从源头上预防和治理腐败的力度。

　　最后,在反腐倡廉的创新上,提出要更加注重建立和健全惩治与预防腐败的廉政法规体系,以制度建设来推进反腐倡廉工作。更加注重制度建设,对症下药,着力提高制度的科学性。抓住正确行使权力这个关键,抓住将建立健全反腐倡廉法规制度体系,为反腐倡廉工作提供有效的制度保障。建立健全从决策到执行全过程的科学决策和民主监督的程序和制度;建立健全党委会向全委会负责、报告和接

---

① 《胡锦涛在中央纪委二次全会上的讲话》,《人民日报》,2013-2-20。

受监督的制度;建立健全充分反应党员和党组织意愿的党内民主制度;健全巡视制度,全面实行纪检监察机关对派驻机构的统一管理;进一步完善政务公开、厂务公开、村务公开等办事公开制度;建立健全有关廉洁从政的法律制度。

4. 习近平的廉政思想

十八大以来,中共中央总书记、国家主席、中央军委主席习近平站在党和国家工作全局的高度,全面推进党的建设,坚持全面从严治党,发表了一系列重要论述,深刻阐释了党风廉政建设和反腐败斗争的重大理论问题和实践问题,为新形势下深入推进党风廉政建设和反腐败斗争提供了思想武器和行动指南。

在党的十九大报告中,习近平指出:"坚持反腐败无禁区、全覆盖、零容忍,坚定不移'打虎''拍蝇''猎狐',不敢腐的目标初步实现,不能腐的笼子越扎越牢,不想腐的堤坝正在构筑,反腐败斗争压倒性态势已经形成并巩固发展。"①经过多年的实践与发展,习近平关于反腐倡廉重要论述日趋成熟,渐成体系,成为指导我党进行党风廉政建设和反腐败工作的重要指南。

(1) 惩治腐败事关党和国家生死存亡。

在反腐倡廉重要性的认识上,习近平认为惩治腐败事关党和国家生死存亡。他指出:"腐败问题越演越烈,最终必然会亡党亡国!我们要警醒呀!"②古今中外很多强国因腐败而衰落,甚至亡国。其中,苏联的解体就与苏共的腐败紧密相关。苏共血淋淋的教训,提醒我党要居安思危,未雨绸缪,警惕腐败。中国共产党一定要坚持反腐倡廉,始终保持工人阶级先锋队的性质和全心全意为人民服务的宗旨,从而实现国家的长治久安,最终跳出历史周期律的魔咒。

---

① 习近平:《决胜全面建成小康社会 夺取新时代中国特色社会主义伟大胜利——在中国共产党第十九次全国代表大会上的报告》,《人民日报》,2017 - 10 - 28(1)。

② 中共中央文献研究室:《十八大以来重要文献选编》(上),中央文献出版社,2014 年,第 81 页。

(2) 把权力关进制度的笼子里。

在反腐倡廉方针上,习近平坚持制度反腐,要把权力关进制度的笼子里。他指出:"要加强对权力运行的制约和监督,把权力关进制度的笼子里,形成不敢腐的惩戒机制、不能腐的防范机制、不易腐的保障机制。"①权力分为公共权力和个人权力,不受限制的公共权力必然大肆侵占个人权力,造成社会结构的失衡。限制公共权力的方法很多,其中用制度来约束和监督权力是最主要也是最有效的方法之一。制度的特点决定了它能够从根本上规范人们的行为,减少甚至防止人们行为的随意性,进而堵住腐败的漏洞。习近平指出:"要狠抓制度执行,扎牢制度篱笆,真正让铁规发力,让禁令生威。"②党的十八大以来,习近平一直强调要加强对权力运行的制约和监督,让权力在阳光下运行。"阳光是最好的防腐剂。权力运行不见阳光,或有选择地见阳光,公信力就无法树立。执法司法越公开,就越有权力和公信力。涉及老百姓利益的案件,有多少需要保密的?除法律规定的情形外,一般都要公开。要坚持以公开促公正、以透明保廉洁。要增强主动公开、主动接受监督的意识,完善机制、创新方式、畅通道、依法及时公开执法司法依据、程序、流程、结果和裁判文书。对公众关注的案件,要提高透明度,让暗箱操作没有空间,让司法腐败无法藏身。"③

(3) 用好巡视利剑多管齐下。

在反腐倡廉方式的创新上,习近平指出要用好巡视利剑,坚持"打虎""拍蝇""猎狐"多管齐下。习近平指出:"工作没有重点就抓

---

① 中共中央纪律检查委员会、中共中央文献研究室:《习近平关于党风廉政建设和反腐败斗争论述摘编》,中央文献出版社、中国方正出版社,2015年,第121页。

② 中共中央纪律检查委员会、中共中央文献研究室:《习近平关于党风廉政建设和反腐败斗争论述摘编》,中央文献出版社、中国方正出版社,2015年,第121页。

③ 中共中央文献研究室:《十八大以来重要文献选编》,中央文献出版社,2014年,第720页。

不出成绩。巡视工作要明确职责定位,巡视内容不要太宽泛,要围绕党风廉政建设和反腐败斗争这个中心进行。中央巡视工作领导小组要切实加强对巡视工作的领导。中央巡视组是中央直接派的,要当好'钦差大臣',善于发现问题,发挥震慑力。要增强对党负责的政治意识、发现问题的责任意识、敢于提出问题的党性意识,切实加强对党组织领导班子及其成员特别是主要负责人的监督。无论是谁,都在巡视监督的范围之内。"①"巡视工作就是要发现和反映问题。要着力发现是否存在形式主义、官僚主义、享乐主义和奢靡之风等违反中央八项规定的问题,着力发现领导干部是否存在权钱交易、以权谋私、贪污贿赂、腐化堕落等违纪违法问题,着力发现领导干部是否公开发表违背中央决定的言论、散布违背党的理论和路线方针政策的意见、搞'上有政策、下有对策'等违反政治纪律的问题,着力发现是否存在买官卖官、拉票贿选、突击提拔干部等选人用人上的不正之风和腐败行为。"②

习近平指出,要"坚持'老虎''苍蝇'一起打,坚持有腐必反、有贪必肃,下最大力气解决腐败问题,努力营造风清气正的党风政风和社会风气,不断以反腐倡廉的新成效取信于民"③。在这一政策的指导下,我党反腐败工作成绩突出。在"打虎"方面,惩处了包括周永康、薄熙来、徐才厚等副国级以上干部,同时还惩处了一批省部级干部。在"拍蝇"方面,我党惩处了数以万计的、影响广泛而恶劣的腐败案件。在"猎狐"方面,我党加快境外追逃追赃工作,截至2019年

---

① 中共中央纪律监察委员会、中共中央文献研究室:《习近平关于党风廉政建设和反腐败斗争论述摘编》,中央文献出版社、中国方正出版社,2015年,第105页。

② 中共中央纪律监察委员会、中共中央文献研究室:《习近平关于党风廉政建设和反腐败斗争论述摘编》,中央文献出版社、中国方正出版社,2015年,第105页。

③ 中共中央纪律监察委员会、中共中央文献研究室:《习近平关于党风廉政建设和反腐败斗争论述摘编》,中央文献出版社、中国方正出版社,2015年,第130页。

7月5日,"百名红通人员"已有59人到案。此外,从2018年1月起,党中央、国务院决定在全国开展扫黑除恶专项斗争。既抓涉黑组织,也抓"保护伞",坚决查处涉黑腐败问题。以上行动表明了我党的反腐败决心,也坚定了全社会对我党反腐败斗争的信心。

(4)反对特权思想和补足精神之"钙"。

在反腐倡廉思想上,习近平强调必须反对特权思想、特权现象。① 特权,就是没有限制的绝对权力或特殊权力,它本不是党员干部的追求,可是部分党员干部,尤其是部分领导干部追求特权,维护特权,这严重影响了社会的公平公正,也疏离了党群关系、干群关系,是与我党的性质和宗旨格格不入的。在社会主义国家,党员干部与人民群众是平等的,人民才是国家的主人,党员干部扮演的只是人民公仆的角色。其任务是维护人民的利益,服务于人民。对此,习近平早在2007年就表示:"主仆关系不容颠倒。"② 由此可见,只有提高党员干部的思想觉悟,坚持为人民服务之宗旨,并对特权现象予以纠正和严厉惩处,才能逐渐消除特权思想,消灭特权现象。

习近平强调,理想信念是共产党人精神之"钙"。理想信念坚定,骨头就硬,没有理想信念,或理想信念不坚定,精神上就会"缺钙",就会得"软骨病",就可能导致政治上变质、经济上贪婪、道德上随落、生活上腐化。③ 为了提高党员干部的思想道德水平,习近平主张全体党员要加强思想理论学习。习近平还要求党员干部要抓好党性教育和党性修养。通过学习,加强马列主义理论修养、加强党员意识的培养、坚定正确的理想信念、强化共产党员的宗旨意识,从而筑牢思想防线。

---

① 《从严治党干部学习读本(修订本)》,中共中央党校出版社,2016年,第158页。
② 习近平:《之江新语》,浙江人民出版社,2007年,第257页。
③ 中共中央宣传部:《习近平总书记系列重要讲话读本(2016年版)》,学习出版社、人民出版社,2016年,第106页。

三、西方发达国家的廉政文化

与中国传统廉政文化相比,西方发达国家廉政文化建立在市场经济基础上,以社会契约理论为前提,思想道德深受宗教影响,经历漫长的历史时期,形成了自身独有风格特点。他山之石可以攻玉,研究西方发达国家廉政文化,对我国廉政文化建设具有深刻的借鉴意义。

(一)西方国家廉政文化的特点

1. 理性精神与规则教化

从古代的苏格拉底、柏拉图、亚里士多德,到近代的洛克、卢梭、孟德斯鸠、汉密尔顿,再到现代的亨廷顿、海登海默,西方众多思想家提出了一系列政治哲学、理念和政治设计,对反腐倡廉建设有很多精到的论述,从而为西方国家廉政建设打下来厚重的理论基础,也使西方各个民族形成了崇尚理性的传统和规则意识。理性是科学的核心,崇尚理性就是崇尚科学。规则意识,是指发自内心的、以规则为自己行动准绳的意识。规则意识的树立是在崇尚科学的基础之上的。

西方国家在进行廉政文化建设时注意进行道德教育。良好的价值观念是西方国家反腐倡廉的基础。西方国家的道德教育理论是源于资产阶级的人性恶论。其核心理念是提倡对公职人员进行道德教化,由此净化人性的"恶",这是预防和杜绝公职人员腐化的治本之途。这是基于西方根深蒂固的一个观念,即文化可以使人格深深地改变,可以使人放弃他的自私自利。因为,人与人之所以可能相互合作,乃是由于个人感情和忠诚中产生了一种道德的力量,并不被外力所约束。道德教育可以使政府官员建立自我约束的道德规范和规则意识。因此,西方国家采取一些措施。首先,在社会范围内,通过教育的手段对每个公民进行规则知识的教育。其次,针对公职人员进行遵守职业规则意识的教育。最后,通过法律的威慑作用,使公职人员树立规则意识。①

2. 民主政治和权力制衡

社会契约论是西方国家民主政治的理论基础。人生而平等和国家主权在民理念贯穿在西方国家的宪政制度、代议制度、政党制度和选举制度中,这是资产阶级民主的四大支柱。因而,西方国家廉政文化中一个重要理念就是掌握公共权力的部门和个人,都应该受到人民的监督和制约。孟德斯鸠的权力制衡学说成为西方国家政治制度设计的基本理论基础。因此,西方国家在廉政文化建设过程中,十分重视对权力的约束,这也是西方国家廉政文化建设的一个重要特点。西方国家对权力进行约束的做法有两点。

一是用权力来约束权力。分权制衡是一种政治理念和政治运行操作原则,立法、行政、司法三种权力既彼此独立,又相互牵制。可以避免公共部门和人员滥用权力。二是用权利来制约权力。国家权力来自于人民,因而人民有权利改变或废除背离人民的旧政府。因此,权力必须接受来自广大人民群众的权利监督。

3. 完备的廉政制度与健全的监督机制

纵观当代西方发达国家廉政文化建设的经验和现状,完备的廉政制度与健全的监督机制是其共同的特点。西方国家廉政文化建设过程中,非常重视廉政法规体系建设,已经形成比较完备的廉政制度体系。如英国1885年的《文官法》、1889年的《公共机构贿赂法》、1906年的《防止腐败法》以及1987年的《刑事司法》等。美国1883年的《国家公务员法》、1971年的《涉外犯行贿法》、1978年的《文官制度改革法》等。德国的《德国刑法典》和1997年通过的《反腐败法》,针对公职人员,还制定了《德国公务员法》《公务员廉洁法》以及《联邦政府关于联邦管理部门防腐败的行政条例》等法规制度。②

---

① 尤国珍:《当代西方发达国家廉政文化建设的经验与启示》,《理论学习》,2014年第9期。
② 麻承照:《廉政文化概论》,中国方正出版社,2011年,第179页。

二是形成了健全的监督机制,设立了相应的或与之配套的组织机构。西方国家对政府的监督既包括国会监督、司法监督、行政监督、公众监督和新闻监督等,还包括一些专设的廉政机构的监督。如英国设立了反重大欺诈局、国家稽查委员会、议会监察专员制度、国家审计总署、总检察长制度、行政裁判所等机构。美国参议院有廉政委员会,众议院有行为标准委员会,行政系统有政府道德署,司法系统有全国司法会议。日本有行政监察局和行政相谈制度等。

4. 严格规范的吏治和高薪

西方国家对公职人员的选任、考核、奖惩、待遇都有一套严格的制度规定,客观上促使国家公职人员为政清廉,从而为公职人员廉洁从政提供了制度保障。如禁止公职人员经商和兼职的规定,对接受捐款和竞选费用限制使用的规定,规定政府官员的职权和私人事务的界限,对各部门职员的穿着、言行、奖惩、津贴、休假等方面都有明确规定。韩国相继制定《腐败防止法》《政治资金法》等。美国的《文官制度改革法》要求公职人员必须奉公守法、廉洁自律,不得贪赃枉法、不得以权谋私、不得营私舞弊等政治性金钱收受活动。同时,西方国家公职人员普遍享有比较优厚的薪酬,并且随着任职年限和功绩累加而不断增加,即使在退休后也有足够的生活保障,这是廉政建设的重要物质基础,做到了使人不必贪的条件。

(二)美国、新加坡和芬兰的廉政文化

1. 美国的廉政文化

美国非常重视从政道德对防治腐败的重要作用,道德要求明确而具体,并不断加强道德立法。1978年,美国国会通过的《政府道德法》是美国现代公共道德管理演变过程中的一个里程碑。1989年,国会通过的《道德改革法》,进一步加强了对政府官员的道德约束。1992年联邦政府道德署颁布的《行政部门雇员道德行为准则》,在礼品、利益冲突、职权行使、兼职、职外活动等多方面作出了详细规定,集中体现了从政的道德要求和行为规范。同时,为了使道德建设具备可操作性,联邦政府设立了联邦政府的道德建设指导机关——道德署。联邦政府各部门都有道德官员办公室,地方各州、市也设立了道德署或道德委员会。道德署的主要职责就是制定、修订公务员道德准则;开展道德教育和培训,让公务员明白什么可为、什么不可为;接受道德咨询,公务员遇到疑惑可随时通过电话、邮件或传真向道德署咨询,避免因不了解道德界限而违法等工作。严格的官员道德准则和健全的政府道德机构,增强了公务员的廉洁自律意识,也起到了预防违纪违法的作用。

2. 新加坡的廉政文化

新加坡把东方古老的优秀道德文化传统加以创造性地解释和发挥,使之成为廉政建设重要的思想来源和伦理道德基础,并以此来提高公职人员的道德素质。该国把公务员的人生信仰、道德操守放在第一位,其次才强调外在的法纪约束功能,更为重要的是在全社会构筑了良好的廉政文化氛围。新加坡政府都要组织"礼貌月"活动,各领域、各行业的所有公民,都要学习遵守礼貌用语和文明规则。新加坡提倡诚实、正直的道德观念,贪污受贿是最可恶的行为,廉洁、诚实、秉公守法才是为人之道。对政府官员和公务员,从开始任职,就要写出宣誓书宣誓,遵守公务人员守则和条例,遵守职业道德,遵守法律法规,进行道德自律。这种道德教育虽朴实无华,但很有针对性,效果十分明显。

3. 芬兰的廉政文化

芬兰是当今世界公认的最清廉的国家。在这个国家里,廉政文化已深入人心。清正廉洁已经融入了芬兰民族精神,升华为一种文化品格。在芬兰,人们和新闻媒体可以随时查阅到官员的财产、工资、纳税情况和政府多年来的政务记录。在这个国家里,政府官员和公务员滥用职权、以权谋私的现象极为少见。因为芬兰通过长期的廉政教育和建立完善的法律制度,以及加强各方面有效的监督,营造了一个浓厚的崇廉文化氛围,使得贪污受贿、侵吞社会财富等行为同偷盗抢劫一样,被视为卑鄙肮脏的不义之举,没有生存空间。人们不愿投机取巧通过歪门邪道达到自己的目的,而是习惯于通过脚踏实地的劳动去创造财富,通过合法的渠道获得利益。所以,极少有运用权力贪污受贿的,也极少有走后门送礼行贿的。国际发布的"清廉指数"显示,芬兰连续5年被评为世界上最清廉的国家。

面对当今全球化的趋势,我们要具有世界眼光,"取其精华。弃其糟粕"。反腐败是一个世界性的课题,廉政文化建设对于反腐败来说是不可缺少的一环。总结国外的廉政文化的建设经验,对于我国的廉政文化建设,具有很好的借鉴作用。

后　记

"昨夜江边春水生，艨艟巨舰一毛轻。向来枉费推移力，此日中流自在行。"此诗是南宋理学家朱熹《观书有感二首》中的第二首。《廉政学基础》教材内容成稿之时，我想到了这首诗。第一首是"半亩方塘一鉴开，天光云影共徘徊。问渠那得清如许？为有源头活水来。"这在我看来主要讲治学的内部修为。第二首主要讲治学外部条件。《廉政学基础》教材的出版也是内外合力的结果。我从博士毕业进入廉政研究领域，十年来伏枥耕耘，解了自己诸多困惑，明了腐败病理特征，学科知识脉络渐成。2018 年适逢河南大学首次鼓励有国家社科基金项目老师开设创新研修课程，我申请并开设《廉政理论基础》创新研修课，授课过程中，深感需要一部廉政学基础类教材。

这部教材是集体智慧的结晶。我首先要感谢河南大学教务处对《廉政学基础》教材列为一流本科教育规划教材，这一立项增加了我探讨编写廉政学基础的勇气；感谢河南大学廉政研究中心的大力支持；感谢河南大学哲学与公共管理学院副院长赵炎峰、田丰韶和行政管理系主任刘辉多次催促询问教材进度，增加了我工作动力。

在本教材的酝酿和编写过程中，全国廉政学会会长任建明教授的《腐败与反腐败：理论、模型和方法》、胡杨教授的《反腐败导论》给予我很大的启迪；与杜治洲教授、袁柏顺教授和庄德水教授的讨论令我受益良多；中国社科院蒋来用教授对廉政学科发展的关注给予我很多启发，河南大学出版社薛巧玲老师对于本教材出版提供了便利，在此一并表示感谢。

本教材撰写分工情况如下：前言、第一章、第三章第三小节由崔会敏撰写；第二章由张占党撰写，第三章第一、二小节由卜万红撰写；第四章、第五章由裴强撰写；第六章由毛立红撰写；第七章由别红暄撰写;第八章由张慧撰写。全书由崔会敏统稿、审订。2018级行政管理专业研究生张雪斐、胡赛赛,2019级行政管理专业研究生赵伟丽,2019级思政教育硕士张丹敏、李佳慧为本教材编写做了大量基础性工作。

  本教材编写过程中参考引用了很多同行研究成果和媒体在有关报道中披露的资料、数据,并尽量一一注明了出处,若有遗漏,还望原谅并予以指正。作为第一次完善廉政学基础知识的初步探索,本教材缺陷、谬误之处在所难免,尚祈有关专家、学者和广大读者不吝赐教!

崔会敏
2020年5月于河南大学22号院